KB028174

다시 읽는

하멜표류기

다시 읽는 하멜표류기

코레아, 유럽을 처음 만나다

초판 1쇄 발행 2020년 2월 1일
초판 2쇄 발행 2020년 10월 20일

지은이 강준식
펴낸이 김연희

펴 낸 곳 그림씨
출판등록 2016년 10월 25일(제406-251002016000136호)

주 소 경기도 파주시 광인사길 217
전 화 (031) 955-7525
팩 스 (031) 955-7469
이 메 일 grimmsi@hanmail.net

ISBN 979-11-89231-26-2 03900

이 도서의 국립중앙도서관 출판예정도서목록(CIP)은 서지정보유통지원시스템 홈페이지(http://seoji.nl.go.kr)와 국가자료공동목록시스템(http://www.nl.go.kr/kolisnet)에서 이용하실 수 있습니다.(CIP 제어번호: CIP2020001762)

코레아, 유럽을 처음 만나다

다시 읽는 하멜표류기

강준식 지음

그림씨

프롤로그

1653년 나가사키의 네덜란드 상관(商館) 관리들은 하멜 일행이 승선한 스페르베르호를 눈이 빠지게 기다렸다.

정상적인 상황이라면 아무리 늦어도 9월 말까지는 도착해야 옳았다. 그러나 배는 나타나지 않았다. 실종 1년이 지난 1654년 10월, 네덜란드 동인도회사는 배와 선적 화물을 결손 처리하고, 그 배에 승선했던 64명의 승무원들이 전원 사망한 것으로 발표했다. 그런데 그로부터 13년이 지난 어느 날 실종되었던 승무원들이 '이상한 모양의 배를 타고 신기한 옷을 입은 채' 일본 고토(五島)열도에 모습을 나타냈고, 그들은 곧 일본인에 의해서 네덜란드 상관이 있는 나가사키로 인계되었다.

상관 관리들이 듣기에 그들의 이야기는 정말 믿기지 않는 것이었다. 스페르베르호의 서기였던 하멜은 상사에게 자기들 이야기의 신빙성을 입증하기 위해 조선에 억류되었던 13년간의 이야기를 보고서 형태로 집필했다. 바로 이 이야기의 필사본이 귀국한 일행의 손에 의해 네덜란드의 출판사들로 흘러 들어갔다. 미지의 나라에 대한 호기심이 고조되어 있던 당시, 서구에 겨우 그 이름 정도나 알려져 있던 조선의 이야기가 소개되자, 『1653년 바타비아발 일본행 스페르베르호의 불행한 항해일지』라는 제목 등으로 출간된 하멜의 항해일지는 곧 세계적인 선풍을 불러일으켰다.

이런 관심을 반영하여 1668년에는 편집자를 달리한 하멜일지가 암스테르담과 로테르담에서 각각 1종씩 경쟁적으로 간행되었고, 이듬해에는 또 다른 판이 암스테르담에서 한 종 더 출간되었다.

이로부터 1년 뒤인 1670년에는 파리에서 『조선왕국기가 첨부된, 켈파트 섬 해안에 난파한 화란[1] 선박의 이야기』란 제목의 미뉘톨리 불역판이 나왔고, 1671년에는 독역판이 뉘렌베르크 총서에 실렸다. 영역판은 1704년 런던에서 출간되었는데, 존 처칠이 편찬한 하멜일지는 미뉘톨리의 불역판을 영어로 번역한 것이었다. 하멜일지는 그 뒤로도 계속 서구인의 관심을 불러일으켜, 프랑스에서 1715년, 1732년, 1746년에 잇달아 신판을 찍어 냈고, 독일에서는 1748년 중간본을 발간했으며, 영국에서는 1705년, 1732년, 1808년, 1884년, 1885년에 이를 각종 판으로 다시 간행했다.

이러한 재빠른 복간들은 당시의 속도감과 출판 사정을 고려할 때 엄청난 반향이었다고 할 수 있다. 왜냐하면 임진왜란과 병자호란 후 사실상 문을 걸어 잠갔던 조선에 관해서 서구인들은 하멜일지 이상의 이야기를 구해볼 수가 없었던 것이다. 당시의 여러 자료들을 섭렵하여 하멜일지의 학술적 접근을 가능하게 한 B. 후틴크 판이 네덜란드에서 다시 출간된 것은 1920년이다.

1 화란(和蘭): 네덜란드의 옛 표기법. 예전에 네덜란드는 영어식의 홀란드(Holland)라고 불렀는데 '화란'이란 말은 여기서 유래한 것이다. 17세기경엔 아란타(阿蘭陀)라고도 불렀는데, 이 또한 홀란드에서 유래한 표기법이다. 보다 자세한 경위를 살펴보려면 이 책 제4장 각주 9)를 참조할 것.

하멜일지가 존재한다는 사실이 우리나라에 알려진 것은 20세기 초였던 것 같다. 1917년경 국학자 최남선이 미국 교포사회에서 출간되던 『태평양』이란 잡지에 하멜일지가 한글로 번역 연재되는 것을 발견하고, 자신이 주관하던 『청춘』이란 잡지에 그대로 전재했는데, 아마도 이것이 국내에 소개된 하멜일지의 효시라고 할 수 있을 것이다.

『청춘』에 하멜일지가 실리자, 국내 사학계의 관심은 고조되었다. 이런 배경을 반영했던지, 이듬해인 1918년 서울에 나와 있던 영국왕립아시아학회 조선지부가 처칠 판을 영문 그대로 학회지에 전재했다. 그러나 하멜일지가 보다 대중화되는 데는 사학자 이병도의 등장을 기다리지 않으면 안 된다. 본래 하멜일지의 명칭은 네덜란드에서도 여러 가지였고, 당시의 관례에 따라 책의 반쪽 분량이나 될 만큼 매우 긴 것이었다. 이것을 『하멜표류기』란 현대적 제목으로 정착시킨 것이 이병도였다. 그는 1932년 경성제대에서 열린 조선 고지도 전람회에 함께 전시된 처칠의 영역판을 보고, "저걸 내가 번역해야지……" 하고 기뻐했다고 한다.

그는 하멜일지의 불역판과 영역판을 빌려 그 번역문을 1934년 『진단학보』에 발표했다. 이를 계기로 네덜란드인에 대한 학계의 관심이 고조되어, 1935년에는 이인영의 『남만인 박연고』라는 논문이 발표되었고, 1936년에는 나카무라 히데다카의 「난선의 조선표류자와 일선의 교섭」이란 논문이 발표되어 다시 관심을 불러일으켰다. 그리고 1939년에는 박문문고가 『진단학보』에 실렸던 이병도의 번역 연재물을 단행본으로 출간하기도 했다.

해방 후에는 1954년 일조각이 이병도 판을 중간했고, 1961년에는 이쿠다 시게루가 『조선유수기』란 제목의 하멜일지를 일역했으며,

1971년에는 미국 교수 게리 레드야드가 『화란인 코리아에 오다』라는 제목으로 하멜일지의 영문 연구서를 간행했고, 같은 해 을유문화사가 김창수의 『하멜표류기』 문고판을 내놓았다. 또 1994년에는 영국왕립아시아학회 한국지부가 네덜란드인 연구자 잔 파울 바이스의 『하멜일지와 조선왕국기』 영역본을 새로 출간하기도 했다.

그러나 『하멜표류기』가 한국인들 사이에 널리 알려지게 된 것은 해방 후 학교 역사 교과서에 책 이름이 소개되면서부터였다. 그 덕택에 『하멜표류기』의 존재에 대해 모르는 한국인은 별로 없다. 아마도 하멜이 표류한 연도까지 암기하고 있는 사람도 있을지 모르겠다. 그러나 한국의 교육 현실이 그러한 것처럼 정작 이 책을 읽어 본 사람은 많지 않으며, 더구나 하멜이 제주도에 왜 표류하게 되었는지 또는 그 사건이 우리에게 주는 의미가 무엇인지 등을 생각해 본 사람은 더더욱 많지 않으리라 사료된다.

이런 점을 염두에 두고 필자는 후틴크 판본의 하멜일지와 조선왕국기를 새로 번역하여 여기에 여러 자료를 대입한 연구서를 1995년에 한 차례 출간한 바 있다. 즉 여기저기 단편적으로 남아 있던 우리 측의 자료(『조선왕조실록』, 『승정원일기』, 『비변사등록』, 『접대왜인사례』 및 각종 개인 문집 등)와 일본 측의 자료 그리고 네덜란드 측의 자료를 한데 모아 사건을 재구성해 보면, 13년 동안 조선에 억류되었던 하멜 일행의 흔적이 새롭게 부각되며, 특히 표류자들을 둘러싼 조선 정부의 여러 가지 논의와 조치, 움직임 등 본래 하멜이 집필했던 보고서에서는 접할 수 없던 또 다른 성격의 하멜일지가 탄생한다. 이렇게 하여 1995년에 처음 펴냈던 연구서를 자료를 추가하여 이번에 다시 상재(上梓)하게 된 것이다.

이야기를 시작하기 전에 우리는 몇 가지 의미를 선행적으로 부여해 볼 수 있다. 그 하나는 하멜 일행이 조선에 상륙한 거의 첫 서양인 그룹이었다는 점이다. 물론 하멜이 도착하기 전 벨테프레이라고 하는 네덜란드 선원이 경상도 지방에 표류한 일이 있는데, 이 두 서양인 그룹에 대해 당대 조선인이 보여준 반응이 재미있다고 생각한다.

하멜이 표류했던 효종조의 시대정신은 숭명배청(崇明排淸)이다. 효종의 북벌계획도 자신이 심양에 볼모로 잡혀 갔던 개인적인 원한과 더불어 명나라 문화의 숭상 기풍에서 나온 것이다.

그러나 이 무렵 세계는 크게 변화하고 있었다. 조선이 숭상하던 명나라 문화의 실체라는 것은 이미 자신의 나라도 지키지 못해 변방의 만주족에게 중원을 내주어야 하는, 말하자면 시대에 뒤처지고 있는 문화였다. 청나라를 건설한 만주족의 강점은 서양 문명을 재빨리 수용한데 있다. 그러나 인조나 효종이나 현종 때의 조선 정치가들은 이러한 시대의 변화를 읽지 못했다.

그 때문에 청나라의 앞선 과학 기술을 오히려 오랑캐 것이라 하여 하시했던 것이다. 이런 사회적 분위기 속에서 하멜 일행이 조선에 기여할 수 있는 것은 많지 않았다. 그들이 항해술을 가르쳤다든지, 선박 건조에 참여했다든지, 아니면 하다못해 군기시(軍器寺)에서 무기를 제조했다든지, 아무튼 어떤 방식으로든 그들의 전문 지식이 활용되었다는 기록은 발견되지 않는다. 그들의 역할은 마치 모양 좋은 셰퍼드들이 행렬 앞을 달려가듯이, 이완 대장이나 국왕의 어가행렬을 빛내 주기 위해 창과 활을 들고 행진하는 일이 고작이었다. 아니면 고관 집에 불려 다니며 그 색다른 생김새로 잔칫상의 주흥을 돋우는 광대 역으로 만족해야 했다.

그런데 청나라 기술의 원천인 서양은 이미 뛰어난 항해술로 아메리카, 아프리카, 동남아 등 세계를 무대로 활약하고 있었다. 이 무렵 하멜의 본국인 네덜란드는 물경 3만 4천 척의 상선을 보유하고 있었다. 해운력에 바탕한 국부는 세계 제일로, 당시 암스테르담 은행에 저장된 금·은괴만 3억 길드였다는 기록이 있는데, 이를 지금의 화폐단위로 환산해 보면 천문학적인 숫자가 될 것이다. 경제의 번영은 문화의 부흥을 수반한다. 네덜란드가 자랑하는 라이덴 대학교가 창립된 것은 이미 1575년이다. 국제법의 창시자 휴고 그로티우스, 철학자 스피노자, 미생물을 처음 연구한 생물학자 안톤 반 류벤후크, 물리학자 크리스티안 휴겐스, 화가 반다익 등이 다 하멜의 표류 시기를 전후해 활동한 네덜란드인들이다. 하멜 일행은 이처럼 네덜란드가 황금기에 접어든 시기에 제주도에 표류해 왔던 것이다.

하멜의 표류 사건을 계기로 하여 조선에 일대 인식 전환이 이루어졌더라면 하는 아쉬움이 짙게 남는다. 가능성이 약간 있었다. 효종의 형이었던 소현세자는 청나라에 과학 기술을 가져다 준 독일 천문학자 아담 샬 본 벨과 짧지만 아주 깊게 사귀었던 것이다. 만일 그가 집권했더라면 상황은 퍽 달라졌을지도 모른다. 그리고 그때쯤 인식을 전환하기 시작했어야만 그 뒤에 오는 모든 역사적인 문제들이 순조롭게 풀려 나갔을 거라고 생각된다.

실학(實學)이라는 이름의 인식 전환이 오기는 하지만, 그건 하멜이 표류한 지 1세기가 지나서였다. 그때는 이미 늦은 감이 있다. 그리고 여기서 다시 1세기가 지나면 개항이며 돌이킬 수 없는 파국이다. 그런데 이웃 나라 일본의 경우를 보면, 명치유신을 단행하기 전에도 이미 란가쿠[蘭學]라 하여 서구 문화를 익히는 2세기 이상의 착실한 준비 기간이 있었다. '란가쿠'란 화란(和蘭) 즉 네덜란드를 통한 서양 과학의 습득을 가리키며, 그 시작은 하멜의 조선 표류 전후라고 할 수 있다. 따라서 하멜의 표류를 계기로 우리 선조들이 시대의 변화를 읽었더라면 하는 아쉬움이 짙게 남는다는 것이다.

당시의 조선 관리들을 보면 그 생산성도 대단히 낙후되어 있었다. 가령 북벌을 계획하고 있던 효종대왕은 무기 생산에 심혈을 기울였다. 청나라의 감시를 피해 가며 무기를 만드는 일은 쉽지 않았다. 그러나 그렇게 어렵사리 만든 무기도 2, 3년이 지나면 무용지물이 되어버린다. 이유는 간단했다. 무기가 모두 녹슬어버린 것이다. 바로 담당 관리들의 태만, 무책임 또는 적당주의 때문이었다. 창고에 쌓인 무기가 녹슬어서 무용지물이 되어버렸다는 기록이 실록에는 몇 번이고 등장하며, 그때마다 효종은 크게 개탄한다.

당시 조정은 하멜 일행이 13년간이나 조선에 억류되어 있었는데도, 어느 나라에서 온 사람인 줄을 몰라서 그저 남만인(南蠻人)이라 부르다가, 그들이 탈출한 뒤 일본 정부에서 보내 온 외교서한을 접하고 나서야 비로소 그들이 아란타(阿蘭陀) 곧 네덜란드 사람인 것을 알게 된다. 그러나 이 책에 수록된 일본 지방 성부의 심문 내용을 보면, 이미 서구의 행정을 습득한 일본 관리들은 하멜 일행을 통해 그들의 출신과 행적은 물론이고, 조선의 군사, 교통, 지리, 산업, 문화 전반에 걸친 상세한 정보를 단 하루 만에 얻어 내고 있는 것이다.

역사란 면면히 이어진다.

갑자기 나타나는 현실이란 없는 것이며, 오늘은 다만 어제의 결과일 뿐이다. 새로운 문명에 대한 인식 전환의 부족 또는 무관심이 그 뒤 나라의 상실과 가난, 분단, 치욕을 줄줄이 몰고 온 것이다.

사실 하멜이 표류해 오기 전부터도 조정은 북경이나 일본을 통해 마테오리치니 누구니 하여 서양인의 존재와 그들의 문명에 대해 어느 정도 듣고는 있었다. 그러나 당시 지도자들은 신문명에 대한 관심이 없었고, 심지어는 심한 거부반응을 보이기까지 했다. 하멜 일행을 무기 제조나 항해술 등의 새로운 문명 창구로 활용하지 않았던 것도 그러한 분위기의 일환이었다. 이러한 분위기는 그 뒤로도 계속 이어져서, 가령 구한말의 실력자였던 민영익 같은 이는 미국과 유럽을 직접 여행해 보는 기회가 있었는데도, 눈부신 서구문명을 보지 않으려고 여행 중 일부러 공자왈 맹자왈 책만 들여다보면서, 문화란 청나라의, 그리고 우리 것이 더 앞서 있다는 식의 태도로 일관하였다.

이런 식의 역사가 또다시 되풀이 되어서는 안 된다. 그런 의미에서 우리는 지난날 발전의 변곡점이 될 수도 있었던 17세기의 하멜 이야기를 다시 살펴볼 필요가 있는 것이다. 역사란 내일을 위해 오늘 쓰는 어제의 이야기이기 때문이다. 하멜과 그 일행은 조선에서 만 13년 28일간의 시간을 보냈다. 그동안 그들과 조선엔 대체 어떤 일들이 일어났던 것일까?

차 례

부록

난파선

01

스페르베르호

하멜(Hendrik Hamel) 일행은 1653년 7월 30일 대만을 떠나 일본 나가사키로 향하던 도중에 태풍을 만났다. 닷새 동안의 악전고투 끝에 제주도에 표류한 것이 8월 16일이었다.

승무원 64명 중 28명이 죽고, 36명만이 살아남았다. 하멜의 기록에 따르면, 배는 이름을 알 수 없는 어떤 해안에서 그만 암초에 부닥치고 말았다. 아름다웠던 스페르베르호[1]가 난파되는 데 걸린 시간은 단 15분에 지나지 않았다며 하멜은 슬퍼하고 있다.

그들의 표착 지점이 어디였는지에 대해서는 아직도 논란이 많다.[2]

1 스페르베르(Sperwer)호 : 화란어로 '새매'라는 뜻이다.

2 조선조 자료에는 화란인들의 표류지가 대정현(大靜縣)이었다는 기록 정도가 나온다. (『현종개수실록』, 제16권, 현종 8년 2월 26일조) 하멜은 자신의 일지에서 "오후에 우리는 기병과 보병의 호위를 받으며 그곳을 떠나 대정(Tadiane)이라는 작은 마을에서 하룻밤을 묵게 되었습니다……. 우리는 그날 약 4밀렌(마일)을 여행했습니다."라고 기록하고 있다(이 책 242쪽). 그는 정오가 될 무렵 출발을 준비하라는 명령을 받았으며, 대정읍에 도착해서는 저녁을 먹고 잠을 잤다고 한다. 말하자면 하멜은 그날 낮 1시경 출발해서 저녁 6~7시경에 마을에 도

현재 제주도의 관광지도를 보면 하멜이 표류한 지점은 형제도가 마주 바라보이는 해안가로 되어 있고, 그곳에는 하멜기념비까지 세워져 있다. 그러나 하멜이 실제 표류했던 지점은 서건도(犀建島) 서쪽의 강정(江汀) 부근이 아니었을까 추정된다.

한 사람 한 사람 해안가에 집결해 보니 죽은 선원들이 많았다. 그들은 여기저기 널린 동료들의 시체를 해변가에 묻고 잔해물 중 쓸 만한 것들을 물에서 건져냈다. 찢어진 돛의 천 조각을 주워다가 비를 피할 천막을 만들고, 식량들을 그 안에 넣었다.

그들은 처음에 자기들이 일본 부근에 왔을지도 모른다고 생각했다. 그러나 8월 17일 멀리서 모습을 드러낸 주민의 옷차림을 살펴보니 아무래도 일본 사람 같지는 않았다. 중국인인가 싶었지만 옷차림이 조금 다르고, 중국인에게서는 본 일이 없는 이상한 모자까지 쓰고 있었다. 물론 하멜이 언급한 이 모자는 말총으로 짠 갓이었지만, 사람이란 자기가 모르는 것을 보게 되면 두려움부터 생기는 법이다. 그들은 이곳

착했으리라는 결론을 내릴 수 있다. 조랑말이 제공되었다지만 부상자는 들것에 실린 채였다. 따라서 그들이 사람이 걷는 속도인 시속 4~5킬로미터로 대여섯 시간을 여행했다고 보면, 움직인 거리는 20~30킬로미터가 된다. 그런데 제주특별자치도가 하멜기념비를 세운 곳은 대정에서 7킬로미터 안쪽, 미국 교수 게리 레드야드(Gary Ledyard)가 추정한 모슬포 부근은 그보다 더 가까운 곳에 위치해 있다. 왜 이런 차이가 생긴 것일까?
하멜이 여기서 말하는 밀렌(mijlen)은 1.6킬로미터에 달하는 영국의 단위 '마일'이 아니라, 그 시대 선원들이 흔히 사용하던 독일 마일로 7.4킬로미터를 가리킨다. 착오는 바로 여기서 비롯된 것이다. 대정에서 4밀렌의 거리는 이론적으로 29.6킬로미터이다. 현재의 하멜기념비같이 대정읍에서 가까운 곳이면 그냥 걸어가면 되지 관가에서 밀을 내주었다는 기록도 논리에 부합하지 않는다. 하멜 일행을 나포한 것은 대정현감이므로, 표류 지점은 정의현과의 경계선이던 고근산(孤根山) 서쪽이어야만 한다. 이런 점들을 두루 고려할 때, 하멜이 실제 표류했던 지점은 오늘의 강정(江汀) 부근이 아니었을까 추정된다.

이 본토에서 추방된 중국 해적들이 사는 섬일지도 모른다고 생각했다.

36명의 화란인을 포위한 천 명의 조선 병사들

8월 17일 밤, 백 명의 무장한 사람들이 천막을 포위해 왔다. 이튿날 이 숫자는 천여 명으로 불어났다. 화란인들은 이러한 포위가 무엇을 의미하는지, 자신들의 운명에 대해서 걱정하지 않을 수 없었다. 원주민 쪽에서 접근이 시도되었다. 서기[3]인 하멜은 다른 장교와 함께 원주민 사령관 앞으로 끌려 나갔다.

화란인들도 이 기회를 의사소통의 기회로 삼고자 했다. 그래서 자기들은 나가사키로 가는 도중 이곳에 표류하게 되었노라고 설명했다. 손짓 발짓까지 다 동원했지만, 서로 상대방의 말을 알아듣지 못한다는 결론을 얻었을 뿐이다. 그래도 눈치란 것이 있어 상대방을 조금씩은 이해할 수 있었다.

처음에 화란인 교섭단은 그들의 목에 둘러쳐진 쇠사슬 때문에 실망했지만, 시간이 흐르면서 원주민에 대한 신뢰가 생기기 시작했다. 사령관은 교섭단에게 아락술[4]을 한 잔씩 부어 주었던 것이다. 또 음식도 갖

3 서기(書記) : 하멜의 직책. 원어는 boekhouder로서 우리말로는 회계사에 가깝다. 일반 선원이 병졸인 데 비해 서기는 장교였다.

4 아락술 : 아랍어에서 온 말로 영어로는 애럭(arrack), 불어로는 아락(arac)인데, 특히 쌀에서 증류해 낸 동양 술을 일컫는다. 그러고 보면 하멜 일행이 얻어 마셨다는 술은 막걸리가 아니고 일종의 소주였던 모양이다. 조선의 실학자 이덕무(李德懋)의 글에 보면 "아란타 소주는

제주도에 난파한 스페르베르호의 모습을 묘사한 목판화. 1668년 암스테르담에서 간행된 스티히터(Johannes Stichter) 판본에 실려 있는 8장의 목판화 중 하나다.

난파선의 표류물을 훔친 제주도 사람 한 명이 조선인 관헌에게 붙들려 곤장을 맞고 있는 모습. 스티히터 판본에 실려 있는 8장의 목판화 중 하나다.

다 주었는데, 굶주린 표류자들이 체할까 봐 한꺼번에 주지 않고 조금씩 주었다.

말은 통하지 않았지만, 하멜 일행은 눈치로 원주민의 이런 마음까지도 알아차릴 수 있었다. 화란인은 자진해서 군대 사령관에게 포도주와 선장의 은술잔을 주었다. 호의를 나타내는 동시에 잘 봐달라는 일종의 뇌물이기도 했다. 이것은 통했다. 포도주 맛이 좋았던지 그들은 연거푸 술잔을 기울였는데, 나중에는 대단히 기분이 좋아져서 화란인에게 아주 친근한 태도를 보이며 배웅해 주기까지 했다.

원주민에 대한 궁금증이 생겼다. 일본인도 아니고 중국인도 아니다. 그럼 자신들은 지금 어느 곳에 표류한 것일까? 확실한 것을 알아내기 위해 그들은 위도를 측정해 보기로 했다.

8월 18일 마침내 일등항해사가 이곳의 위도를 측정해 낼 수 있었다고 하멜은 말한다.

북위 33도 32분. 무엇으로 측정했는지 모르지만, 배가 난파하여 변변한 기구도 없었을 터인데 위도 측정은 비교적 정확한 편이었다. 실제 강정 해안은 북위 33도 13분 정도에 위치해 있다. 위도를 측정한 일등항해사는 뱃길에 대해서도 밝았을 것이다. 하멜은 자기들이 퀠파트(Quelpaert) 섬[5]에 도착한 것을 알았다고 말한다. 일등항해사가 알려 주

아랄길주라 한다."[阿難陀燒酒曰阿剌吉酒]는 구절이 나오는데(『앙엽기(盎葉記)』, 소주(燒酒), 그가 아랄길주라 한 것이 바로 이 아락술이다.

5 퀠파트(Quelpaert) 섬 : 제주도의 유럽식 명칭. 그 유래에 대해 하멜일지의 편집자인 B. 후틴크는 이렇게 설명한다. 즉 17세기 초엽 동아시아에 띄운 화란 배는 대개 선폭이 좁고 긴 갤리선이었다. 이런 형태로 1630년경 제작된 첫 배의 이름이 '갤리선 퀠파트 드 브락('t Ga1jodt't Quelpaert de Brack)'이었고, 차츰 '갤리선 퀠파트('t Galjodt't Quelpaert)'라고 줄여 부르게 되었다. 바로 이 배가 1642년경 동북쪽을 항해하다가 제주도를 발견하고 이 사

었을 터이다.

화란인들은 해변가에 지은 임시 피난처에서 며칠을 더 머물렀으며, 그동안 원주민들은 난파선의 표류물을 건져 올리는 작업에 온 힘을 기울였다. 하멜이 관찰해 보니 그들은 쇠를 얻는 데 아주 열심이었다. 쇠가 박힌 나무는 모조리 불태우고 있었던 것이다.

조선 사령관은 천막 안의 사유물에 대한 재고를 조사하고 이 물건들을 하멜 일행이 보는 앞에서 봉인했다. 그는 기강을 확립하기 위해 도둑질하다 들킨 사람들을 매질하게 했는데, 곤장을 맞다가 어떤 도둑은 발가락이 떨어져 나가기도 했다. 이것은 하멜 일행에게 형벌의 가혹함에 대해 강한 인상을 남겼다.

제주목사의 장계

8월 21일 표류자들을 제주로 이송하는 절차가 마련되었다. 비교적 상태가 온전한 사람들에게는 말이, 부상자에게는 들것이 제공되었다. 대정에서 하룻밤을 묵고, 이튿날 오후 그들은 목사(Mocxo)가 있는 목간(Moggan)[6]에 도착했다.

실을 화란 동인도회사에 보고했다. 이런 까닭에 제주도는 처음에 '퀠파트호가 발견한 섬'으로 불렸으나, 어느새 섬 이름 자체가 퀠파트로 바뀌고 말았다.
화란 동인도회사 보고서에 제주도를 가리키는 퀠파트란 이름이 처음 등장한 것은 1648년이다. 화란 지도에 그 이름이 오르게 된 것은 1687년인데, 하멜일지가 출판되어 제주도가 퀠파트 섬으로 널리 알려졌기 때문이라고 한다. 이후 유럽 지도에 제주도의 명칭은 퀠파트 섬으로 정착하게 된다.(후틴크, 97쪽 또는 레드야드, 23쪽)

6 목간(Moggan) : 문맥상으로는 목사(Mocxo : 牧使)의 저택을 의미하는 목관(牧館)일 가능성

그곳에는 3천 명의 병사가 집결해 있었다. 하멜에게는 그들이 가지각색으로 차려입은 옷 모양이 모두 무섭게 보였으며, 그러한 풍습은 듣도 보도 못한 것이었고, 중국인이나 일본인에게서도 볼 수 없는 것이었다고 적고 있다.

그들은 4명씩 총독 앞에 불려 나가 차례차례 심문을 받았으며, 하멜과 동료들은 자신이 가고자 하는 행선지가 일본 나가사키라는 것을 알렸다. 손짓 발짓을 다 동원하여 대답한 보람이 있었던지 총독은 무얼 알아들은 것처럼 고개를 끄덕였다. 그러나 결국 총독은 자기들의 의사를 이해하지 못한 것으로 하멜은 일지에 적고 있다.

총독은 화란인들의 의사를 전혀 알아듣지 못했던 것일까?

이제까지 우리는 하멜일지를 바탕으로 사건을 좇아왔다. 조선조의 자료에 따르면 하멜이 만났다는 당시의 총독은 제주목사 이원진(李元鎭)이었다. 그리고 이원진은 이 생전 처음 대하는 이상한 인종에 대해서 조정에 보고서를 올렸다. 붓을 잡은 그의 마음은 아마도 외계인을 만난 것만큼이나 흥분된 기분이었는지도 모른다. 그 보고서의 내용이 『효종실록』에는 다음과 같이 실려 있다.

제주목사 이원진이 급히 장계를 올려 아뢰기를 "섬 남쪽에 배 한 척이 해안에 좌초했습니다. 대정현감 권극중(權克中)과 판관 노정(盧錠)으로 하여금

이 크다. 실제로 『하멜표류기』의 네덜란드인 연구자인 잔 파울 바이스(Jean Paul Buys) 수사(修士)는 그렇게 해설한다.(바이스, 44쪽). 그러나 레드야드는 목사의 속어인 목관(牧官)일 것이라고 추정하며(레드야드, 20쪽), 한국 사학자 이병도(李丙燾)나 김창수(金昌洙)도 그렇게 보고 있다.(이병도, 29쪽. 김창수, 362쪽.) 그러나 내가 현장을 방문했을 때, 그곳의 한 문인은 자기들은 지금도 제주시를 '목안'이라고 부른다고 했다 '목관'이 아니고 '목안'이라는 것이다.

병사를 거느리고 가서 살펴보라고 했으나, 어느 나라 사람인지 알 수가 없었습니다. 배가 바닷속에 뒤집혀 있고, 생존자는 38명[7]인데 언어가 통하지 않고 문자 또한 다릅니다. 배에는 약재와 녹비(鹿皮)와 기타 물품을 많이 싣고 있었습니다. 목향(木香)이 94포, 용뇌(龍腦)가 4항아리, 녹비가 2만 7천 장입니다. 이 사람들은 눈이 파랗고 코가 높고 머리가 노랗고 수염이 짧습니다. 구레나룻을 깎고 콧수염만 남겨 놓은 자도 있습니다. 웃옷이 길어 넓적다리까지 내려오고 옷자락이 네 겹으로 갈라졌으며, 옷깃이 옆에 붙어 있고, 소매는 짧습니다. 아랫도리는 주름이 잡혀 있고 치마처럼 보입니다. 왜말 아는 자를 시켜, '너희는 서양의 길리시단자인가?' 하고 물어보았더니 일동 모두 '야야' 하고 대답했습니다. 우리나라를 가리키며 물으니 고려라 했고, 이 섬을 가리키며 물으니 오질도라 했으며, 중원을 가리키며 물으니 대명 혹은 대방이라 했습니다. 서북쪽을 가리키며 물으니 달단이라 했고, 동쪽을 가리키며 물으니 일본 혹은 낭가삭기라 했습니다. 또 가고 싶은 곳이 어디냐고 물으니 낭가삭기라고 했습니다."[8]

조선조의 자료는 이제까지의 하멜 기록이 대체로 사실에 부합한다

7 38명 : 실록이 잘못 기재함. 조선조의 다른 자료에는 전부 36명으로 되어 있다.

8 『효종실록』 제11권, 효종 4년 8월 6일 무신(戊辰)조.
濟州牧使李元鎭 馳啓曰 有舡一隻 敗於州南 閣於海岸 使大靜縣監權克中判官盧錠 領兵往視之 則不知何國人 而船覆海中 生存者三十八人 語音不通 文字亦異 船中多載藥材鹿皮等物 木香九十四包 龍腦四缸 鹿皮二萬七千 碧眼高鼻 黃髮短鬚 有剪鬢留髭者 其衣則長及髀而四揆 衿旁袖低 俱有連紐 下服則襞積以似裳 使解倭語者問之曰 爾是西洋吉利是段者乎 衆皆曰 耶耶 指我國而問之 則云高麗 指本島而問之 則云吾叱島 指中原而問之 則或稱大明 或稱大邦 指西北而問之 則云韃靼 指正東而問之 則云日本 或云郎可朔其 仍問其所欲往之地 卽云郎可朔其.

는 것을 확인시켜 준다. 이 보고서가 실린 『효종실록』의 날짜는 양력으로 1653년 9월 26일이다. 하멜 일행이 이원진 앞에 끌려가 심문을 받은 것은 양력 8월 22일이다. 그러니까 당시의 교통수단으로 보고서가 서울까지 전달되어 조정 요로에 읽히고 다시 실록에 실리기까지는 한 달 정도 걸렸음을 알 수 있다. 따라서 이 보고서가 작성될 때는 벨테프레이라고 하는 화란인 통역이 서울에서 내려오기 훨씬 전이었다. 그렇다면 보고서에 등장하는 여러 지명들은 어떻게 작성된 것일까?

하멜은 이원진이 '사리를 잘 판단할 수 있는 사람'이며, 자신들을 만나 이야기하는 도중에 화란어로 이것저것 물어보고 무언가를 적어 두기도 했다고 자신의 일지에 기록하고 있다.[9]

보고서에 나타난 외국 지명이나 발음들이 이원진의 이런 성격을 확인시켜 준다. 생각건대 화란인들은 보고서에 등장하는 고려(高麗), 대명(大明), 대방(大邦), 달단(韃靼), 일본(日本)에 대해서 코라이(Couray), 타밍(Ta Ming), 타팡(Ta Pang), 타르타르(Tartar), 야판(Japan)과 같이 자기 식으로 발음했을 것이다. 그런데도 이원진이 그들의 음가를 제대로 판단해서 보고하고 있다는 점이 우리의 흥미를 끈다. 좀 더 부연해 보기로 하자. 가령 이원진이 하멜 일행의 발음을 듣고 표기한 낭가삭기(郎可朔其)는 물론 당시 동인도회사의 상관(商館)이 설치되어 있던 나가사키[長崎]를 가리키는 것인데, 하멜일지에는 그것이 오늘날 부르는 나가사키(Nagasaki) 대신 낭가삭키(Nangasackij)로 표기되어 있다. 이것은 이원진의 낭가삭기라는 발음과 그대로 일치한다.

한편 길리시단(吉利是段)은 크리스천을 의미하는데, 이 말은 포르투

9 이 책 245쪽 참조.

갈어 크리스땅(Christão)의 음가를 복사한 일본어 기리시딴[吉利支丹 또는 切支丹]에서 온 말이다. 길리시단은 야소(耶蘇) 또는 예수라는 말과 함께 임진왜란 후, 특히 왜나라 관계의 실록에 자주 등장하는 단어이다. 더구나 이원진은 왜나라를 상대하는 동래부사 자리를 역임한 바 있다. 『인조실록』에는 왜나라 소식을 알리는 동래부사 이원진의 장계가 두어 편 실려 있다.[10] 따라서 하멜 일행을 대한 이원진은 서양에 대해 전혀 감감한 관리가 아니었다. 대면은 처음이라 할지라도 그런 인종이 존재한다는 사실은 익히 알고 있었다. 길리시단 앞에 '서양의'라는 수식어를 단 것이 바로 그 증거이다.

"너희들은 서양의 길리시단자인가?"

이원진은 이렇게 물었을 것이고, 역관은 이렇게 통역했을 것이다.

"오마에라와 세이요오노 기리시딴노 모노까(お前らは西洋の吉利支丹の者か)?"

그러자 하멜 일행이 일제히 대답했다.

"Ja(야)! Ja(야)!"

이 대답을 이원진은 '야야(耶耶)'라고 적어 놓았다. Ja는 물론 영어의 Yes에 해당하는 화란어다. 이런 대목만으로도 당시 이원진과 화란인 사이에 진행된 문답 장면이 눈에 선하다.

보고서에 거론된 지명 중 논란의 대상이 되는 것은 오질도(吾叱島)이다. 하멜 일행이 과연 무어라 발음한 것을 이원진이 이렇게 표기했느냐는 것이다. 제주도 주변에는 이런 이름을 가진 섬이 없다. 문맥상으로는 이원진이 제주도를 가리키며 어디라고 생각하는지를 묻자 오

10 『인조실록』 제46권, 인조 23년 3월 7일 경인(庚寅)조.

질도라 대답했다고 되어 있다. 따라서 이병도나 일본인 사학자 이쿠다 시게루[生田滋]는 오질도가 제주도를 뜻하는 '퀠파트'의 차자였을 것으로 보고 있다.[11]

그러나 레드야드는 퀠파트와 오질도의 음가가 너무 다르다는 점을 지적한다. 그는 화란 지도에 퀠파트라는 지명이 처음 등장하는 것은 1648년이기 때문에 1653년 제주도에 도착한 하멜은 아직 그 지명을 모르고 있었을 가능성이 높다고 주장한다.[12] 그는 오질도를 나가사키 부근에 있는 고토[五島]로 보고 있다. 오질도와 고토는 언뜻 다른 것 같지만, 오질도(吾叱島)의 '질'이 사이시옷으로 사용되었다고 상정할 경우, 그 발음은 '옷도'가 되어 '고토'와 매우 흡사하다는 추정이다. 고토는 나가사키 앞바다에 떠 있는 5개 섬으로 구성된 고토열도[五島列島]를 가리킨다. 바다를 오가는 선원들이므로 자기들의 행선지 부근에 있는 그 열도의 이름을 알고 있었을 가능성은 매우 높다. 따라서 오질도가 옷도라는 레드야드의 의견은 매우 그럴듯하다.

그래도 문제가 완전히 해결되는 것은 아니다. 왜냐하면 하멜일지에는 생존자의 한 사람이었던 일등항해사 헨드릭 얀스가 대정현에 있을 때 이미 제주도의 위도를 측정했을 뿐 아니라, 이 섬이 퀠파트인 것을 알려줬다는 이야기가 실려 있기 때문이다. 여러 정황으로 미루어 일등항해사는 일본을 다녀온 경험도 있는 듯하다. 그런 그가 퀠파트 섬과 고토를 혼동했다는 것도 얼른 납득이 가지 않는다.

11 이병도, 『하멜표류기』, 일조각, 서울, 1954, 91쪽. 이쿠다 시게루, 『조선유수기(朝鮮幽囚記)』, 165쪽. 관련 서적은 이 책의 참고문헌 또는 참고자료를 참조할 것.

12 레드야드, 『화란인 코리아에 오다(*The Dutch Come to Korea*)』, 영국왕립아시아학회 한국지부, 서울, 1971, 148쪽.

다시 보고서로 돌아가자.

이원진은 난파선에서 건진 녹비, 목향, 용뇌 등의 물품에 대해 언급하고 있다. 과연 스페르베르호에 실렸던 물건들은 어떤 것들이었을까?

실록에 언급되어 있는 스페르베르호의 화물들은 화란측 자료에 의해서 확인된다. 대만 총독이 바타비아[13]의 동인도회사 본부에 보낸 1654년 10월 24일자 서한에는 그 배에 실려 있던 화물 내용이 적혀 있는데,[14] 이를 실록과 대조해 보면 다음과 같다.

대만 총독의 서한		효종실록
목향(poetsjoek)	20,007캐티	94포
명반(aluijn)	20,037캐티	
용뇌(Borneo Camphor)		4항아리
대만녹비(Taijouanse hertevellen)	19,952장	27,000장
영양가죽(elantshuijden)	3,000장	
산양가죽(steenvocx vellekens)	3,078장	
설탕가루(poeijersuijcker)	92,000캐티	

도표에서 보듯 대만 총독의 서한에는 용뇌의 언급이 없고, 실록에는 명반(明礬)과 설탕가루의 언급이 없다. 설탕이나 명반은 바닷물에 녹아 없어진 것으로 추정할 수 있다. 그럼 목향이나 녹비의 수량은 왜 다른 것일까?

13 인도네시아 수도 자카르타의 네덜란드령 시대 명칭.

14 후틴크(B. Hoetink), *Verhaal van het Vergaan va het jacht de Sperwer en van het wedervaren der schipbreukelinen op het eiland Quelpaert en het vasteland van Korea (1653~1666), met eene beschrijving van dat rijk*, 그라벤하지, 1920, 97~98쪽.

무게를 나타내는 캐티(Catty)는 그 어원이 말레이시아어 카티(kati)이다. 하지만 단위 그 자체는 중국에서 온 것으로, 1캐티는 우리가 사용하던 625그램 또는 600그램인 한 근(斤)과 대동소이하다. 실록에는 목향을 근으로 표시하지 않고 포(包)로 적어 놓았다. 200근을 한 묶음으로 했다고 상정해 보면, 94포의 무게는 18,800근이 되므로 화란측의 20,007캐티와 엇비슷해진다.

또 녹비의 숫자가 각기 다르나 실록은 대만산 사슴과 아프리카산 영양과 산양의 가죽을 한데 묶어 사슴가죽(녹비)이라 계산한 것 같다. 화란측 자료의 합계가 26,030장인 데 비해, 실록은 27,000장이니 서로 엇비슷한 숫자가 된다. 이 상품들에 대해서 동인도회사측의 자료는 그 가격이 약 39,000길더에 달한다고 밝히고 있으며, 왜나라 사신의 말을 인용한 조선조의 한 자료에는 그 재화가 30여만 냥에 달한다고 되어 있다.[15]

그런데 성해응(成海應)의 저서에는 실록이나 화란 자료에 없는 물건들이 언급되어 있다.

> 배 안에 있던 물건들은 모두 50여 종으로, 그 가운데 이상한 재화와 진기한 물건이 꽤 있었다. 용뇌 수십 근, 왜은(倭銀) 600냥, 두 개의 병 입구를 서로 붙여 그 가운데로 모래가 흐르게 만든 유리루(琉璃漏)가 하나였다. 또 해의 각도를 측정하는 둥근 기구가 있었는데, 다듬은 동으로 환을 입힌 추축이 걸려 있어 전후좌우로 능히 움직일 수 있게 만들었으며 중국제와는 조금 차이가 난다. 그 밖에 자가 있었고, 천리경, 유리경, 운모창(雲母窓), 동·주

15 후틴크, 98쪽.『현종실록』제12권, 현종 7년 10월 23일 경오(庚午)조. 이 책 170쪽 참조.

석·은을 많이 섞어 만든 그릇들이 있었다.[16]

여기서 말하는 유리루는 모래시계, 천리경은 망원경을 가리킨다. 유리경은 안경을 말하는 것인지 유리거울을 말하는 것인지 분명하지 않다. 운모창이라 표기한 색유리가 당시에는 아주 진기한 물건이었던 것을 알 수 있다. 성해응은 발견된 물건이 모두 50여 종이라고 했으며, 이 문장 뒤에 대포, 중포, 소포, 조총, 창 등 난파선에서 건진 무기류에 대해서도 언급하고 있다.

스페르베르호의 크기는 어느 정도였을까

이런 물건들을 모두 싣자면 배도 꽤 컸을 것이다. 하멜이 타고 온 스페르베르호의 크기는 과연 어느 정도였을까?

하멜일지에는 승무원이 64명이었다는 기록밖에 없다. 또 실록이나 대만 총독의 서한에 나타난 화물의 무게를 합쳐 보면 대략 1백여 톤이 된다. 그러나 이것만 가지고는 몇 톤급의 배였는지를 알 수 없다. 대포 등의 무기와 그 밖의 것도 실렸을 테니까 말이다. 배의 크기에 대한 궁

16 성해응, 『연경재전집(研經齋全集)』 제56권.
船中物 凡五十餘種 頗有異貨奇器 龍腦數十斤 倭銀六百兩 琉璃漏一架 兩瓶接口 中有流沙 測咎圓器 以熟銅懸環之樞 活動移轉 能左右前後 準中國制少差 又有測咎尺 千里鏡 琉璃鏡 雲母窓器皿 多用銅錫白金
성해응(1760~1839)은 정조 때의 문신으로 음성(陰城)현감을 지냈으며, 문장이 뛰어나 『동국명산기(東國名山記)』라는 저서를 남겼다.

금증은 기문이서(奇文異書)에 정통했다는 정조 때의 문장가 이덕무가 풀어 주고 있다. 박제가(朴齊家)와 함께 북학(北學) 4가의 하나로 불리는 그는 한 저서에서 다음과 같은 사실을 밝히고 있다.

> 아란타(阿蘭陀)는 …… 일명 하란(荷蘭), 일명 홍이(紅夷) 또는 홍모(紅毛)라 하며, 서남해 가운데 있고, 일본에서 1만 2천9백 리 떨어진 곳에 있다. 그 땅은 불랑기[17]와 가깝다. 그들은 눈이 깊고 길며 수염과 머리카락이 모두 붉고, 발 길이가 1척 2촌인데 항상 개처럼 한 발을 든 채 오줌을 누며, 서양의 예수교를 배워 이를 믿는다. 배가 크고 포가 크다. 배 길이가 30장, 넓이가 6장, 두께가 2척이나 되며, 돛대를 5개 세우고 아마도 8포[18]를 두었다. 2장 거포를 쏘면 돌성을 무너뜨리니 세상에서 홍이포[19]라 일컫는 바, 이것이 그들의 제품이다.[20]

17 불랑기(佛狼機) : 서양 대포. 불랑기가 대포를 뜻하게 된 데는 나름대로의 내력이 있다. 중국 광동 지방에는 예부터 아랍 상인들이 많이 살고 있었다. 그들은 십자군 정벌 시대부터 유럽인을 페링기(Feringhi)라 불렀는데, 이 페링기라는 말은 지금의 프랑스, 독일 지대에 살고 있던 족속을 지칭하는 유럽어 프랑크(Franks)에서 나온 것이다. 1511년 중국은 말라카 전투에서 포르투갈인이 쏘아댄 대포의 위력에 굴복하여 광동조약을 맺었다. 이때 유럽인을 뜻하는 아랍어 페링기가 그들이 소유한 엄청난 대포를 가리키는 말로 변질되어 중국인들 사이에서 사용되기 시작했는데, 그 새로운 단어가 바로 불랑기(佛狼機 : 폴랑치)였다. 불랑기가 우리나라에 전해진 것은 임진왜란 때이다. 그러나 이덕무가 여기서 사용한 불랑기는 프랑크 지역 또는 유럽 지역을 가리킨다.

18 스페르베르호의 대포는 30문이었다. 이것은 나가사키 당국의 신문에 대한 하멜 일행의 답변 자료에 나와 있다. 이 책 283쪽 참조.

19 홍이포(紅夷礮) : 인조 때 명나라에서 수입한 서양 대포.

20 이덕무(李德懋), 『아정유고(雅亭遺稿)』 제5권, 병지(兵志) 비왜론(備倭論)조.
阿蘭陀 一名荷蘭 一名紅夷 亦曰紅毛 在西南海中 距日本一萬二千九百里 其地近佛狼機 深目長鼻 鬚髮皆赤 足長尺二寸 常擧一足而尿如犬 習西洋耶蘇之敎 其所恃惟 舟長三十丈 廣六丈 厚二尺 樹五桅或八呴 置二丈巨呴發之 可涸裂石城 世所稱紅夷礮 卽其製也

하멜 일행이 제주도까지 타고 왔던 스페르베르호와 동종의 화란 범선. 레니에 룸스가 1652년에 만든 동판화이다.

하멜이 타고 온 스페르베르호의 길이와 넓이, 두께가 적혀 있는 것이다. 하멜보다 약 1세기 후에 등장하는 이덕무가 어디서 이런 정보를 얻었는지는 알 수 없다. 그러나 위 글에 나오는 '항상 개처럼 한 발을 든 채 오줌을 누며'처럼 약간 우화적인 내용으로 미루어 볼 때 구전이었을 거라는 심증이 든다.

한편 길이 30장, 넓이 6장, 두께 2척을 미터법으로 환산해 보면 다음과 같다.

이덕무(1741~1793)는 서출이라 벼슬은 규장각 검서관, 시골 현감에 지나지 않았으나, 북경을 다녀온 뒤 박제가 등과 함께 북학을 제창한 정조 때의 문장가이다. 『앙엽기』, 『아정유고』, 『청비록(淸脾錄)』 등 10여 가지의 저서를 남겼다.

선박에 대해 문외한인 필자는 궁금증을 이기지 못해 국내의 한 유명 조선회사에 전화를 걸어 보았다. 그곳에 근무하는 선박 설계가가 내게 들려준 바에 따르면, 옛날 목선은 설계 방식과 계산법이 전혀 다르기 때문에 정확한 감을 잡지 못하겠으나, 길이 91미터, 넓이 18미터의 크기로 현대적인 선박을 설계해 본다면 대충 중량은 3천5백 톤, 총톤 수는 2천 톤으로 헤아려진다는 것이었다.

그럼 스페르베르호는 2천 톤급이었나?

그렇지는 않을 것이다. 왜냐하면 당시 동인도회사가 사용하던 최대 선박이 1천 톤급이었던 것으로 알려져 있기 때문이다. 1650년 하멜이 화란을 떠나올 때 승선했던 보헬스트루이스호가 바로 1천 톤급이었다. 기록에 따르면 그 배에는 여객과 승무원 3백여 명이 하멜과 동승했던 것으로 되어 있다.[21]

스페르베르호의 경우 여객은 없었고, 승무원만 64명이었다. 이를 통해 보면 스페르베르호는 1천 톤급보다는 좀 작은 배였는지도 모르겠다.

돛 5개에 대포 30문을 장비한 1천 톤 미만의 범선 스페르베르호. 정확하지는 않지만, 이것이 대충 하멜이 타고 온 배의 실체였다.

21 식민지문서, 바이스, 『하멜일지와 조선왕국기, 1653~1666(*Hamel's Journal and a description of the Kingdom of Korea, 1653~1666*)』, 서울, 1994, 92쪽에서 재인용.

이 사람은 코레시안이다

02

광해군이 살던 집

심문을 끝낸 총독은 일본에 보내 주겠다는 의사 표시도 없이 하멜 일행을 어떤 집에 수용하고 말았다. 집 주위엔 병사들의 삼엄한 감시가 펼쳐졌다. 포로 신세가 된 하멜은 동료들과 함께 앞으로 자신들의 운명이 어떻게 될 것인지를 몹시 불안하게 생각했다. 그러나 가만히 생각해 보니 대우는 그렇게 나쁜 게 아니었다. 우선 그들이 수용된 곳은 놀랍게도 '국왕의 숙부'가 유배되었던 집이다. 하멜 자신이 일지에 그렇게 적고 있다. 기록에 따르면 인조반정으로 실각한 조선조 15대 광해군은 강화 교동을 거쳐 제주도에 유배되었으며, 1641년에 이 집에서 세상을 떠났으니, 하멜이 도착하기 12년 전의 일이었다. 일단 왕이 유배되었던 집이므로 여느 민가와는 어디가 달라도 달랐을 것이다. 우선 집의 규모가 그랬다. 36명이 한꺼번에 수용될 만큼 규모가 컸던 것이다. 내부 시설이 어떠했는지는 알 수 없다. 그러나 집의 규모가 크다는 것은 일반적으로 그 내부 또한 허술하지는 않다는 것을 의미한다.

하멜 일행도 자기들이 수용된 집과 일반 민가를 비교해 보고, 총독의 대우가 그리 나쁘지 않다는 것을 느낄 수 있었을 것이다.

여기에 다시 급식이 제공되었다. 1인당 쌀과 밀가루가 각각 4분의 3캐티씩이었다. 1캐티는 한 근이다. 따라서 하루에 쌀과 밀가루가 각각 450~470그램씩 지급되었다는 이야기이다. 쌀과 밀가루를 합해 한 끼에 300여 그램이니, 결코 적은 분량이라고는 할 수 없다. 반찬도 지급되었다. 그러나 자기들이 먹을 수 없는 반찬들이라 소금과 물을 타서 밥을 먹어야 했다고 하멜은 말한다. 지급된 반찬은 아마도 김치나 짠지 또는 된장이나 고추장 같은 밑반찬류였던 듯하다. 반찬이 입에 맞느냐 안 맞느냐 하는 판단은 주관적인 것이며, 그 불평은 순전히 문화적 차이에서 생긴 것이다.

조선 관청으로서는 그들에게 응분의 대접을 해 주었다. 이 점에 대해서는 하멜 일행도 같은 생각을 갖고 있었던 것 같다. 그래서 그들은 자기들의 입장을 목사 이원진에게 호소하기로 결정한다. 이 청원이 받아들여져서 화란인들은 매일 여섯 명씩 교대로 외출하는 것이 허락되었고, 부식을 제공받게 되었다. 하멜은 합리적인 판단을 내린 이원진에게 감사하면서, 총독은 선량하고 사리를 잘 판단할 수 있는 사람이며, 나중에 들어 안 일이지만 조정에서도 상당히 존경받는 분이라고 칭찬하고 있다.

이원진은 화란인을 자주 불러들여 이것저것 물어보면서 음식을 먹여 주었던 모양이다. 또 의원으로 하여금 배가 난파될 당시 중상을 입었던 선원들의 몸을 돌보게 해 주었다. 서로에 대한 우호적 관계가 확립되었다.

두 달가량 지나는 동안 하멜 일행도 조선어를 배우고, '사리를 잘 판단할 수 있는' 이원진 쪽에서도 화란어를 배웠던 것이 분명하다. 이원진은 국왕에게 보고서를 올렸으며, 그에 대한 회신이 내려오면 하멜 일행을 일본에 보내 줄 터이니 걱정하지 말라고 용기를 북돋아 주었다. 하멜은 조선인의 호의 또는 인간애를 느꼈으며, "이교도로부터 기독교인이 무색할 정도의 후한 대접을 받게 되었다."[1]고 일지에 적고 있다.

극적인 해후

10월 29일 오후, 관청으로부터 들어오라는 전갈이 와서 서기와 일등항해사와 하급선의(下級船醫), 이 세 사람이 나졸을 뒤따라갔다. 하멜과 그의 동료들은 자기들에게 호의적인 이원진이 또 무슨 잔칫상에 불러 주는 것이 아닌가 해서 배불리 먹을 기대감을 가지고 관아로 들어갔다.

그러나 이원진 옆에는 붉은 턱수염을 길게 기른 서양인이 한 사람 앉아 있었다. 하멜 일행이 놀라 어리둥절해 하고 있으려니까, 이원진이 물었다.

> 총독이 우리에게 "이 사람이 누군지 알겠는가?" 하고 묻기에 우리와 같은 화란인이라고 대답했습니다. 그러자 총독은 웃으면서 "틀렸다, 이 사람은 코레시안(Coresian)[2]이다."라고 했습니다. 여러 가지 말과 몸짓을 서로 주고

1 이 책 245쪽 참조.

2 코레시안(Coresian) : 코레안스(Coreaanse) 또는 코레아넨(Coreanen)과 같은 뜻으로 쓰인 이 표기법은 하멜일지에만 나타난다. 당시는 코레아(Corea)에 대한 표기법이 아직 확립되지 않고 있었다. 코레아가 고려(高麗)에서 온 것은 틀림없다. 고려의 중국 발음 '카올리'가

받은 뒤에, 이제까지 침묵을 지키던 그 사나이가 몹시 서툰 화란어로 우리가 어느 나라 사람이며 어디서 왔느냐고 물었습니다. 우리는 암스테르담에서 온 화란인들이라고 대답했습니다. 그러자 그 사람은 우리가 어디를 출발해서 어디로 가는 길이었는지를 물었습니다.[3]

이렇게 해서 하멜은 얀 얀스 벨테프레이[4]와 극적으로 만나게 되었던 것이다. 화란 데레프 출신의 벨테프레이는 하멜보다 26년 전 이 땅에 표류하여 정착한 사람이었다.

그는 1627년 오버커크호를 타고 일본으로 가다가 역풍 때문에 배가 조선 해안으로 밀리게 되자, 식수를 얻으려고 보트로 해안에 상륙했다가 동료 두 사람과 함께 주민에게 붙들렸다고 하멜 일행에게 말했다. 보트에 타고 있던 다른 선원들은 모선(母船)으로 달아나고 말았다는 것이다.

그 뒤 세 사람은 조선에 정착했으며, 1636년 병자호란이 일어나자 조선군의 일원으로 전투에 참가했다. 두 동료[5]는 이 싸움에서 전사했고, 벨테프레이는 홀로 살아남았다. 그는 자기가 지금 서울에 살고 있

코리아의 기원이라는 설도 있지만, 그보다는 고려의 일본 발음인 '코오라이'를 포르투갈인이 Couray라 표기한 뒤부터 이 발음이 유럽 각지로 전파되면서 Couray→Coréia(포르투갈어), Coeree(화란어), Corea(영어), Corée(불어)로 변하고, 다시 대한제국의 등장과 함께 Korea로 바뀌게 된다. 코레시안은 이런 표기법이 아직 확립되기 이전에 잠시 쓰인 듯하다.

3 이 책 245쪽 참조.

4 Jan Janse Weltevree. 이 중 Weltevree라는 성을 영어식 발음을 가미한 '벨테브레' 또는 '벨테프레이' 등으로 표기하는 모양이나, 저자가 네덜란드 대사, 문정관 및 『하멜표류기』 후틴크 판본을 영역한 바이스 등에게 직접 들은 네덜란드식 발음은 '벨테프레이'였다.

5 병자호란 때 전사한 화란인의 이름은 데레프 출신의 데릭 히스버츠(Dirck Gijsbertsz)와 암스테르담 출신의 얀 피터스 버바스트(Jan Pieterse Verbaest)였다. 이 책 246쪽을 참조할 것.

으며, 국왕으로부터 충분한 식량과 의복을 지급받고 있다고 말했다. 그는 일본에 갈 길이 없겠는가를 묻는 하멜 일행에게 부정적으로 대답하면서, 자기도 여러 번 일본에 가게 해 달라는 탄원을 올렸으나 허가를 얻지 못했으며, 표류한 외국인을 국외로 내보내지 않는 것이 이 나라의 관습이라고 덧붙였다.

벨테프레이가 조선에 도착했을 때의 나이는 32세였고, 지금은 58세였다. 말수가 적은 하멜은 26년 만에 화란인을 만난 벨테프레이가 어떤 반응을 보였는지에 대해서 아무것도 언급하고 있지 않다. 다만 그는 벨테프레이가 처음에는 그저 침묵하고 있다가 나중에 매우 서툰 화란어로 어느 나라 사람이냐, 어디로 가는 길이냐 등을 자기들에게 물어보았다고 적고 있다.

인간관계가 이럴 수는 없는 것이다. 조선이란 나라에 홀로 살다가 26년 만에 자기 동포들을 만났다면 벨테프레이로서는 무언가 감정의 표시가 있어야 한다. 하멜 자신은 낯선 땅에서 오래 산 벨테프레이를 만난 일에 대해서 '통역을 만난 기쁨'이라는 식으로 간접적인 감정을 표시하고는 있으나, 벨테프레이가 자기들을 보고 어떤 반응을 보였는지에 대해서는 묘사하고 있지 않다.

그러나 조선조의 자료에는 이 극적인 만남을 좀 더 상세히 기록한 문헌이 있다. 정조 시절 윤행임[6]의 글이 바로 그것이다. 규장각 관리로 일하기도 했던 그는 하멜에 관한 조정의 1차 문서들을 접할 기회가 많

6 윤행임(尹行恁 1762~1801) : 정조 때의 문신으로 호는 석재(碩齋). 규장각의 말단 관리인 정7품의 대교(待敎)를 거쳐, 대사간, 이조판서 등을 역임했다. 정조의 총애를 받았으나, 순조 때 척신들과의 정쟁에서 밀려 사약을 받았다.

이 있었으리라고 사료된다.

> 효종 4년, 진도군[7]에 난파한 선박이 한 척 있었는데, 선중의 36인은 옷과 모자가 기이하며, 코는 높고 눈은 깊었다. 언어와 문자가 통하지 않자, 어떤 사람은 그들이 서양인이라 했고, 어떤 사람은 남만인이라고 했다. 조정에서는 연(박연)에게 가서 알아보라고 명했다. 연은 그 사람들을 만나 이야기를 나눠 본 뒤에 눈물을 떨어뜨리며 자기 옷깃이 다 젖을 때까지 울었다.[8]

앞의 글을 보면 박연(벨테프레이)은 입고 있던 옷의 옷깃이 다 젖을 때까지 울었다고 되어 있다. 흑백사진 같은 하멜의 기록에 비로소 혈색을 돌게 해 주는 내용이 아닐 수 없다. 인간이라면 당연한 반응이었을 것이다.

박연은 조정의 명을 받고 표류자들이 어떤 사람인가를 알아보기 위해 서울에서 내려온 것으로 되어 있는데, 이 점은 하멜의 기록과 일치한다. 벨테프레이에게 왜 이 섬에 왔는가를 묻자, 그는 하멜 일행이 어떤 사람들인지, 또 어떻게 이곳에 도착했는지를 알아보기 위해서 왔다고 대답한 것으로 하멜은 적고 있다.[9] 실록의 일절에는 하멜 일행을 만나 본 벨테프레이가 (이원진에게) "이들은 만인임에 틀림없다."고 말

---

7 윤행임의 착각. 표류지는 제주도였다.

8 윤행임, 『석재고(碩齋稿)』 제9권, 해동외사(海東外史) 박연(朴延)조.
孝朝四年 有漂船舶珍島郡 船中三十六人 衣冠詭異 鼻高目深 不通言語文字 或云西洋人 或云南蠻人 朝廷命延往審之 延見其人言語淋漓 至於泣下霑襟

9 이 책 246쪽 참조.

한 것으로 기록되어 있다.[10]

그런데 이들이 만나는 장면을 윤행임보다 더 상세하게 전해 주는 문헌이 있다. 다음에 소개하려는 성해응의 글이 바로 그것이다. 그는 효종실록의 글을 부분적으로 요약하면서도, 한편으로는 하멜 일행이 이원진 앞에 불려 나간 장면과 동포인 박연을 극적으로 만나 나눈 말들을 전해 주고 있어 매우 흥미롭다. 부분적으로는 앞 장에서 인용한 실록의 내용과 겹치기도 하지만, 자세히 읽어 보면 행간에 하멜 쪽의 설명 또는 뒷날의 행적이 반영되어 있다.

효종 4년 계사년에 서양 배가 대정현에 표류하여 그대로 머문 채 돌아가지 않았다. 서양인들은 모두 눈이 파랗고 콧수염이 붉었으며, 코가 높고 몸이 길었다. 길게 기른 머리카락은 어깨를 덮었다. 그들은 양털모자를 썼고, 뒤가 높은 가죽신을 신었다. 웃옷은 여러 가지 색깔로 무릎까지 늘어지며, 옷깃과 소매에는 단추들이 일렬로 죽 달려 있는데 안쪽으로 잡아당기면 한 번에 풀리게 되어 있었다. 버선은 무릎까지 올라오며 바지 안쪽에 연결되었다.

절을 할 때는 모자와 신발을 벗고, 손으로 땅을 짚은 채 무릎을 꿇고 머리를 숙인다. 노래는 중국인의 음조를 닮았다. 그들은 울지만 곡을 하지는 않는다. 밥을 모르며, 술과 고기와 과자와 국수를 먹고 마시며, 또 뱀을 능히 먹는다.

그들의 통속 글자는 대충 오랑캐 글자와 비슷하나 옆으로 글자를 써 나가

10 『효종실록』 제11권, 효종 4년 8월 6일 무신(戊辰)조.
전에 온 남만인 박연이 보고 말하기를 이들은 과연 만인이다.[前來南蠻人朴燕見之曰 果是蠻人]

며, 왼쪽에서부터 쓰기 시작한다. 숫자는 그 수대로 작대기를 하나씩 그려 나가지만, 10은 X로 5는 V와 같이 만든다. 6 이상은 V자 옆에 그 숫자대로 작대기를 하나씩 덧붙인다. 그들의 언어나 문자는 모두 통하지가 않는다.

"서양 크리스천이냐?" 하고 왜나라 말로 물어보자, 그들 모두가 기뻐하며 "야! 야!" 하고 대답했다. "야! 야!"라 하는 것은 "네! 네!"와 같은 것이다. 각자 이름과 나이를 써 보라 하고 이를 언문으로 옮겨 보니 머리는 백계(白鷄)이고, 음은 사이은(斯伊隱)이었다. 나머지 사람의 이름도 역시 사이은이라 칭하는 자가 많았다. 사이은이라는 것은 중국의 성씨와 같은 것임에 틀림없다.

목사 이원진은 이 문제를 조정에 보고했고, 비변사는 박연더러 내려가 알아보라고 했다. 박연 또한 서양인이다. 십수 년 전 바다를 표류해 와 훈련도감에 배치되었는데, 본명인 호탄만[11]을 박연이라 고쳤다. 박연은 표류 만인들을 만났을 때, 먼저 말하는 것을 삼가고 그들의 언행을 지켜보았다. 표류 만인들은 박연을 한참 쳐다보더니 말했다.

"이 사람은 우리의 형제와 같다."

서로 얼굴을 대하고 눈물을 떨어뜨리며 만인들이 말했다.

"우리나라 상인들이 일본에 많이 왕래하므로, 우리를 일본에 보내 준다면 집에 돌아갈 수 있습니다."

11 호탄만(胡呑萬) : 이병도는 자신의 역서에서 박연의 박은 벨테프레이의 벨에서 온 것이고 연은 얀에서 온 것이나, 호탄만은 아마도 벨테프레이를 서툴게 음역한 것이 아니겠느냐는 견해를 피력했다(이병도, 31쪽 각주). 이에 대해 레드야드는 벨테프레이와 호탄만은 그 음가에 있어 비슷한 구석이 한 군데도 없다면서, 호탄만은 화란어 호프만(hopmann)에서 유래한 것이라고 주장했다. 그의 설명은 함께 붙들렸던 화란인 두 명이 박연을 "호프만(선장님)!"이라 부르곤 했는데, 이것이 조선인들에게는 그의 본명으로 들렸을지도 모른다는 것이다.(레드야드, 33쪽)

그러나 박연은 이렇게 말했다.

"일본에서 열려 있는 시장은 나가사키밖에 없소. 상선은 규칙에 따라 육지에 닿지 않고, 모두 선상 교역을 합니다. 또 일본 법은 자기 나라 사람이라 해도 다른 나라에 표류했다 돌아오면 죽여 버리오. 수년 전 예수 추종자들[耶蘇宗門]이 조선에 들어왔을 때, 조선이 그들을 대마도로 보내자 대마도주는 그들을 모두 도륙하고 그들의 재화를 빼앗아 버렸소. 지금 여러분을 일본으로 보낸다면 필시 온전할 리가 없소. 그래서 내가 여기 온 것이오. 나는 훈련도감에 소속되어 있소. 신관이 편하고 먹을 게 족하오. 당신들은 나를 따라 도성에 가겠소?"

만인들은 이에 승낙했으며, 이듬해 도성으로 보내졌다. 거기서 그들은 도성 내외의 여러 군영에 분산 배치되었다……. 표류 만인들은 모두 장정이나, 그중 몇은 십여 세의 소년들이었다. 그들은 세 명이 중국에 갔다 왔으며, 일곱 명이 일본에 갔다 왔다고 말했다.[12]

12 성해응, 『연경재전집』 제56권, 필기류(筆記類) 서양박(西洋舶)조.
孝宗四年癸巳 洋船漂之大靜縣 仍留不還 洋人皆碧眼赤髭 高鼻長身 剪髮長覆肩 戴羊毛毡笠 穿高後皮鞵 衣雜色長至髀 襟袖俱爲連綱 一引縮而衆綱齊脫 襪至膝結之袴內 拜則去冠履 手據地 長跪而垂頭 歌類漢人音調 泣而無哭 不知飯惟喫酒肉糕麪 赤能食蛇 其諺字 略似胡書 而橫寫爲行 從左而起 凡數目字 如數畫之 但十字作X 五字V 自六以上 則又於 V字之下 隨數加畫 語音文字 俱不可通 試以倭語擧西洋吉利是段而呼之 衆皆歡喜曰 耶耶 耶耶者 猶是是也 使之各書名字年歲 而以諺爲首者白鷄也 音斯伊隱 餘人名赤多斯伊隱之稱 斯伊隱者 盖如中國之姓氏也 牧使李元鎭以聞于朝備局遣朴延者來看 延赤西洋人也 十數年

前 漂海而來 隷訓局 本名胡呑萬改朴延 延之見漂蠻也 戒勿先言 以觀其所爲 漂蠻熟視延曰 是與我如兄弟者也 始相對垂淚 蠻人等曰 我國商多往日本 若送我日本 可得歸 延曰 日本獨郎可朔其開市 而商船例不得下陸 皆有船上交易 且日本法 雖其國人 從他國漂還 輒殺之 況頃年因耶蘇宗門 入朝鮮 朝鮮送于對馬島 島主盡屠而奪其貨 今送日本 必無全理 且我來此 隷於訓鍊都監 身逸而食足 汝等 從我至京可乎 蠻人曰諾 翌年送至京分隷中外諸營 …… 漂蠻皆壯丁 赤有數兒 年可十餘歲自言 行賈至中國者三 至日本者七

하멜 일행이 박연과 극적으로 만나는 장면이나 거기서 나눈 대화의 내용은 마치 하멜일지를 읽고 있는 것 같다. 특히 박연이 처음엔 아무 말 않고 침묵을 지키다가 나중에서야 입을 열었다는 대목이라든지, 하멜 일행이 "이 사람은 우리의 형제와 같다."고 말한 대목, 또 조정에서는 그들을 일본에 가게 해 주지 않을 거라고 박연이 말한 대사 등은 하멜일지에 나오는 "당신이 새라면 그곳으로 자유롭게 날아갈 수 있을 거요. 그러나 우리는 외국인을 나라 밖으로 내보내지 않소."라는 내용과 그대로 일치한다.[13]

성해응이 하멜일지를 읽었을 리는 없다. 그렇다면 성해응이 어떤 방식으로든 하멜이나 벨테프레이 쪽의 이야기를 전해 들은 것이라고 생각된다. 위 글에는 이 밖에도 로마 숫자나 이름에 대한 해설 등에 하멜 쪽의 설명이 간접적으로 반영되어 있다. 가령 10을 X로 표시한다든지 5를 V로, 그리고 다른 숫자는 그 옆에 작대기를 하나씩 긋는다는 이야기 따위는 확실히 화란인들이 설명해 준 내용이 성해응에게까지 구전된 것이라고 볼 수밖에 없다.

흥미로운 것은 성해응이 하멜과 그 일행의 이름에 대한 해설을 덧붙이고 있다는 점이다. 제주도에 표류한 36명의 화란인 중 우리가 하멜일지나 화란측 자료를 통해 확인할 수 있는 사람은 모두 19명인데, 그 명단은 다음 도표와 같다.

성해응이 적은 '백계'란 어떤 이름의 음가를 표기한 것인지 짐작할 수 없다. 생존자 36명 중 이름을 알 수 있는 선원은 모두 19명이다. 그러나 이들 가운데 백계와 비슷하게 소리 나는 이름은 없다. 다만 그가

13 이 책 247쪽 참조.

이름	나이	화란명	출신지	직책
헨드릭 하멜	23	Hendrick Hamel	호르쿰	서기
헨드릭 얀스	?	Hendrick Janse	암스테르담	일등항해사
야콥 얀스	34	Jacob Janse	플레케렌	조타수
호버트 데니슨	34	Govert Denijszen	로테르담	조타수
헨드릭 코넬리슨	24	Hendrick Cornelissen	플리란드	하급수부장
얀 얀스 스펠트	22	Jan Janse Spelt	우트레흐트	하급수부장
코넬리스 데릭스	18	Cornelis Dirckse	암스테르담	하급수부장
마테우스 에보켄	19	Mattheus Eibocken	엔퀴슨	하급선의
얀 클라슨	36	Jan Claeszen	도르트레흐트	요리사
요하니스 람펜	23	Johannis Lampen	암스테르담	조수
산더 바스켓	28	Sander Boesquet	리스	포수
얀 피터슨	23	Jan Pieterszen	히렌빈	포수
안토니 울데릭	19	Anthonij Uldrick	흐리에튼	포수
헤릿 얀슨	19	Gerrit Janszen	로테르담	포수
헨드릭 얀스 보스	?	Hendrick Janse Bos	할렘	포수
파울루스 얀스 쿨	?	Paulus Janse Cool	푸르메렌드	포수
베네딕투스 클레르크	14	Benedictus Clercq	로테르담	급사
클라스 아렌센	14	Claes Arentszen	오스트포렌	급사
데니스 호버첸	12	Denijs Govertszen	로테르담	급사

중국의 성씨와 같을 거라는 '사이은'만은 짐작 가는 데가 있다. 이것은 그들 이름 가운데 많이 보이는 슨(szen)을 의미한 것 같다.

영어 이름에도 데니슨이니 존슨이니 하여 슨(son)이 붙는 이름이 많은데, 이것은 누구의 아들(son)임을 알리는 접미어로서, 가령 데니스의 아들은 데니슨으로, 존의 아들은 존슨으로 이름을 지을 수가 있다. 화란어도 이와 마찬가지로 코넬리스의 아들은 코넬리슨, 얀스의 아들은 얀슨으로 이름 지을 수 있다.

하멜 일행 가운데는 코넬리슨, 아렌센(슨), 데니슨, 피터슨, 얀슨, 호버첸(슨) 등 슨으로 끝나는 이름을 가진 사람이 여러 명 있었다. 끝에 오는 데다가, 김씨 이씨처럼 여러 사람이 같은 음을 가지고 있으니까 성해응은 이것이 아마도 성씨일 거라고 생각한 것 같다. 화란 방언, 특히 하멜의 고향인 호르쿰 방언 가운데는 슨(szen)을 소인(soyn)으로 발음하며, 이런 흔적은 화란의 식민지였던 남아프리카공화국의 발음에 아직 그대로 남아 있다고 한다.[14] '소인'을 자꾸 발음해 보면 '사이슨' 비슷하게 들리기도 한다.

표류 만인들은 모두 장정이나 그중 몇 명은 십여 세의 소년들이었다는 성해응의 기록은 사실이다. 도표를 보면 스페르베르호의 급사로 승선했던 베네딕투스 클레르크나 클라스 아렌센은 열네 살이었으며, 데니스 호버첸은 열두 살에 지나지 않았다. 이들은 성장기를 조선에서 보내게 된다. 따라서 나중에 언급하겠지만 이들 나이 어린 화란인들은 알파벳으로 자기 이름 쓰는 법을 배울 기회가 없었기 때문에, 나이 들어 화란에 돌아가 서명할 때 X라는 식의 작대기 서명을 어떤 공문서에 남겨 놓기도 한다.[15]

하멜 일행은 그러나 이국땅에서 동포 벨테프레이를 만난 기쁨에 젖었다. 그를 통하여 이 나라의 사정을 들을 수 있게 되었다. 불안감은 가셨으며, 새로운 나라에 대한 호기심도 갖게 되었다. 벨테프레이는 26년 동안 사용하지 않았던 모국어를 거의 잊어버린 상태였으나, 하멜 일행과 한 달간 같이 생활하는 동안 화란어를 다시 회복할 수 있었다

14 레드야드, 149쪽.
15 바이스, 83쪽.

고 하멜일지는 전한다.

벨테프레이라는 좋은 통역이 생겼으므로 목사 이원진도 표류자들에 대한 좀 더 상세하고 정확한 보고서를 작성해서 조정에 다시 올려 보냈다. 이원진은 국왕의 답서가 오는 데는 시간이 많이 걸리지 않을 것이며, 좋은 소식이 오면 일본에 보내 주겠다고 표류자들의 사기를 돋워 주었다. 한편 벨테프레이는 거의 날마다 하멜 일행을 찾아왔다. 이러는 가운데 계사년은 저물고 있었다.

시올로 가는 길

03

방한복이 지급된 배경

화란인들은 벨테프레이와 만난 뒤 마음의 안정을 얻었다. 제주목사는 벨테프레이의 통역을 바탕으로 새 보고서를 작성해 조정에 올려 보냈다. 따라서 이에 대한 서울로부터의 답신도 몹시 기대되었다. 전부터 호의적이던 이원진은 그들의 용기를 북돋아 주며, 좋은 소식이 오는 대로 일본에 보내 주겠다고 다짐했다.

그러나 연말이 되면서 임기가 끝난 이원진은 곧 서울로 올라가야만 했다. 그는 떠나기 전 표류자들에게 관청에서 압류했던 물건들을 되돌려 주었다. 그중에는 난파선의 항해일지도 들어 있었음을 짐작할 수 있다.

초기의 하멜일지를 들여다보면, "8월 11일. 동남쪽으로부터 비바람. 동북에서 동북동쪽으로 진로를 잡음."과 같이, 항해일지를 그대로 베낀 듯한 문구가 많이 발견된다. 하멜은 적어도 그가 표류한 1653년 말까지는 날짜를 정확히 표시했다. 자신의 직업 그대로 표류 생활의 내용을 간략하게 기록해 나갔던 것이다. 그러나 1654년부터는 날짜가

사라지고 대신 3월, 6월, 8월, 11월과 같이 계절의 변화를 의미하는 달만이 일지에 적혀 있다. 날짜 표시가 중단된 것은 두 가지 이유 때문이었을 것이다. 하나는 급변하는 상황이 차분한 기록을 방해했을 것이고, 다른 하나는 그로 인해 언제부터인가 자기들이 사용해 온 양력을 잊어버렸기 때문일 것이다. 따라서 하멜일지의 뒷부분에 나오는 달들은 음력으로 보는 게 마땅하다.

이원진은 항해일지를 비롯한 압류 물건들을 돌려주는 한편, 한겨울을 날 수 있는 옷과 여러 가지 방한품도 선사했다.

> 날은 점점 추워지는데, 우리는 변변하게 입을 만한 옷이 별로 없었습니다. 때문에 전임 총독은 떠나면서 우리에게 안감을 댄 긴 코트 한 벌씩을 지어 주고, 가죽으로 만든 긴 양말 한 켤레와 추위를 이길 수 있는 신발 한 켤레씩을 지어 주도록 명했습니다……. 그는 겨울을 지내는 데 쓰라고 커다란 어유(魚油) 한 통을 주었습니다. 그는 우리를 작별 잔치에 초대하여 배불리 먹였습니다. 그는 우리를 일본에 보낼 수 없게 된 것이나 자기와 함께 본토로 데려가지 못하는 것이 매우 유감스럽지만, 자기의 떠남을 슬퍼하지는 말라고 앞서 언급한 벨테프레이를 통해서 당부했습니다. 그는 자기가 조정에 도착하면 백방으로 노력해서 우리를 석방시키든지 아니면 가능한 한 빨리 이 섬에서 서울로 데려가도록 노력하겠다고 말했습니다. 우리는 총독 각하가 베풀어 준 모든 호의에 대해 진심으로 감사를 드렸습니다.[1]

하멜은 이원진이 너그러운 총독이라 겨울옷을 비롯한 방한품을 선

1 이 책 248쪽 참조.

사한 것으로만 생각했으나, 부분적으로 그의 자선행위는 조정의 지시에 따른 것이었다. 여러 차례 화란인에 대한 보고서가 올라간 뒤, 조정에서는 어떤 일이 진행되고 있었던 것일까?

첫 보고서를 받아 보았을 때는 벨테프레이를 제주도에 내려 보냈다. 두 번째 보고서를 받아 본 뒤에는 별다른 조치가 없었으나, 그해 말 난파선에서 건진 화물이 서울에 도착하자 조정 안팎에서 그 화물에 대한 이야기가 나오기 시작했고, 자연스럽게 표류인들에 대한 문제도 더불어 거론되었다.

11월 30일 조정회의가 열렸을 때, 호조판서는 시중에 녹비가 동이 나서 청나라 사신에게 바칠 예폐(禮幣)가 없음을 걱정했다. 그러자 효종은 제주목사가 장계에, 표류인들이 녹비를 많이 갖고 왔다고 보고한 일을 좌중에 상기시켰다. 영의정 정태화는 표류자들의 녹비를 우선 사용하고, 그 보상으로 월동 면포를 대신 지급해 주는 게 좋겠다고 제안했다. 효종은 이 제안을 윤허했다. 이렇듯 조정에서 방한복을 지급하는 문제가 먼저 결정된 뒤, 그 지령이 제주목사에게 내려갔던 것이다.

> 호조판서 이시방(李時昉)이 아뢰기를 "앞으로 (청나라) 칙사의 행차가 있사오니, 무릇 책응(策應)할 물건들을 미리 알고 조치를 취하고자 하오나, 그중 녹비가 시중에 동이 났습니다. 각처가 나누어 정한 일을 하지 않았습니다. 앞서 (주상의) 재결이 있었음에도 일이 이 모양으로 되고 말았으니, 전례에 따라 일을 나누어 정하는 것은 불가할 듯하옵니다."
> 임금이 말하기를 "제주목사의 장계를 보니 표류인이 가져온 녹비의 양이 많다고 하던데, 이를 어찌 처리하면 좋은가?"
> 영의정 정태화가 말하기를 "그 녹비는 쓸 수 있는 것을 택해서 교환해 쓰도

록 하되, 물건의 가격만큼 사복시(司僕寺)가 바치는 둔전(屯田) 목화로 지급하여 그들이 겨울을 날 수 있는 자금으로 삼게 하는 것이 타당할 것입니다."

임금이 말하기를 "그렇게 하라."[2]

이런 결정이 내려지자 승지 한 사람이 상소문을 올렸다. 상소문의 요지는, 난파당해 불쌍한 처지에 있는 이들을 국가가 돌보아 줄 생각은 하지 않고, 다만 그들이 가져온 물건만 탐나서 장사꾼처럼 사고팔고 한다면, 이는 먼 데서 온 사람을 대접하는 도리가 아니며 국가의 체면 또한 세울 수 없다는 것이었다.

승지라면 지금의 청와대 공보비서관과 비슷한 신분이다. 나라의 형편도 알고 현실 정치도 알아야 하는 입장이다. 그럼에도 불구하고 이 상소문은 도리를 강조하는 공자왈 맹자왈에 입각해서, 한국인이 전통적으로 중시하는 체면 앞세우기의 대의명분에 기초해 있다. 이것이야말로 공담 공론에 흐르기 쉬운 조선조 선비들의 전형적인 정신 구조의 한 단면을 보여 준다. 이조판서나 영의정이나 국왕이나 그만한 이치를 몰라서 녹비를 쓰자고 논의하는 것은 아니다. 그럼에도 불구하고 상부의 결정이 잘못되었음을 지적하는 이런 고지식한 상소에는 원칙에 입각한 아름다움도 있고, 실질을 도외시한 원리주의의 맹점도 있다.

---

2 『승정원일기(承政院日記)』 제129책(冊), 효종 4년 11월 30일조.
戶曹判書 李時昉所啓 前頭似當 有勅行 凡策應之物 慾爲預爲知委措修而 其中鹿皮 市上絶之 各處勿爲分定事 前有定奪 而事勢如此 依前分定 似不可己 上曰 見濟州牧使狀啓 則漂流人鹿皮持來之數多云會何以處之 領議政鄭太和曰 此鹿皮擇其可用者換用之價物則以司僕寺笑納屯田木花題給 以爲渠等過冬之資 實爲便當矣 上曰 依爲之

승지 서원리(徐元履)가 상소하기를 "제주에 표류해 온 사람이 가진 녹비를 국가에서 값을 주고 사와서 장차 청나라 사신이 요구하는 데 쓸 것이라 하는데, 신의 생각에는 먼 곳의 사람을 대우하는 도리가 이래서는 안 될 듯합니다. 저 사람들은 우리나라에 표류해 와서 의지하여 머무를 곳이 없으므로 조정에서 돌보고 회유하여 주기만을 바라고 있습니다. 한데 이들을 긍휼히 여기지 않고 문득 서로 사고팔며 장사꾼같이 한다면 어찌 나라의 체면을 돌볼 수 있겠습니까?" 하니 묘당(廟堂)에서 의논하라고 명했는데, 의논은 끝내 이루어지지 않았다.[3]

재미있는 것은 국왕의 태도다. 아무리 고지식한 건의라도 일단 그것이 인간의 도리와 국가의 체면을 걱정하는 원칙에 입각해 있으니, 적어도 표면적으로는 반대하지 않고 묘당에서 의논해 보라고 이른 것이다. 묘당이란 의정부(議政府)를 일컫는다.

상소문의 논제는 의정부에서 끝내 거론되지 않았다. 왜냐하면 같은 날 관할부서에서는 표류자들의 녹비 문제에 대해 좀 더 실질적인 문제를 건의하고 또 국왕으로부터 윤허를 얻고 있었기 때문이다. 즉 호조에서는 지난번 결정된 방침에 따라 제주에서 실어 온 표류인들의 물자 중 쓸 만한 녹비를 골라 보니까 4, 5백 장밖에 안 되더라고 보고하면서, 표류인 36명에게는 사복시가 경작하는 전답인 둔전에서 생산된 면포 4필씩을 나누어 주되, 이 뜻을 전라감사 및 제주목사에게 급히 알려 일

3 『효종실록』 제11권, 효종 4년 12월 5일 정묘(丁卯)조.
承旨 徐元履上疏 以濟州漂來人所持鹿皮 自國家給價買來 將用於淸使之需索云 臣恐待遠人之道 不當如是 彼人等漂來我國 無所依止 唯望朝廷軫念懷綏 今者不此之恤 而逼相買賣 有同商賈 豈不顧國家之大體手 命議于廟堂 議竟不行

을 처리하게 하자고 건의했다. 사복시는 말과 목장을 관장하던 관청으로, 전용 전답인 둔전에서 경작되는 산물로 소요 경비를 충당하고 나머지는 조정에 바쳤다.

효종은 1인당 면포 4필은 좀 적은 것 같다면서 호조의 건의를 조건부로 승낙했다.

> 호조에서 아뢰기를 "지난달 30일 주상께서 인견(引見)하실 때 영의정이 계를 올려 주청하기를, 제주도의 표류인 물자 가운데 녹비는 선택해서 쓸 수 있는 것을 본 호조에서 바꾸어 사용하고, 그 물건의 가격은 사복시가 저축하고 있는 둔전의 목화로 지급하여 그들이 겨울을 나는 자금으로 삼게 하자고 주청하니, 주상께서 그 말에 따라 하명하라고 말씀하셨습니다.
>
> 지금 이 녹비 가운데 나라에서 쓸 수 있는 것을 고르면 4, 5백 장 정도입니다. 먼저 반듯하게 말려서 올려 보내라는 뜻을 전했는데, 제주목사측에서는 이미 그렇게 해 놓았습니다. 물건이 올라오는 것을 기다리는 동안 목화의 가격을 의당 알아보겠고, 훼손된 정도를 참작하겠습니다. 그렇지만 그들이 겨울을 맞고 있으니 면포가 아주 시급합니다. 따라서 이미 사복시의 둔전 목화를 지급하라는 영을 내리고, 표류자 36명에게 각각 포목 4필씩을 지급하되, 호남에서 마땅히 상납해야 될 포목을 제외하고서는 즉시 들여보내 옷감을 만들게 했습니다. 앞으로 녹비 가격이 떨어질 때는 그 수치를 계산하여 일의 형세와 편의에 따라 주면 될 것입니다. 전라감사와 제주목사에게 이런 뜻을 급히 알려 처리하게 하는 것이 어떠하올지요?"
>
> 전교하기를 "알았다. 1인당 4필은 적은 듯하고, 목화도 많지는 않다."[4]

4 『승정원일기』 129책, 효종 4년 12월 5일조.

효종의 첨언에 따라 면포의 지급량이 더 증가했는지 어쩐지는 알 수 없다. 하멜의 기록에 따르면 제주도에서 두루마기 한 벌, 상경해서 포목 2필을 받았다는 대목이 나올 뿐이다. 뒤에 하멜 일행은 녹비의 일부도 돌려받는다. 그러나 좀이 스는 등 많이 훼손되어 상품적 가치는 떨어져 있었다. 그래도 이걸 팔아서 옷가지와 집을 장만하게 되며, 이 목돈을 계속 가지고 있다가 나중에 탈출할 선박도 사게 된다.

조정에서는 표류자들의 녹비만 사용한 것이 아니다.

표류자들의 용뇌(龍腦)를 사용하게 해 달라는 기록도 보인다. 내의원[5]은 용뇌의 재고가 적어 곤란하던 참에 제주에서 용뇌가 올라왔다는 소식을 들었고, 이를 내의원으로 이송시켜 조제에 이용할 수 있게 해 달라고 청원하자 효종은 이를 승낙한다.

> 내의원 관원이 도제조[6]의 뜻으로서 말하기를 "뇌약방은 숙제(熟劑)로 해야 하오나, 용뇌가 모자라기 때문에 중국 한약재를 무역하는 사람에게 수집하도록 일렀지만 이를 바친 사람이 없습니다. 마침 듣자 하니 제주도의 용뇌가 이미 올라왔다 하온즉, 명령서를 보내 본원에 이송하고, 조제에 이용하게 해 주심이 어떠하올지요?"

—

戶曹啓曰 以去月三十日引見時 領議政所啓 濟州漂流人 物資中鹿皮 擇其可用者 換用於本曹 而價物則以司僕寺所儲屯田木花題給 以爲渠等過冬之資 實爲便當矣 上曰 依爲之事命下矣 今此鹿皮 擇其中可合國用者 四五百張 爲先熟正上送之意 濟州牧使處 己爲行會 待其上來 價木當爲知 參酌磨鍊 而但渠輩當此冬月 依資最急 故太僕屯田木花己令題給 漂流人三十六名 每人又衣資木各四疋式 除出於湖南應上納價布 及時入送以爲造衣資 前頭皮物價磨鍊時 通計此數 以給事勢便宜 全羅監司及濟州牧使處 以此意急速行會何如 傳曰 知道 每人四疋 似爲略少木花亦不多矣

5 내의원(內醫險) : 왕이 복용하는 약을 만들던 관청으로, 전의감(典醫監)을 개칭한 것이다.

6 도제조(都堤調) : 각 사(司) 또는 청(廳)의 최고 책임자를 그렇게 불렀다.

전교하기를 "윤허한다."[7]

난파선에서 건져 낸 화물들을 조정에서 요긴하게 사용한 기록들이다. 그러나 2만 근에 달하는 목향(木香)이나 은 6백 냥, 각종 이화기기 및 무기류가 어떻게 쓰였는지에 대한 기록은 발견되지 않는다.

막대한 이들 재화에 비하면 조정에서 표류자들에게 지급해 준 면포 4필 또는 옷 한 벌의 보상은 너무나 미미한 것이었다. 그러나 우리는 당시가 아직 17세기 중엽이었다는 것을 염두에 두어야 한다. 군주가 물건을 압수하고 입을 씻어도 그만이었다. 그런 시대에 표류자들의 물건을 사용한 데 따른 보상을 조정의 여러 계층에서 심도 있게 논의하며, 한편으로는 순전히 도리와 체면에 입각한 승지의 상소문이 올라가고 있다는 점 등이 퍽 인상적이다. 법 이전의 인의라고나 할까, 사건을 처리하는 데 있어서 도덕적 원칙이라고나 할까, 아무튼 그런 눈에 보이지 않는 인간적인 척도가 작용하고 있었음을 느낄 수가 있다.

곤장 25대로 끝난 1차 탈출 시도

조정에서 이런저런 일들이 진행되고 있는 동안, 제주도의 상황은 더 악화되고 있었다. 새로 온 후임 목사는 이원진과 같은 부류의 사람이

7 『승정원일기』 제129책, 효종 4년 11월 25일조.
內醫院官員 以都提調意 啓曰 腦藥方爲熟劑 以龍腦乏絶 微責於貿易唐材 未納之人矣 今聞濟州龍腦已爲上來云 函令移送本院 以爲和劑之用 何如 傳曰 允

1654년 5월, 화란 선원 6명이 바닷가의 조선 어선 한 척을 훔쳐 달아나려고 시도하다 관가에 붙들려가 곤장을 맞고 있는 모습. 스티히터 판본에 실려 있는 8장의 목판화 중 하나다.

아니었다. 그는 업무를 인계 맡는 즉시 부식 지급을 중단했다. 소금과 물만 가지고 밥을 먹게 된 하멜 일행은 역풍 때문에 아직 이 섬을 떠나지 않고 있던 전임 이원진에게 사정을 호소했다. 그는 후임 목사에게 편지를 한 통 써 주었다. 이것으로 원상회복이 되는 듯했지만, 이원진이 떠나자 사태는 더욱 나빠졌다.

후임 목사는 쌀과 밀가루 지급량을 삭감하고 그나마 보리쌀과 보릿가루로 그 내용물을 바꾸어 버렸다. 하멜일지에는 중단된 부식을 얻기 위해 보리쌀을 팔아야 했다는 대목이 나온다. 이걸 보면 화란인들은 보릿가루로 빵을 구워 먹었던 것 같다. 서양에도 누룩이 없는 빵이 있다. 어떤 식으로 빵을 만들었는지는 모르지만, 그들의 수용소는 광해군이 유배되었던 집이라 그에 상응한 부엌과 취사도구가 있었을 것이며,

일행 가운데 요리사가 끼어 있었으니 기술적인 문제도 해결할 수 있었으리라 생각된다.

그러나 이런 식으로 배불리 먹지도 못하는 생활이 몇 달이나 계속되자 일행의 불만은 고조되었다. 게다가 서울로부터의 답신은 내려오지 않았다. 마침내 더 이상 견딜 수 없다고 판단한 화란인들은 탈출할 배를 물색하기 시작한다.

1654년 5월에 그런 기회가 찾아왔다. 고을 외곽의 한 바닷가에 항해 장비를 그대로 놔둔 어선 하나가 발견되었던 것이다. 일행 중 6명은 빵과 물, 밧줄 등을 준비하여 바다에 배를 띄웠다. 그러나 조선식 선박에 익숙지 못했던 그들은 서둘러 배를 띄우다가 두 번이나 돛과 돛대를 쓰러뜨렸다. 받침대가 부러져 더 이상 세울 수가 없었다. 그들은 추격해 온 주민들의 배를 빼앗았으나, 이 배는 누수가 심해 항해를 할 수 없는 배였다.

마침내 주민들에게 붙들린 그들은 관가에 넘겨졌다. 거기서 볼기를 까고 처음으로 곤장 25대를 맞았다. 살이 짓물러 한 달이나 고생했다고 하멜은 말한다. 외출은 일절 금지되었으며, 밤낮으로 병사들의 삼엄한 감시를 받게 되었다.

5월 말에 기다리던 소식이 도착했다. 하멜은 일본에 가지 못하고 "슬프게도 우리는 조정으로 가야 했습니다."라고 적고 있지만, 서울로 불려가게 된 경위를 알았더라면 그도 필경 고마워했을 것이다.

『비변사등록』이 그 내막을 알려 주고 있다. 비변사(備邊司)는 원래 변경의 국방 업무를 위해 창설된 관청이었으나, 임진왜란 뒤 그 권한이 대폭 강화되어 변경의 일뿐 아니라 일반 행정도 모두 여기서 의논하여 결정하게 되었다. 의정부의 영의정·좌의정·우의정이 도제조로서 모두 비변사에 참가하고 있었기 때문에, 하멜이 입국한 효종 때에는 비변사가 과거의 국가 최고기관이던 의정부의 기능을 사실상 대신하고 있었다.

하멜 일행에 대해 가장 많은 관심을 쏟은 관청도 바로 이 비변사였다. 재미있는 것은 다음 비변사의 기록에 등장하는 우승지가 바로 화란인들에게 호의를 베풀었던 제주목사 이원진이라는 점이다. 그는 자기가 상경하거든 화란인들의 석방을 위해 백방으로 힘써 보겠다고 약속했는데, 결국 자기의 말을 지킨 셈이었다.

> 이달 23일 인견하실 때 우승지 이원진이 서양인을 구제하여 다스리는 일에 대해, "대신들의 입시(入侍)가 있을 때 어떻게 처리하면 좋을지를 다시 하교해 주소서." 하고 아뢰었는데, 오늘 대신들이 입시하여 어찌하면 좋을지를 서로 상의했다.
> 임금이 말하기를 "만인들은 이곳에 표류하여 도착한 것이다. 비록 돌려보내지는 않는다 해도 마땅히 구제해서 살려 줄 도덕적 의무가 있다. 듣자 하니 섬에 기근이 들어 살아 나가기가 심히 어려운 모양인데, 이를 어찌하면 좋겠는가?"
> 영의정 정태화가 말하기를 "관비로 먹여 살려야겠지요. 그곳 상황이 어려운즉, 육지로 데려와 생계를 도모하게 하는 것도 무방할 듯합니다."
> 임금이 말하기를 "서울에 데려와 각 훈국[8]에 배치하고, 그들이 편안하게 사는가를 살펴보도록 하라."
> 영의정 정태화가 말하기를 "그들의 물품은 배로 실어 오고, 그들은 육로를

8 훈국(訓局) : 훈련도감(訓鍊都監)은 훈국으로, 비변사는 비국(備局)으로 줄여 불렀다.

따라 데려오되, 그들이 지나가는 각 관청으로 하여금 먹을 것을 지급하도록 하면 어떠하올지요?"

임금이 말하기를 "그렇게 하라."[9]

이 기록을 보면 이원진 다음에 부임한 신임 제주목사가 화란인의 식량을 삭감했던 이유가 단지 성격이 고약하기 때문만은 아니었음을 알 수 있다. 제주도에 심한 기근이 있음을 효종이 직접 언급하고 있기 때문이다.

조정에서 하멜 일행을 서울로 데려오기로 논의했던 날짜는 효종 5년 2월 23일, 양력으로는 1654년 4월 10일이었다. 이는 난파선에 대한 이원진의 첫 보고서를 받은 뒤 무려 7개월이 지난 뒤의 일이다. 조정에서는 왜 이렇게 시간을 끌었던 것일까?

그 이유는 두 가지로 짐작해 볼 수 있다. 하나는 제주도에 그냥 두자는 잠정적 결정이 내려졌을 수가 있고, 다른 하나는 어떤 조치를 취하는 데 있어 조정 대신들간에 이견이 있었을 수가 있다. 그러나 제주도의 식량 사정이 급박해졌고, 또 자비로운 이원진이 장계를 올렸기 때문에 마침내 이 문제에 대한 결정이 내려진 것으로 보인다.

그러나 이러한 최종 결정의 배후에는 무엇이 있었던 걸까? 왜 효종

---

9 『비변사등록(備邊司謄錄)』 제17책, 효종 5년 2월 23일조.
今月二十三日 引見時 右承旨 李元鎭所啓 西洋國人救治事 有大臣入侍時 更達處之之敎矣 今日大臣入侍相議爲之何如 上曰蠻人漂到 雖非歸附 亦當有濟活之道 而聞島中饑荒生理甚難云 何以爲之 領議政鄭太和曰 饋以官廩 勢所難繼 率來陸地 便爲生計 亦惑無妨 上曰 率來京城 隷各訓局 使得安居可也 領議政鄭太和曰 渠之物資 則載付來船 渠等則從陸率來 而所經各官使之供饋何如 上曰 依爲之

은 그들을 마땅히 구제해서 살려 줄 도덕적 의무[濟活之道]가 있다고 하면서도 "비록 돌려보내지는 않는다 해도[雖非歸附]"라는 조건을 달며 돌려보내는 일은 생각할 필요도 없다는 듯이 말하고 있는 것일까?

화란인을 억류시킨 내막

우리는 이 문제를 해결해야만 왜 화란인이 조선에 억류되었는지, 그리고 왜 서울까지 불려가게 되었는지를 규명할 수 있게 된다. 이 문제는 몇 가지 측면에서 접근해 볼 수 있다.

첫째는 정치적인 이유다.

조선조는 전통적으로 표류자에 대해서 자비로운 정책을 취해 왔다. 3면이 바다로 둘러싸인 한반도는 해안선이 길고 또 연안에 수많은 섬들이 있기 때문에 특히 곤경에 빠진 뱃사람들이 예부터 서해안과 남해안에 상륙하는 일이 많았다. 이들의 대부분은 중국이나 일본의 어부들이었으며, 간혹 유구(琉球)[10]의 뱃사람일 때도 있었다. 표류자들은 대개 따스한 대접을 받았고, 중국이나 일본과 필요한 교섭을 진행한 뒤에 그들 나라로 돌려보내졌다. 중국이나 일본도 조선 어부에 대해 이와 유사한 정책을 취해 왔다.

벨테프레이는 해안에 상륙한 자들을 영원히 붙들어 두는 것이 조선의 변함없는 풍습이라고 단언하고 있는데, 이 말에는 어떤 근거가 있

10 류큐제도[琉球諸島]. 일본 난세이 제도[南西諸島] 가운데 오키나와현에 속하는 섬의 무리. 일본 남부 규슈에서 서남쪽으로 650km 떨어진 지점부터 대만 북단까지 펼쳐져 있다.

는 것일까? 개인적으로 이런 풍습을 직접 목격해 왔고, 또 동일한 상황에 처한 다른 외국인들을 자기 수하에 두고 있던 벨테프레이로서는 그렇게 믿고 말하는 것이 무리가 아니었을 것이다.

실제로 표류자에 대한 조선조의 전통적인 정책에 예외적인 시기가 있었다면, 왜란과 호란 그리고 효종(재위, 1649~1659)의 재임 기간뿐이었다. 효종의 윗대인 인조(재위, 1623~1649) 때도 그 아랫대인 현종(재위, 1659~1674) 때도 표류자를 귀환시킨 기록들이 많이 발견된다. 그럼 왜 효종 때만은 표류자들을 돌려보내지 않았던 것일까?

주지하는 바와 같이 북벌정책에 주력했던 효종은 표류자들에 의해 조선의 군사 상황이 외부로 알려지는 것을 극도로 경계했던 것이다. 물론 당시는 조선에 피신처를 구하는 중국인들이 많이 있었다. 만주족과의 싸움에서 진 명나라의 한인(漢人)들, 특히 남부 중국인들은 반청(反淸) 감정이 강했기 때문에 배를 타고 조선에 건너와서 그대로 정착하는 경우가 많았다. 벨테프레이 휘하에 중국인 병사가 많았던 사실도 이런 국제 정세를 반영하고 있는 것이다.

화란인의 경우에는 그들의 국적을 몰라 문제가 더 복잡해졌다. 조선 관리들은 가톨릭과 개신교를 구분할 수는 없었지만, 길리시단 또는 예수 추종자에 대한 소식은 듣고 있었다. 따라서 길리시단인가를 묻는 질문에 화란인들이 긍정적으로 대답하자, 조선 관리들은 속으로 우려했을 것이 틀림없다. 왜냐하면 그들은 남만이 일본에서 일으킨 문제를 잘 알고 있었기 때문이다.

외국의 종교는 외세를 끌어들이고 최악의 경우에는 '시마바라[島原]의 난'과 같은 재앙을 야기하는데, 조선은 결코 이렇게 되기를 바라지 않았다. '아마쿠사의 난'이라고도 불리는 '시마바라의 난'은 아마쿠사

[天草四郎]를 수령으로 하는 3만 7천 명의 길리시단 농민들이 1637년부터 2년간 일본 큐슈 지방에서 일으킨 대대적인 농민 봉기를 말한다. 이에 대한 실록의 기사 한 토막을 살펴보기로 하자.

> 동래부사 정양필(鄭良弼)이 급히 장계를 올려 말하기를 "일본의 감빠꾸[11]가 이에야스[12]였을 때, 길리시단이라 칭하는 남만인들이 일본에 와 살면서 그저 하나님에게 기도만 하고 사람 하는 일을 도외시하며, 사는 것을 싫어하고 죽는 것을 기뻐하며 혹세무민하는지라, 이에야스가 잡아다 남김없이 목을 베어 버렸습니다. 이번에 시마바라[13] 지방의 작은 촌락에서 서너 명이 그 술수를 다시 전하려고 동네를 드나들며 촌민을 속이고 유혹하더니, 드디어 난을 일으켜 히고[14]의 영주를 죽였습니다. 이에 에도[15]의 집정(執政) 등이 반란군을 쳐서 무찔러 버렸다 합니다."[16]

'시마바라의 난' 이전에도 일본에 있는 모든 크리스천이 살해당했다는 이야기를 조정에서는 듣고 있었다. 따라서 인도적인 근거에서 하멜 일행의 억류를 정당화할 수도 있었다는 것이 두 번째 이유다. 벨테프

11 감빠꾸[關白] : 중세 일본의 최고 관직명. 쇼군[將軍]을 가리킨다.
12 이에야스 : 에도 막부시대를 연 도쿠가와 이에야스[德川家康].
13 시마바라[島原] : 일본 나가사키 부근에 있는 지방 이름.
14 히고[肥後] : 구마모토 현[熊本縣]의 옛 이름.
15 에도[江戶] : 도쿄의 옛 이름.
16 『인조실록』 제36권, 인조 16년 3월 13일 병자(丙子)조.
東萊府使 鄭良弼馳啓曰 日本關白家康時 有南蠻人稱以吉利施段 內在日本 只事祝天 廢絶人事 惡生喜死 惑世誣民 家康捕斬無遺 至是島原地小村 有叕三人 復傳其術 出入閭巷 誑誘村民 遂作亂殺 肥後守江戶執政等 勦滅之云

레이가 하멜 일행에게 일본행을 만류했던 것도 같은 맥락이라고 볼 수 있다.

설사 이 특별한 종류의 남만인들이 나가사키라는 항구에서 무역을 할 수 있도록 일본과 특별 협정을 맺고 있다는 사실을 알았다 하더라도 조정에서는 그들의 안전을 보장할 수가 없었다. 왜냐하면 조선의 대일관계는 대마도주의 중계를 통해서만 가능하게 되어 있었기 때문이다.

그런데 화란인을 대마도주에게 넘기면 무슨 일이 일어날지를 몰랐다. 그들은 인조 22년의 갑신표류사건의 사례를 알고 있었기 때문이다. 그해 진도에 표류한 중국 선원들을 대마도에 넘겨주었더니, 그들은 나가사키로 압송되어 심문을 받다가 그중 5명이 크리스천인 것으로 밝혀졌다. 그들은 곧바로 처형당했다. 이 사건은 우리가 뒤에서 살펴보듯이 두 나라 관계의 선례가 되었다.[17] 따라서 조선인들은 화란인을 살리려면 이곳에 억류시켜 두는 편이 낫다고 여기게 되었다.

세 번째 이유는 보다 긍정적인 것이었다.

박연의 경우에서 확인되듯 화란인들은 쓸모 있는 기술을 갖고 있는 것처럼 보였다. 그들이 조선에 도착했을 때는 그러한 기술이 많이 요구되고 있었다. 이 무렵 조정에서는 북벌을 계획하고 있었던 것이다.

현대의 시점에서 바라보면 효종의 북벌 계획은 무모하고 허황된 생각에 지나지 않지만, 동시대 사람들은 그렇게 생각하지만은 않았다. 효종은 물론 송시열[18] 같은 보수주의자도 이 계획을 매우 심각하게 생각

17 이 책 164쪽 참조.

18 송시열(宋時烈 1607~1689) : 주자학의 대학자로 호는 우암(尤庵). 효종이 어릴 때의 스승. 무

하고 추진해 나갔다. 여기에는 심양에 8년간이나 볼모로 잡혀 있었던 효종의 사적인 집념도 있고, 명나라를 받들려고 하는 조정의 명분론도 작용하고 있었다. 하지만 이러한 계획 뒤의 전략적 상정은 그 무렵까지 중국 남부에서 저항하고 있던 명나라 군대가 북으로 밀고 올라올 때, 조선이 청나라의 배후를 치면 승리할 수도 있다는 것이었다. 조선이 먼저 만주를 공격하더라도 중국 남부의 명나라 군대가 전세를 크게 유리하게 이끌게 되리라고 그들은 생각했다. 이로써 효종은 볼모로 겪었던 수모를 갚고 경멸하는 오랑캐 세력을 조선의 등에서 떨어뜨려 내려고 했다.

따라서 하멜 일행이 도착했을 때, 조선은 나라 전체가 하나의 군영이라 해도 과언이 아니었다. 아마도 군대가 그렇게 많은 훈련을 받고 전쟁에 대비한 것은 조선조를 통틀어 그 유례가 별로 없을 것이다. 하멜의 일지가 이에 대한 강한 확신을 준다. 화란인들은 일종의 친위대라 할 수 있는 훈련도감에 배치되었다. 당시 조선의 무기 제조 기술이 뒤떨어져 있지는 않았지만, 아직도 화란인들이 공헌할 여지는 있었다. 벨테프레이의 경우 쓸모 있다는 것이 입증되었다. 또 하멜 일행을 훈련도감에 집어넣어 충성스럽고 믿을 만한 벨테프레이의 감독과 지도를 받게 한다면 그것 또한 바람직한 일이었다.

그러나 화란인들이 벨테프레이 휘하에 들어가 무기 제조 같은 일에 종사했다는 기록은 발견되지 않는다. 그들이 실제로 한 일은 국왕이 행차할 때 어가행렬을 호위하는 일 등이었다. 그러나 이것은 어디까지나 결과이다. 첫 기대는 그들이 유용하리라는 것이었고, 아마도 이런

관 이완(李浣)과 함께 효종의 절대적인 신임을 얻었던 문관.

기대감이 그들을 서울로 불러들인 심정적 요인의 하나로 작용했을 것이다.

네 번째 이유로, 우리는 효종의 동정심을 들 수 있다. 화란인에 대한 그의 언행 속에 스며 있는 동정심은 아마도 병자호란 뒤 볼모가 되었던 자신의 쓰라린 경험에서 비롯된 것일지도 모른다. 만주족은 군사적 승리를 거둔 뒤에 소현세자와 봉림대군(효종)을 인질로 삼았다. 1636년부터 명나라가 멸망하는 1644년까지 두 왕자는 8년 동안 심양에 볼모로 잡혀 가 있었었다.

이 기간 동안 효종은 자신의 신분에 상응하는 대접을 받기는 했으나, 적국의 포로가 되었다는 심리적 괴로움과 통분을 뼈에 사무치게 느꼈다. 아마도 이런 체험이 붙들려 온 화란인에 대한 동정심으로 발전할 수 있었을 것이다. 실제로 효종은 화란인들의 목숨이 경각에 달렸을 때 그들을 구원해 주는 결단을 내린다. 하멜도 일지에서 자신들의 생명을 효종과 인평대군에게 빚졌다고 말한다.

시올(Sior)로 가는 길

1654년 6월 초순, 하멜 일행은 본토로 가는 배에 태워졌으나, 풍랑이 심해 순풍이 불 때까지 출항이 연기되었다. 닷새 뒤 드디어 배가 떠났다. 당국은 지난번처럼 배를 빼앗아 달아날까 봐 그들을 4척의 배에 분승시켰다. 그러고도 안심이 안 되었던지 다리 하나와 팔 하나를 나무 기둥에 붙들어 매었다.

하멜도 감시병들이 심한 풍랑으로 뱃멀미를 했기 때문에, 만일 몸이

1654년 6월 초순, 하멜 일행이 서울로 가기 위해 일단 배를 타고 제주도에서 전라도로 향하는 모습. 스티히터 판본에 실려 있는 8장의 목판화 중 하나.

묶여 있지 않았다면 배를 탈취했을지도 모른다고 술회하고 있다. 신임 목사 밑에서 보내야 했던 제주도의 몇 달간은 굶주림과 억압의 연속이었던 것이다. 그러나 본토와 도성으로 간다는 데 대한 호기심도 있었던 것이 분명하다. 왜냐하면 하멜은 도성에 이르기까지 지나치는 도시 이름을 주위 사람들에게 물어 꼬박꼬박 적어 두고 있기 때문이다. 괴로운 심정뿐이었다면 그런 호기심은 일지 않았을 것이다.

이른 새벽에 제주 해안을 떠나 저녁 무렵에 도착한 전라도 해안의 지명은 일지에 쓰여 있지 않다. 그 대신 하멜은 4척의 배들이 각기 다른 지점에 도착했다고 적고 있다. 이것은 아마 탈출을 방지하기 위한 당국의 조처였던 것 같다. 이름을 모르는 해안에서 말을 타고 두세 시간 걸려 해남에 도착한다. 이것이 본토에 간 뒤 하멜일지에 처음 등장하는 고을 이름이다. 흩어졌던 일행은 그날 밤 한자리에 모였다.

이튿날 아침 일행 36명은 해남을 출발하여 저녁에 영암에 도착한다. 이곳에서 동료 가운데 한 명이 사망했다. 난파 때 몸을 다쳐 계속 병석에 누워 있어야 했던 파울루스 얀스 쿨이란 포수였다. 그를 영암에 매장한 뒤 일행은 다시 출발하여 그날 저녁 나주에 도착했다.

이렇게 하멜은 서울에 도착하기까지 자기들이 지나간 14개의 도시 이름을 적어 놓았는데, 이 순서대로 정리하면 다음과 같다.

하멜 표기법	하멜식 발음	유추 발음	현재의 지명
1) Heynam	헤이남	해남	해남(海南)
2) Jeham	예함	예암	영암(靈岩)
3) Naedjoo	나듀	나듀	나주(羅州)
4) Sansiangh	산시앙	장셩	장성(長城)
5) Jipamsansiang	이팜산샹	입암산셩	입암산성(笠岩山城)
6) Tiongop	텽옵	뎡읍	정읍(井邑)
7) Teyn	테인	태인	태인(泰仁)
8) Kninge	크닝게	김게	금구(金溝)
9) Chentio	첸툐	전듀	전주(全州)
10) Jehsan	예산	예산	여산(礪山)
11) Gunjin	훈진	운진	은진(恩津)
12) Jensan	옌산	옌산	연산(連山)
13) Congtio	콩티오	공듀	공주(公州)
14) Sior	시올	셔울	서울

위에 적은 하멜식의 도시명은 그 알파벳 표기가 판본마다 조금씩 다르다. 당시의 화란어는 오늘날처럼 표기법이 통일되어 있지 않아, 같은 단어라도 암스테르담에서 출판된 것과 로테르담에서 출판된 것이 각각 달랐다. 여기에다 당시는 조선의 지명에 대한 지식이 전혀 없는

상태에서, 특히 영역본 편집자들이 자기네 감각으로 원래의 표기를 조금씩 고친 곳도 있기 때문에 사정은 더욱 복잡하게 되었다.

따라서 위에 적은 도시명은 후틴크 판본을 중심으로 하되, 가장 원음에 가깝게 발음되는 알파벳 표기를 다른 판본에서도 선별적으로 골라 옮겨 놓은 것이다.

하멜이 적은 도시와 도 이름은 전적으로 귀에 들리는 대로 알파벳으로 옮겨 놓은 것이기 때문에 크닝게(금구), 통산도(충청도), 생가도(경기도)와 같이 유추하기 어려운 표기도 있다. 하지만 대부분은 17세기 중엽의 옛 발음, 그것도 태반은 지방 발음으로 되어 있어 흥미를 자아낸다. 하멜 표기의 지명을 보고 이를 정확한 한국 지명으로 처음 판독해 낸 것은 이병도이다.[19]

전라도 해안에서 서울의 남대문까지 가는 데는 모두 14일이 걸렸다. 한강에서 배를 탄 것 외에 하멜 일행은 줄곧 말을 탔다. 그리고 그 거리에 대해서 하멜은 70에서 75밀렌가량 된다고 적고 있다.

선원이기 때문인지 하멜의 일지에는 거리에 대한 구절이 유독 많이 등장한다. 어떤 방식으로 거리를 계산한 것인지는 알 수 없지만, 대체로 실제에 가까운 것이었다고 평가할 수 있다. 가령 전라도 해안에서 서울까지가 70~75밀렌이라고 할 때, 이것을 미터법으로 환산하면 518~555킬로미터가 된다. 그런데 전라도 남단에서 서울까지의 실제 거리는 대략 480킬로미터이다. 이것은 하멜이 계산한 것과 38~75킬로미터 정도의 차이가 생기지만, 당시의 교통로가 오늘날과 달리 매우 구불구불한 길이었다는 점을 감안하면 그렇게 틀리는 수치는 아니라

19 이병도, 37~38쪽.

고 볼 수 있다. 더구나 자유로운 몸도 아니고 특별한 기구도 없는 열악한 조건이었던 만큼, 그의 거리 개념은 비교적 정확한 것이었음을 알 수 있다.

효종의 친위병

04

오늘부터 급료를

화란인들은 1654년 6월 26일(음력 5월 12일) 서울에 도착했다.

그들이 상경한 날짜는 하멜일지에 의한 것이 아니라 다음에 소개할 조선조의 문헌에 따른 것이다. 하멜은 1654년으로 넘어가면서부터는 일지에 달만 적고 정확한 날짜는 기록하지 않고 있다. 비변사의 기록은 하멜 일행이 언제 도착했는지, 입경한 뒤 어디에 숙소를 정했는지를 보여 준다. 또한 입경한 날로부터 급료가 계산된다는 등의 재미있는 정보도 제공해 주고 있다.

> (비변사에서) 아뢰기를 "박연이 데려온 사람들이 지금 입경하여 사역원(司譯院)에 숙소를 정하라고 명했습니다. 오늘부터 급료가 계산되며, 대부분 호위 임무를 맡는 병사로 임명되었습니다. 지금 병조와 호조에서는 적절한 조치를 취하고 있습니다. 그러나 차후의 처사에 대해서는 널리 의논하고 물어 정하는 게 어떠하올지요?"
>
> 답하기를 "윤허한다."[1]

실록류의 기사 말미에 적힌 '답해서 말한다[答曰]'거나 '전해서 말한다[傳曰]'거나 '알았다[知道]'거나 '윤허한다[允]'거나 하는 따위의 동사 주어는 대개 임금이다.

도성 안에 들어온 화란인들은 처음에는 모두 사역원에 수용되었다. 주로 몽고어나 일본어 또는 여진어를 구사하는 통역들이 근무하던 사역원은 적선방(積善坊), 즉 지금의 적선동에 위치해 있었다.[2]

실제로 화란어를 할 수 있는 통역은 사역원에 없었지만, 그래도 형식상 그런 조치가 취해졌던 모양이다. 위의 기록에 뒤이은 다음 날짜의 『비변사등록』을 보면 그 같은 사정이 자세히 나와 있다.

> (비변사에서) 아뢰기를 "신들이 빈청에 모여 박연에게 물었습니다. 이 사람들은 한 곳에 같이 있을 수 없으니, 각기 보증인에게 넘겨 서로 가까운 여러 마을에 살게 하면서 언제든지 서로 왕래하며 만날 수 있도록 하라고 말했습니다. 전에 (주상께서) 재결하신 데 따라 그들을 각 훈국에 배치시키고, 박연이 그들을 지휘 통솔하며 기예를 가르치도록 영을 내렸습니다. 급료와 포목은 포수에게 정해진 규칙에 따라 훈국에서 지급될 것입니다. 아직 보증인이 나서기 전이라, 사역원에 그대로 남아 있습니다. 박연에게 그들을 배정할 숙소를 찾아보라고 일렀습니다. 얻는 데 따라 그들을 보내는 것이 마땅합니다. 모두 이렇게 의논을 했사온데, 이에 대한 분부는 어떠하온지요?"

---

1 『비변사등록』 제17책, 효종 5년 5월 12일조.
啓曰 朴延率來諸人 今已入京 卽令就舍於司譯院 自今日計廩給多定車人守直 令兵曹戶曹適宜擧行 而此後處置之事 廣議稟定何如 答曰 允

2 『신증동국여지승람』 제2권, 28쪽.

답하기를 "아뢴 대로 하라."[3]

하멜일지에 보면 화란인들은 결국 중국인 집으로 각기 분산 수용된다. 이 중국인들이란 짐작건대 박연이 훈련도감에 데리고 있던 한인아병(漢人牙兵)들이거나 그들을 통해 소개받은 중국인들을 가리키는 것 같다. 효종은 볼모로 잡혀 갔다 심양에서 돌아올 때 중국인 8씨성을 데려와 아병(牙兵) 곧 친위병으로 삼았으며, 또 당시 서울에는 만주족이 세운 청나라가 싫어서 조선에 망명한 명나라 계열의 중국인들도 상당수 있었다.

이들은 몇 명씩 짝을 지어 중국인 집에 세 들게 된다. 그러나 나중에 겨울이 다가오면서 중국 집주인들은 장작을 해 오라고 성화를 부렸다. 어찌나 심했던지 화란인들은 결국 녹비 판 돈으로 허름한 집을 몇 채 공동 구입하게 된다. 어떤 집이었는지는 모르지만 하멜의 기록에 따르면 한 채에 8, 9냥을 주었다고 한다.

효종 앞에서 발춤을 추고

35명의 금발과 벽안의 화란인들이 서울에 입성했다는 소식은 모두의

3 『비변사등록』 제17책, 효종 5년 5월 13일조.
啓曰 臣等來會賓廳則 朴延問之 則此人等不可同在一處 各給保綏 使之數處間 家相近之地 時或往來相見云 依前定奪隷各訓局 令朴延率敎習技藝 料布則自訓局 依砲手例支放 未及保綏之前 仍留司譯院 令朴延覓得 可授者然後 隨得隨送爲當 群議如此 以此分付何如 答曰 依啓

호기심을 자극하는 특별한 사건이 아닐 수 없었다.

그런 호기심을 가장 먼저 만족시킨 사람은 물론 국왕 자신이었다. 거처가 정해진 뒤 효종은 그들을 궁궐로 불러들였다. 이때의 접견 광경을 기록한 문헌은 보이지 않는다. 일에 관련된 것이 아니고, 단지 국왕의 사적인 재미를 위해 진행된 일이라 별도의 기록이 없는 듯하다.

하멜의 기록에 따르면, 화란인들은 국왕 앞에서 자기들이 부모나 처자식, 친구나 약혼자를 만날 수 있게 일본에 보내 달라고 간청했지만 허사로 끝난다. 국왕은 그들이 죽을 때까지 이곳에 살아야 한다고 말했으며, 그 대신 의식주는 돌보아 주겠다고 덧붙였다. 화란인들은 크게 실망했지만 어쩔 수 없었다. 그들이 궁궐에 불려가서 그날 한 일은 주로 국왕과 거기 모인 신하들을 즐겁게 해 주는 일이었다. 하멜은 벨테프레이의 통역을 통해 자기들이 알고 있는 여러 가지 것들을 대답해야 했고, 화란식으로 노래 부르고 춤을 춰야 했다고 말한다.

하멜일지는 "너희들이 배운 모든 것들을 다 내놓아 보라."고 효종이 명한 것을 간접화법으로 기록하고 있다. 실록에도 바로 이 연회의 일을 반영한 듯한 내용이 한 군데 들어 있기는 하다.

> …… 이에 조정에서는 그들을 서울로 올려 보내라고 명했다. 전에 온 남만인 박연이 보고 이들은 과연 만인이라고 말했다. 드디어 금려[4]에 편입시켰는데, 이는 그 사람들이 대개 화포를 잘 다루기 때문이었다. 그들 중에는 코로 통소를 부는 자도 있고, 발을 흔들며 춤추는 자도 있었다.[5]

4 금려(禁旅) : 궁궐을 지키는 금군(禁軍). 결국 훈련도감을 가리킨다.

5 『효종실록』 제11권, 효종 4년 8월 5일 무신(戊辰)조.
於是 朝廷命上送于京師 前來南變人朴燕見之曰 果是蠻人 遂編之禁旅 蓋其人 善火砲

화란인이 불려 간 이날 궁궐에서는 잔칫상이 벌어졌던 듯하다. 화란인들은 국왕의 명에 따라 노래도 부르고 발춤도 추었다. 그 밖에도 플루트를 불 줄 아는 누군가가 통소를 넘겨받아 한번 불어 보았던 모양이다. 통소를 입술에 갖다 댈 때 그 화란인은 서양의 플루트를 부는 방식으로 통소를 잡았을 가능성이 높다. 실록에 코로 통소를 불었다고 한 것은 이렇게 통소를 잡는 방식이 달랐다는 것을 표현한 기록인지도 모르겠다.

하멜은 '국왕은 그 나라 풍습대로 우리를 환대해 준 뒤'라고 간단히 언급하고 있다. 이에 비해 하멜의 동료인 하급선의 에보켄은 비츤과의 인터뷰에서, "사람들은 붉은 음료를 만드는 법을 알고 있다. 그것은 포도주처럼 맛이 있고, 마시면 취해 버린다. 국왕은 궁정에서 그것으로 화란인을 한 번 대접해 준 일이 있다."[6] 라며 효종이 자기들에게 술대접까지 해 주었던 사실을 밝히고 있다.

국왕은 연회가 끝날 무렵 화란인들에게 1인당 포목 2필씩을 하사하며 이 나라 옷을 지어 입으라고 말했다.

화란인들의 낯선 용모와 관습에 대해서 호기심을 느낀 것은 국왕뿐만이 아니었다. 엔터테인먼트가 별로 없는 시대다. 일반인들도 커다란 관심을 보였다. 하멜은 자기들이 구경거리가 되기 위해 날마다 중요한 사람들의 집에 불려 갔다고 말한다.

그들은 또 시정의 수많은 우스갯소리의 재료가 되었다. 제주도 사

或有以鼻吹簫者 或有搖足以舞者

6 비츤(김창수 역, 『조선왕국견문기, 북과 동 타르타리아지에서』, 을유문화사, 서울, 1971), 215쪽. 붉은 음료는 진달래술인 듯하나 분명하지 않다.

창덕궁에 불려간 하멜 일행이 효종을 알현하는 모습. 스티히터 판본에 실려 있는 8장의 목판화 중 하나로, 효종의 옷차림이 화란식으로 되어 있는 점이 흥미롭다.

람들은 그들이 사람이라기보다는 괴물에 더 가깝다는 소문을 퍼뜨렸다. 소문에 따르면 그들은 무얼 마실 때 코를 돌려 귀의 뒤쪽에 갖다 놓는다는 것이며, 머리가 금발이기 때문에 사람이라기보다는 물속의 괴물에 더 가깝다는 것이었다. 에보켄의 회고에 따르면 소문은 정말 어처구니없는 것들이 많았다. 그래서 "화란인이 살고 있는 곳에서는 사람들은 머리가 없어 눈이 가슴에 붙어 있다는 둥, 여자들만 살고 있는 고장이 있어서 욕정이 발동하면 남쪽을 향해 가랑이를 벌리는데 그러면 남풍이 스며들어 임신을 한다는 둥"[7] 밑도 끝도 없는 소문들이 나돌았다.

7 비츤, 208쪽.

그들은 처음 한동안 구경꾼들 때문에 숙소 부근의 골목길을 나다닐 수조차 없었고, 숙소에 있어도 구경꾼들 때문에 조금도 쉴 틈이 없을 지경이었다. 마침내 그들의 사령관인 이완 대장은 누가 초청을 하더라도 자기의 허락 없이는 따라가지 말라고 명한다.

호패를 차고

궁정 연회가 있은 뒤 화란인들은 매달 쌀 70근씩을 받게 되었으며, 또 훈련도감의 군인으로 복무하는 데 필요한 조총과 의복 등을 지급받았다. 재미있는 점은 화란인들이 이때 호패를 받았다는 사실이다.

하멜의 설명에 따르면 그 호패에는 자기들의 이름과 나이, 출신국, 근무처가 쓰여 있었고, 국왕과 대장의 낙인이 찍혀 있었다고 한다. 국왕의 낙인이 찍혀 있었다는 것은 믿어지지 않지만, 하멜일지의 전반적인 신뢰성에 비추어 사실이었을지도 모른다.

당시 호패는 신분에 따라 모두 5종류가 있었다. 그래서 직급이 높은 관리들은 상아패, 녹각패, 황양목패를 받았고, 7품 이하는 자작목이나 잡목으로 만든 소목방패 또는 대목방패를 받았다. 하멜이 받았다는 호패는 아마도 잡목으로 만든 소목방패거나 대목방패였을 것으로 짐작된다.

호패란 고려 공민왕 때부터 실시된 것이다. 그래서 이론적으로는 16세 이상의 남자는 누구나 호패를 차고 다니는 것으로 되어 있다. 하지만 백성들이 이를 싫어해서 호패 제도는 여러 번 중단되었다. 호패 제도가 존폐를 거듭했던 이유는 간단하다. 백성 쪽에서 협조하지를 않았던 것이다. 왜 협조하지 않았던 것일까?

조선시대에 16세 이상의 남자가 차고 다니던 호패. 하멜일행이 찼던 호패는 잡목으로 만든 대목방패였다.(사진출처: 한국민족문화대백과사전)

가령 호패를 갖고 있으면 나중에 무슨 연금이라도 타게 된다든지 하는 이점이 있었다면, 백성들이 협조를 안 했을 리가 없다. 그러나 대부분의 군주제도가 그러하듯이 백성에게 돌아오는 혜택이란 아무것도 없었다. 그 대신 호패를 갖게 되면 16세 이상의 남자는 즉시 호적과 군적에 올라 병졸로 뽑혀 나가든지 아니면 부역을 나가야 했다. 병역과 부역의 의무는 이론적으로는 누구나 져야 했다. 그러나 양반집 자손들은 이런 의무를 지키는 법이 거의 없었다. 병역 의무를 치르지 않으려면 이에 상응하는 군포(軍布)라도 내야 했지만, 힘 있는 사대부는 이것도 내지 않았다.

결국 세금과 의무는 고스란히 힘없는 백성들의 몫이있다. 조선조 시대의 병정은 거의 예외 없이 힘없는 평민 신분으로 구성되어 있었다. 이런 불평등 구조 밑에서 호패를 자진해서 갖고 싶어 할 백성이 어디 있겠는가?

백성들은 호패 차기를 극력 기피했다. 병졸로 뽑혀 나가는 것을 피하려고 일부러 양반집 머슴으로 들어가는 평민도 많았다. 그렇기 때문에 실제로 호패를 받은 사람은 해당 인구의 2할을 넘은 적이 없었다. 이래 가지고는 새로운 병사를 확충하기가 어렵다. 북벌을 준비하던 효종은 당연히 호패 보급에 힘을 기울였다. 바로 이 같은 때에 하멜 일행이 상경하여 호패를 받게 되었던 것이다. 호패를 받았다는 것은 이제 그들이 정식으로 조선의 백성이 되었다는 것을 의미한다.

박연의 감독 하에

이 시점에서 화란인들은 훈국에 예속되었다. 여러 기록들은 그들이 한 부서 또는 한 부대에 배치되지 않고, 각 훈국으로 나뉘어졌다고 말한다. 궁궐의 수비를 주 임무로 하는 훈련도감은 국왕의 친위대지만, 그 내부에 여러 부서가 있었다. 그래서 각 훈국이라는 표현을 사용한 것이다. 사실 화란인들을 각 훈국에 배치하도록 지시한 것은 효종 자신이었다.

그런데 훈국의 외인부대에는 같은 화란인 출신으로 조정의 신임을 얻고 있는 벨테프레이가 있었다. 효종이 하멜 일행의 훈국 배치를 신속히 결정할 수 있었던 것은 아마도 이 벨테프레이의 존재 때문이었던 것으로 보인다. 훈국에 배치하면 하멜 일행이 조정에 충성스런 벨테프레이의 감독 아래 놓이며, 동시에 언어 문제도 해결될 수 있기 때문이었다.[8]

하멜 일행이 상경한 뒤 훈국에 배치된 것은 분명하지만, 그들이 어떤 방식으로 군대 생활을 해 나갔는지에 대해 따로 기록한 조선조 문헌은 발견되지 않는다. 지금까지 필자가 인용해 온 실록이나 승정원일

8 『비변사등록』 제17책, 효종 5년 2월 23일조.

기, 비변사등록 등의 관변기록은 새로운 사건이 발생할 때마다 뉴스를 중심으로 국왕과 신하의 문답, 또는 상소문에 대한 처리 과정 등을 기록해 나가는 방식이기 때문에 새로운 뉴스가 되지 않는 사건, 이를테면 하멜 일행의 상경 후 생활 같은 것은 그 자체가 무슨 사건으로 발전되지 않는 한 애당초 기사로 취급되기가 어려운 것이었다. 따라서 필자의 기대는 자연 민간 기록으로 기울어질 수밖에 없다.

과연 개인 저서나 문헌에서 하멜 일행의 서울 생활을 반영하는 관련 기록들이 몇 개 발견되기는 한다. 그러나 이것 또한 하멜 일행에 대한 별도의 기록이라기보다는 당시 하멜 일행의 상관이기도 했던 벨테프레이에 대한 이야기를 쓰면서 하멜 일행의 이야기를 부수적으로 곁들인 경우가 대부분이다. 따라서 하멜 일행의 상경 후 생활을 엿보기 위해서는 천생 조선에 먼저 정착한 박연의 이야기를 아울러 살펴볼 수밖에 없다.

앞에서도 언급했지만 벨테프레이의 조선 이름은 박연이다. 얀 얀스 벨테프레이는 자기 이름 가운데 벨테프레이라는 성을 '박'으로 하고 '얀'이라는 이름을 '연'으로 하여 박연으로 정했는데, 조선조 문헌에는 이 박연이 朴延, 朴淵, 朴燕의 세 가지 표기로 나타나 있으며, 어떤 문헌에는 박인(朴仁)으로 표기하기도 했다.

박연에 대한 조선조 문헌들을 조사해서 처음 발표한 사람은 이인영(李仁榮)이지만, 실록 등 각종 문헌에 실린 관계 자료들은 이병도, 김창수의 『하멜표류기』에도 부분적으로 실려 있다. 그러나 원문만을 책 앞 또는 뒤에 첨부해 놓았기 때문에 독자에게 큰 부담이 될 것으로 보고, 필자는 원문을 각주로 처리하는 대신 각 원문을 현대문으로 일일이 번역해서 본문에 소개하고자 한다. 먼저 윤행임의 글을 살펴보기로 한다.

이 글에는 박연의 이야기와 함께 하멜 일행이 도성과 주변 수비대에 배치되었으며, 그들이 모두 별과 달력에 능통하며, 조총과 대포를 잘 만들었다고 기록되어 있다.

> 박연이란 자는 하란타(河蘭陀)인이다. 숭정(崇禎) 원년(1628)에 호남에 표류했다. 조정에서는 그를 훈국에 배치시키고, 항복한 일본인과 표류 중국인들을 지휘하게 했다. 박연의 원래 이름은 호탄만이다. 병서에 재주가 있어, 대포를 심히 정교하게 만들 수가 있었다. 효종 4년, 진도군에 난파한 선박이 한 척 있었는데 …… 언어가 통하지 않자 …… 조정에서는 박연에게 가서 알아보라고 명했다…….
>
> 그들(하멜 일행)은 모두 성력(星曆)에 능통하며, 조총과 대포를 잘 만들었다. 이에 따라 그들을 도성과 주변 수비대에 나누어 배속시켰다. 그 후 14년, 호남 좌수영에 배치되어 있던 8명이 고깃배를 몰래 타고 일본의 나가사키 섬으로 도주했다. 왜나라 우두머리는 조정에 보낸 서한에서, "아란타[9]는 일본

9 아란타(阿蘭陀) : 당시 조선에서는 화란인을 그 피부나 털 색깔에 따라 홍이(紅夷 : 붉은 오랑캐) 또는 홍모(紅毛 : 붉은 털)라는 별명으로 부르기는 했으나, 하멜이 어느 나라 사람인 줄을 몰라 그가 체류할 당시에는 그저 만인(蠻人)이라 불렀다. 한쪽에서는 남만(南蠻) 또는 남만인이라 부르기도 했으나, 이 용어는 일본인이 포르투갈인을 지칭하던 명칭을 그대로 수용한 것이었다. 하멜이 『조선왕국기』에서 남만, 남만국(南蠻國)이라 하지 않고 '남반', '남반국' 같은 이상한 발음을 적은 것은 이 말이 일본에서 들어왔음을 강력히 시사해 주는 대목이다. 일본 발음으로는 남만을 '남반'이라 한다. 그러나 위 글을 보면 아란타, 하란타(河蘭陀), 하란(荷蘭) 등 화란(和蘭)의 나라 이름에 대한 구체적 명칭이 등장한다. 이것은 윤행임의 글이 하멜 시대보다 1세기 이상 지난 뒤에 쓰인 까닭이다. 윤행임의 글에도 그런 내용이 약간 들어 있지만, 아란타, 하란타, 하란의 세 가지 명칭은 모두 일본인들의 한자 표기법에서 유래한 것들이다. 당시 일본인들은 아란타라 써 놓고 '오란다'라 발음했다. 일본인들은 지금도 화란을 오란다라 부르는데, 실제 오란다의 원형은 화란을 지칭하던 포르투갈어 올란다(Olanda)에서 온 것이다. 올란다가 홀란드(Holland)에서 왔다는 것은 두말할 나위도 없다.

의 속군으로서, 귀국에 거하던 자 8명이 도망하여 나가사키에 도착했다."고 말했다.

조정에서는 이때 처음으로 박연이 아란타 사람이라는 것을 알았다. 박연은 대장 구인후 휘하에 있었다. 그 자손들 또한 훈국의 군적(軍籍)에 등록되었다. 아란타는 하란, 홍이 또는 홍모라고도 부르며, 서남해 가운데 있다.[10]

위 글에 나오는 훈국이란 왕궁의 수비를 책임지고 있던 훈련도감의 별칭이다. 레드야드는 박연의 자손들이 "훈국의 군적(軍籍)에 등록되었다."는 원문을 차적(車籍)에 등록되었다는 것으로 잘못 읽고, 역시 박연이 기술이 많으니까, 그 자손들도 바퀴를 움직이는 기술 분과에서 일했던 모양이라고 장황하게 설명하고 있다.[11] 그러나 이는 군(軍)자가 차(車)자 비슷하게 적힌 것을 오독한 데 지나지 않는다. 박연은 원래 구인후[12] 휘하에서 활약했으나, 하멜 일행이 상경할 무렵에는 효종이 새로 발탁한 훈련도감의 이완 대장 밑에 있게 되었다.

말이 나온 김에 한 마디 더 하자면, 홀란드는 '숲이 많은 나라'라는 뜻을 가진 화란어 호우트란드(Houtland)에서 유래한 것이다.

10 윤행임, 『석재고(碩齋稿)』 제9권, 해동외사(海東外史) 박연(朴延)조.
朴延者 河蘭陀人也 崇禎元年 漂流至湖南 朝廷隷訓局 將降倭及漂漢人. 延初名 胡呑萬 工於兵書 能製火礮 甚精巧 孝廟四年 有漂船舶珍島郡 …… 不通言語文字 …… 朝廷命延往審之 …… 而其人皆通星曆 善鑄鳥銃及大礮 遂以其人分隷 京外營 其後十四年 隷湖南左道水軍節度營者八人 潛乘漁舟逃之日本之長崎島 倭酋書報朝廷曰 阿蘭陀則日本之屬郡 而今留貴國者八人 逃至長崎 朝廷始知 朴延亦阿蘭陀人也 延居大將具仁垕麾下 其子孫遂編訓局之軍籍 阿蘭陀 一名荷蘭 一名紅夷 亦曰紅毛 在西南海中

11 레드야드, 31쪽.

12 구인후(具仁垕 1578~1658) : 조선조 중기의 무신(武臣)으로 인조반정 때 2등 훈을 세웠다. 효종 때는 우의정, 좌의정, 병조판서, 훈련대장, 호위대장 등을 역임했으나, 하멜이 상경할 무렵 김홍욱(金弘郁) 사건을 옹호하다가 파면되었다.

이왕 이야기가 나온 김에 박연에 대해서 좀 더 알아보기로 하자. 다음에 소개할 자료는 정재륜[13]의 글이다. 그는 숙종 때의 학자로 하멜이 조선에 표류해 왔던 해에는 아직 5살의 코흘리개에 지나지 않았다. 그러나 효종 때 영의정을 지낸 정태화[14]의 아들로, 1658년에는 효종의 딸 숙정공주와 결혼함으로써 부마가 되었던 인물이다. 이런 배경을 갖고 있기 때문에 일반인이 들을 수 없는 궁정 주변의 여러 가지 진기한 이야기를 들을 기회가 많았을 것이다.

다음 글을 읽어 보면 당시 조선인이 외국인에 대해 갖고 있던 관심의 폭이 어떤 수준이었는지를 알 수 있다. 생김새라든지 풍습이라든지 옷차림이라든지 아니면 묘한 기술을 한두 가지 갖고 있다더라는 식의 우화적인 관심인 것이다.

> 박연은 남만인이다. 숭정 무진년(1628)에 우리나라에 표착했다. 위인이 뛰어나 식견이 있고 생각이 깊었다. 사물에 대해 말할 때는 왕왕 저명한 사람과 동일했다. 선악화복의 이치를 말할 때마다 그는 "하늘이 갚아 줄 것"이라 말하곤 했다. 그의 말은 도를 깨친 사람과 비슷했다.

13 정재륜(鄭載崙 1648~1723) : 정태화의 아들로 태어났으나, 현종조에 좌의정을 지낸 둘째아버지 정치화(鄭致和)의 양아들로 들어갔다. 효종의 왕녀와 결혼하여 동평위(東平尉)에 봉군되었으며, 인품이 너그러워 어진 부마라는 소리를 들었다. 『한거만록(閑居漫錄)』, 『동평기문(東平記聞)』 등의 저서가 있다.

14 정태화(鄭太和 1602~1673) : 효종, 현종 때 영의정을 6번이나 역임한 정치가. 병자호란 때 패잔병을 수습하여 청군과 항전했으며, 소현세자를 따라 심양에 가서 그 재주를 떨쳤다. 친아들이 정재륜이며, 동생 역시 정치가로 이름 높던 정치화이다.

박연은 글자를 이해하지 못했다. 그는 자기 이름을 말할 때 항상 그 나라 방언으로 '박연'이라 했으나, 어떻게 쓰는지 애매한 데다 또 어음도 달라서 어느 것이 성이고 이름인지 구별할 수 있는 사람이 없었다. 따라서 그는 자기 이름을 우리나라 속음으로 쓰게 되었다.

누가 그 나라의 풍토와 풍속을 물어보면 박연은 이렇게 대답했다. "그곳은 따뜻하오. 겨울에도 눈과 서리가 내리지 않으니, 면으로 된 옷은 입지 않소. 날이 흐려 습기가 옷 속으로 스며들면, 나이 든 사람들은 이것은 오늘 중국에서 눈이 내리기 때문이라고 말하곤 했소."

또 그는 변두리에 살았기 때문에 자기 나라의 수도에 가 본 일이 없으며, 군주의 위의(威儀)를 알지 못한다고 말했다. 그러나 국법은 도둑질하는 자를 죄의 경중을 묻지 않고 반드시 참수해 버리기 때문에 그 나라엔 도적이 없다고 했다. 이것은 왜나라의 풍속과 같은 것으로 보인다.

또 그는 자기 나라에 날씨를 잘 알아맞히는 사람들이 있다고 말했다. 그들은 어느 날 바람이 불고 어느 날 비가 내리는지를 능히 알고 있는데 조금도 어긋나지 않았다. 항해자는 반드시 그들에게 묻고 기록하여, 그것을 길잡이로 삼는다. 그러나 그가 배를 탔을 때는, 그 가르침을 따르지 않았기 때문에 표류하게 되었다. 언젠가 북창 정렴[15]이 황도(皇都 : 북경)에 갔을 때, 중국에 들어온 안남(베트남) 사람이 있었다. 그는 작은 책을 하나 갖고 있었는데, 그 책에 따라 날씨가 춥고 더운 것, 바람이 불고 비가 오는 것을 점칠 수가 있었다. 날씨를 점치는 남만인도 역시 그 안남 사람과 같은 부류일 것이다. 연은 본국에 있을 때, 물건을 판매하기 위해 일본, 유구, 안남 등지를 왕래

15 정렴(鄭磏 1506~1549) : 중종, 명종 때의 학자. 천문·지리·의학에 밝았으며 연(燕)에 사신으로 갔다 온 뒤 여러 저서를 냈다. 호는 북창(北窓).

했다. 그는 소인국을 본 일이 있는데, 그 나라 사람은 키가 8, 9살 난 중국 아이들만 했지만, 머리는 보통 사람만 하며 비단을 잘 짰다. 또 그는 자기가 본국에 있을 때, 고려인은 인육을 구워 먹는 것으로 들었다고 말했다.

그가 제주도에 표류했을 때, 마침 날이 어두워졌기 때문에 병사들이 횃불을 준비하여 찾으러 왔다. 배 안에 있던 사람들은 모두 이 불이 우리를 구워 먹으려는 도구임에 틀림없다고 말하며, 하늘이 뚫어져라 엉엉 울었다. 그러나 잠시 후 그렇지 않다는 것을 깨닫기 시작했다. 대저 남만인의 풍습은 야행에 모두 등화를 사용하고 횃불을 사용하지 않는 까닭이다. 이것을 보아도 알 수 있듯이 어떤 나라가 이러이러하더라고 우리에게 전해진 이야기는 모두 상상이며 공허한 이야기에 지나지 않는다.

박연은 우리나라에 온 뒤로 엄동설한이 되더라도 무명옷을 입지 않았다. 그는 본국에 있을 때부터 습관이 되어 그렇다고 말했다.

박연은 몸집이 크고 살이 쪘다. 눈이 파랗고 얼굴은 희었다. 금발의 수염이 배까지 늘어져 있어, 보는 사람마다 기이하게 생각했다.

박연은 우리나라 여자를 얻어 아들 하나와 딸 하나를 낳았다. 박연이 죽은 뒤 그들의 존부(存否)는 알려진 것이 없다.[16]

---

16 정재륜, 『한거만록』 제2권.
朴延 南蠻國人也 崇禎戊辰年間 漂到我國 爲人卓犖有識慮 所論說 往往有高人數等者 每言善惡禍福之理 輒曰天報之矣 其言類有道者 淵不解字 每以其國方音 稱姓名 爲朴淵 而既昧文字 語音又別 其爲姓爲名 有不可卞 故從國俗音書之 人問其國風土俗尙 則淵曰 地甚暖 冬無霜雪 衣不着綿 有時陰霾下濕衣 則故老相言 此是中國下雪之日云 又曰渠在邊地 不見其國京都 不識其君威儀 而國法則作 賊者無論輕重必斬 故 國無盜賊 盖與倭俗同也 又曰國有善占候者 能知某日風某日雨 而豪釐不差 航海者 必就問而錄之 持爲節度 而渠之行船 不遵其指 以致漂流云 昔有鄭北窓 之赴皇都也 安南人入中國者 持一小冊 預占日候寒暖風雨 亦言某日當見東方異人 盖指北窓也 南蠻占候者 其亦安南人流耶 淵在本國時 往來販貿於日本琉球安南諸國 而亦見小人國 其人大如中國八九歲兒 但頭

앞의 글에 나오는 박연(벨테프레이)의 나라는 그 따스하다는 기후로 미루어 보아 본국인 화란이 아니라, 동인도회사 본부가 있던 바타비아(자카르타)를 가리키고 있음에 틀림없다. 인도네시아라고 해야 중국에서 눈이 내리면 습기가 찬다는 등의 뒷이야기가 비로소 납득되는 것이다. 그는 당시에 전해진 다른 나라의 이야기가 대부분 상상이며 공허한 이야기라고 일축하면서, 소인국이니 날씨를 점치는 이야기니 하는 것들을 들려준다. 하지만 이것 역시 오늘의 시점에서 보면 똑같이 공허한 이야기일 따름이다.

박연의 고향인 데레프의 시청 청사. 1630년에 건축되었다.

이미 소개한 윤행임의 글이 박연의 경력에 대해 보다 구체적인 정보를 제공해 주는 데 반해, 정재륜의 글은 다분히 궁궐 안팎에 떠돌던

—

大如常人 善織錦布云 又日在本國 聞高麗人炙人肉而食之 渠之漂到濟州也 適値日暮主倅盛備炬火 來審之 舟中人 皆謂此火必炙我之具也 哭聲徹天 久之 始覺其非盖蠻俗 夜行皆用燈火 無炬火故也 以此觀之 我國之傳言某國如此之說 皆想虛傳耳 淵來我國 雖値嚴冬 不穿綿衣曰 在本國 習以爲性云 淵身長體胖 碧眼白面 黃鬚垂腹 見者皆異之 淵娶我國女 産男女各一人 淵死後 不知其存否也

우화적 성격의 이야기를 전해 주고 있다.

우리는 이런 글들을 접하면서 몇 가지 의문에 맞닥뜨리게 된다. 첫째 박연이 조선에 표류해 온 연도에 대해서다. 앞의 글이나 앞서 소개한 윤행임의 글에는 박연이 조선에 표류한 해가 숭정(중국연호) 원년인 1628년이었다고 못박고 있다. 그러나 하멜일지에는 박연이 1627년 표류했다고 말한 것으로 기록되어 있다.

이것은 아마도 박연이 조선에서 26년간 살았다고 조선인 친구들에게 말했을 때, 그 햇수를 어떻게 계산하느냐에 따라 생겨난 오차로 보인다. 만으로 계산하느냐 아니냐에 따라 1년 정도의 차이는 쉽게 생겨나기 때문이다. 조선조 실록에는 박연이 표류했던 해가 언제였는지 언급한 기록이 없다.

그러나 하멜 일행이 탈출하고 난 뒤 일본에 대한 외교적 답변을 준비하는 과정에서 당국은 박연이 표류할 당시의 일을 재조사하게 되었고, 이 조사를 통해 그가 조선에 도착했던 해가 1627년이었다는 사실이 밝혀지게 된다.[17] 화란의 독립적인 문서도 박연이 표류한 해가 1627년이었음을 입증해 주고 있다.[18]

다음으로 논란이 되는 부분은 박연의 학식에 대한 문제이다.

정재륜은 그가 생각이 깊지만 "글자를 이해하지 못했다."고 썼다. 이에 반해 윤행임은 그가 "병서에 재주가 있어 대포를 심히 정교하게 만들 수가 있었다."고 적었다 '병서에 재주가 있다'는 말은 병서를 읽을

17 부산시사, 『접대왜인사례(接待倭人事例)』 東萊府接倭狀啓謄錄可考事目錄鈔. 나카무라 히데다카[中村榮孝], 「난선의 조선표류자와 일선의 교섭(蘭船の朝鮮漂者と日鮮の交涉)」, 『청구학총』 제23호, 1936, 90~91쪽에서 재인용.

18 후틴크, 79쪽. (화란 동인도회사 문서)

수 있었다는 뜻이며, 병서를 읽었다면 한문을 알았다는 이야기가 된다.

더구나 『인조실록』에는 '박연 등 94명'이 무과에 급제했다는 일절이 보여 그런 심증을 더욱 굳혀 준다.[19] '박연 등 94명'이라는 표현은 박연이 합격자 94명 가운데서 1등을 했다는 뜻으로 해석할 수도 있기 때문이다. 그러나 박연이 무과에 급제했다는 인조 26년은 1648년이며, 이 해 박연의 나이는 이미 53세가 되어 있다. 시험을 보기에는 아무래도 좀 늦은 나이이나, 그렇다고 이 시절의 무인으로서 박연이란 이름을 가진 다른 사람은 알려진 바가 없다.

다음으로 궁금한 점은 앞의 글들이 언급한 박연의 후손에 대한 일이다. 정재륜은 박연이 조선 여자를 얻어 아이를 낳고 살았다는 매우 귀중한 인류학적 정보를 우리에게 제공해 주고 있으며, 윤행임 또한 박연의 자손들이 훈국의 군적에 등록되었다는 사실을 알려 주고 있다. 후손들은 그 후 어떻게 되었을까?

조선인 아내와의 사이에 낳은 박연의 자손이 훈국의 군적에 등록되었다는 사실까지만 알려져 있지, 그 뒤 후손들이 어떻게 되었는지는 정재륜의 말처럼 그 존부를 알 길이 없다. 그런데 일설에는 박연에게 고향에 두고 온 화란인 아내가 있었다고 한다.[20]

---

19 『인조실록』 제49권, 인조 26년 8월 25일 정사(丁巳)조.
정시(庭試)를 설치하여 문과에 이정기 등 9명, 무과에 박연 등 94명을 뽑았다.[設庭試取文科李廷夔九人, 武科朴淵等九十四人]

20 전남대학교 학장 김태진(金泰振)과의 인터뷰, 1993년 12월 1일.
그가 보낸 하멜의 흔적에 대한 기고문이 1988년 1월 4일자 네덜란드 신문 「Achterpagina」에 병영의 유적지 간판과 비석을 담은 사진 두 장과 함께 크게 실렸다. 이 보도가 나간 뒤 박연의 13대손인 헨드릭 벨테프레이가 김태진에게 편지를 보내 왔으며, 자기 조상의 내력을 털어놓았다고 한다. 그의 설명에 따르면, 결혼한 지 두 달 만에 남편을 바타비아로 떠나보내

maandag 4 januari 1988 ACHTERPAGINA

Nazaten van Nederlandse schipbreukelingen in Korea

'Iemand met buitenlandse voorouders wordt hier beschouwd als minderwaardig'

Door Henri Beunders

De Sperwer

Kroost

Onder hen bevond zich de logboekschrijver van De Sperwer, Hendrik Hamel, die zijn belevenissen op schrift stelde en daarmee het Westen de eerste kennis verstrekte over Korea. Volgens het 'Journaal van Hendrik Hamel' bleef bij hun vlucht slechts één bemanningslid in Cholla achter omdat hij er inmiddels was getrouwd, kinderen had en hij 'geen haar meer aan zijn lijf had die nog christen was'.
Volgens de Tae was dit bemanningslid niet de enige die tijdens het tienjarige verblijf in Cholla met een Koreaanse in het huwelijk was getreden, of in elk geval samenwoonde, en heeft het merendeel van de zestien Hollanders kroost verwekt in de dorpjes Pyungyung, Sunchun en Namwon, ten zuidwesten van Kwangju. De Hollanders werden daar te werk gesteld in de forten

Ongehuwd

하멜의 흔적에 대한 김태진 학장의 기고문이 실린 1988년 1월 4일자 네덜란드 신문『아흐터파히나』지.

야 했던 박연의 아내는, 당시 임신 중이었고 얼마 뒤 아들을 낳았다. 그녀는 박연이 아무 연락도 없고 돌아오지도 않자 3년 뒤에 다른 남자와 재혼했다고 한다. 이렇게 해서 이어진 박연의 후손은 지금도 화란에 살고 있다는 것이다. 사실은 그 13대손이 암스테르담 소재 크리스튼 대학의 철학교수로 봉직하고 있으며, 우리의 실록에 박연이라는 이름으로 올라 있는 벨테프레이의 13대 손자의 이름은 헨드릭 벨테프레이라고 한다. 박연의 고향인 데레프 타운홀에는 화란에서도 드문 성에 속하는 벨테프레이 집안의 기록이 그대로 남아 있고, 13대손은 그 뒤 한국을 방문했으며, 김태진과 함께 병영 등지를 돌아보았다고 한다.

이쯤 해서 하멜일지를 읽어 본 사람에게는 또 다른 의문이 떠오른다. 왜 하멜은 앞 장에서 소개한 성해응의 글이나 이 장에서 소개한 윤행임, 정재륜의 글들이 벨테프레이에 대해서 전해 주는 몇 가지 중요한 사실들에 관해서는 일언반구의 언급도 하지 않은 것일까?

즉 벨테프레이는 박연이라는 조선 이름을 갖고 있었고, 조선인 아내와 아들, 딸이 있었다. 또 그는 무기 제조에 관여했고, 조선군에서 중요한 직책을 담당했으며, 특히 훈련도감 안에서 화란인 표류자들뿐만 아니라 망명한 중국인과 일본인 병사들로 구성된 외인부대의 대장 노릇을 하고 있었다. 하멜은 이런 정보에 대해 조금도 언급하고 있지 않다면서 레드야드는 하멜이 박연에 대해서 무언가를 숨기고 있다고 말한다. 그러나 하멜일지에는 "벨테프레이가 지휘관이 되어 우리에게 모든 것을 그 나라 식대로 가르치고 감시했습니다."[21] 라고 벨테프레이가 자신들의 지휘관이었음을 밝히는 구절이 들어 있기는 하다.

박연의 비밀

어쨌거나 레드야드가 그런 추리를 펴는 것은 박연에게 감추어진 비밀을 이야기하기 위한 나름대로의 포석이라고 생각된다. 하멜은 자기들이 서울에서 추방될 때와 탈출 뒤 일본 나가사키 당국의 심문을 받을 때 벨테프레이에 대해서 언급하고 있는데, 추방될 때를 그런 대목에서는 한강까지 배웅을 나온 벨테프레이를 본 것이 마지막으로, 이후로는

21 이 책 256쪽 참조.

그에 대한 믿을 만한 소식을 듣지 못했다고 적었다. 또 나가사키 당국의 심문을 받을 때는, 벨테프레이가 아직 살아 있다는 소문도 있고 죽었다는 소문도 있다며 애매하게 답변했다.

그러나 나가사키 당국의 심문을 받던 바로 그날 하멜은 데지마 주재 화란 상관장에게 "벨테프레이는 아직도 살아 있으며 70세가량 되었다."고 단정적으로 언급했다. 무엇 때문에 하멜은 출판된 하멜일지나 일본당국의 심문에서는 애매하게 답변하면서 자기 상관에게는 벨테프레이가 아직 살아 있다고 다르게 말한 것일까? 하멜이 데지마 상관장에게 개별적으로 보고한 화란 동인도회사의 문서를 옮겨 보면 다음과 같다.

> "(벨테프레이는 우리와 함께 켈파트 섬에 있을 때) 자기는 1627년 오버커크호를 타고 항해하다 북해협에서 나포한 어떤 정크선으로 옮겨 타게 되었으며, 그 정크선이 (코레아) 섬들 가까이로 밀리게 되자 자기와 동료 여럿이 식수를 구하러 상륙하게 되었고, 거기서 자기와 동료 두 명이 중국인에 의해 붙들렸다고 말했습니다. 벨테프레이는 코레아에서 (우리가) 출발할 당시 아직 살아 있었으며 나이는 70세가량이었습니다."[21]

그 비밀은 벨테프레이의 표착 사건 속에 숨겨져 있다는 것이 레드야드의 견해다. 위의 문서에 따르면 벨테프레이는 코레아 해안에 접근할 때 오버커크호를 타고 있었던 게 아니라 사실은 정크선(중국식 선박)을 타고 있었다는 것이다.

22 후틴크, 79쪽.(화란 동인도회사 문서)

그러나 하멜일지에 나오는 이야기는 조금 다르다. 벨테프레이는 오버커크호를 타고 일본에 가던 중 역풍을 만나 코레아 해안에 표착하게 되었으며, 마실 물이 필요해서 보트를 타고 뭍에 올랐다가 그와 동료 두 사람이 주민들에게 붙들렸다는 것으로 되어 있다. 왜 하멜은 벨테프레이가 정크선을 타고 있다고 밝히지 않고 그대로 오버커크호를 타고 있었다고 일지에서 주장한 것일까?

레드야드의 가설은 하멜이 벨테프레이의 불미스런 과거를 숨겨 주기 위한 것이라고 말한다. 즉 벨테프레이는 중국 정크선을 타고 다니며 해적 노릇을 했을 가능성이 높다는 것이다. 이러한 가설은 대만 총독이 바타비아 대총독에게 보낸 1627년 7월 22일자 서한에 의해 보강된다는 것이다.

이 서한에 따르면 오버커크호는 같은 해 7월 16일 아모이로 향하던 중국 정크선을 한 척 나포했다. 정크선에 타고 있던 150명의 중국인 중 70명을 오버커크호로 옮기고, 나머지 80명을 감시하기 위해 오버커크호의 화란 승무원 16명을 정크선에 옮겨 타게 했다. 바로 이 16명 가운데 벨테프레이가 섞여 있었다. 16명의 임무는 나포한 나머지 중국 선원 80명을 대만으로 끌고 오는 것이었다.

그러나 "앞서 말한 정크선은 폭풍우를 만나 항로를 벗어났으며, 오늘 이 날짜까지 나타나지 않는 것으로 미루어 불상사를 당한 것으로 생각된다."고 서한은 말하고 있다.[23] 오버커크호는 두세 달 뒤 포르투갈 선박에 나포되어 마카오에서 불태워졌다. 따라서 이 배는 코레아 해역에는 들어와 보지도 않았다는 것이다.

23 후틴크, 101~104쪽.

벨테프레이가 표착 당시 해적 노릇을 하고 있었으리라는 레드야드의 가설은 약간의 논리 비약을 느끼게 하는 대목이 있지만 매우 흥미롭다. 나는 레드야드 가설의 진위성을 조금 다른 측면에서 접근해 보고자 한다.

박연은 해적이었나

벨테프레이가 표착한 지점에 대해서 정재륜은 제주도라 했고, 윤행임은 호남이라고 했다. 그러나 하멜 일행이 탈출하고 나서 일본에 대한 외교적 답변을 준비하는 과정에서 당국이 조사한 바에 따르면 벨테프레이는 자기가 표착한 곳이 경주였다고 대답했다는 것이다.[24]

그런데 이 장소는 좀 엉뚱하다. 당시 경주부(慶州府)의 관할에 들어가는 동해안은 위로는 지금의 포항에서 밑으로는 울산까지이다.[25] 그러니까 박연은 포항에서 울산에 이르는 어떤 동해안 지점에 표착했다는 이야기가 된다.

일반적으로 외국인의 표류 지점으로는 제주도, 진도 또는 기타 남해안이다. 동남아로부터 일본으로 항해하다가 태풍을 만나면 자연 이런 위치로 표류하게 되어 있는 것이다. 하지만 포항에서 울산까지의 동해안이라면 이것은 동남아에서 일본으로 향하던 코스라고 생각하기 어렵다. 지도를 보면 그 점을 쉽사리 알 수 있다. 아무리 태풍을 만났다

24 나카무라, 90~91쪽. 이 책 175쪽.
25 『신증동국여지승람』 제21권, 5쪽.

해도 어떻게 그처럼 왼쪽으로 빙 돌아 들어가게 되는가 말이다. 그러나 이것을 반대의 항로로 생각해 보면 보다 납득이 간다. 가령 일본의 어떤 지점에서 동남아로 가다가 태풍을 만나 경주부의 해안에 표착하게 되었다면, 이건 이야기가 된다.

만일 그것이 사실이라면 박연은 어째서 그 사실을 숨겼던 것일까? 이 의문점에 대해서 박연이 해적 노릇을 했을지도 모른다는 가설은 나름대로의 설득력을 갖는다.

하멜일지에 따르면 벨테프레이가 화란을 떠난 것은 1626년이며, 이듬해인 1627년에 오버커크호를 타고 일본으로 가다가 표류한 것으로 되어 있다. 그러나 성해응의 글을 보면 벨테프레이는 이미 일본에 갔다 온 것처럼, 일본에서 열려 있는 시장은 나가사키밖에 없으며 상선은 규칙에 따라 육지에 닿지 않고, 모두 선상 교역을 한다고 자신 있게 말하고 있는 것이다.

당시 화란 동인도회사의 선박들은 일 년에 한 번씩만 나가사키와 바타비아를 오갔다. 따라서 1626년에 화란을 떠나 1627년 한국 해안에 상륙한 그의 입장으로서는 동인도회사의 상선을 타고 일본에 갈 기회는 없었을 것이다. 하멜일지에는 그가 일본에 가다가 풍랑을 만났다는 것으로 되어 있을 뿐이다.

해적선을 탔다면 이런 의문점이 풀린다. 또 해적선을 타고 일본에 갔다 동남아 쪽으로 돌아가는 길에 풍랑을 만났다면 경주부의 표류 지점에 대한 의문도 풀린다. 그러나 여러 문헌에 나타난 바로는 박연의 됨됨이가 무척 견실하고 진지했던 것으로 묘사되어 있다. 그런 그가 한때나마 해적 노릇을 했다는 것도 믿어지지 않는 일이다. 해적 노릇을 했더라도 중국인들의 강요에 의해 어쩔 수 없이 그랬으리라 짐작될

뿐이다.

호련대의 일원으로

다시 이야기를 하멜의 상경 후 생활로 돌려 보자.

당초 효종은 보유한 기술과 능력에 따라 그들을 활용할 생각이었던 듯하다. 난파선에서 건져 올린 그들의 장비와 무기도 큰 관심을 끌었다. 이 문제에 대해 언급하고 있는 유일한 글은 벨테프레이에 대해 상세한 기록을 남긴 성해응이다. 글의 마지막 부분을 보면 그는 표류자들이 도착한 지 50년 뒤인 18세기 초에 이 글을 쓴 것 같다.

> 서양인들은 기술이 많아서 역법(曆法)과 의술에 아주 정통하다. 능숙한 장인과 쇠를 잘 다루는 사람은 대부분 바다에서 죽었고, 다만 성력(星曆)을 이해하는 자 1명, 권법을 이해하는 자 1명, 조총을 잘 다루는 자 1명, 대포 전문가 10여 명이 있었다. 대포를 쏠 때 그들은 반드시 대포를 수레 위에 올려놓고 쏘았다. 이렇게 하면 대포의 상하좌우 방향을 바꾸는 데 편리하다. 또 대포를 발사할 때 바퀴가 뒤로 굴러가기 때문에 뒤로 반동하는 힘을 줄여 주며, 포신이 빠개지는 것을 예방해 준다.
>
> 대포에 사용되는 화약은 8근이며, 중포는 6근, 소포는 4근, 조총은 9전이다. 납 탄알의 무게는 8전인데, 두세 개를 철사로 연결하여 쏘게 되면 그것이 맞을 때 커다란 구멍이 나게 된다……. 병기는 모두 무기고로 수송되었다. 주나라 자로 조총을 재어 보니, 길이가 5척 6촌, 둘레를 재어 보니 밑이 6촌, 끝이 4촌이며, 구경은 1촌, 귀(방아쇠를 뜻하는 듯)의 넓이는 1촌 5분이었

다. 방아쇠에는 덮개가 있고, 자물쇠가 있어 하나의 세트를 이루며, 자물쇠는 잡아당길 수도 있고 풀 수도 있게 되어 있다. 화기(火機)는 안쪽으로 움직여 철을 때린다. 총신 끝에 있는 조준표는 녹두알처럼 작다. 총신 가운데에는 십자로 된 철편이 붙어 있어, 이 철편을 통해 조준을 한다. 그 제품이 심히 묘하나 지금은 화약통이 없어 더 이상 실험해 볼 수가 없다.

그들의 긴 칼은 왜나라에서 만든 것과 비슷하다. 창 자루는 무슨 나무로 만들었는지 모르나 가볍고 질겨 부러지지 않는다. 무기고에 넣어 둔 지 50여 년이 지났는데도 좀이 슬지 않았다. 배를 단장했던 철을 거두니 모두 1만여 근에 달했다. 돛의 폭을 재어 보니 46심(72미터)이 넘는 넓은 것이었다.[26]

위 글을 보면 하멜 일행의 기술과 장비가 뛰어났다는 말은 있지만, 정작 그 화란인들이 대장장이로 대포나 총을 제작하고 역법을 이용한 직종에 종사했다는 것을 시사하는 대목은 발견되지 않는다. 의술에 정통하다고 한 것은 스페르베르호의 하급선의였던 마테우스 에보켄을 가리킨 말임에 틀림없다.

그러나 에보켄이나 하멜이나 서울에서 한 직무에 대해 말한 것은

26 성해응, 『연경재전집』 제56권.
蠻人多技術 最精曆法醫方 其巧匠良治 多死於海 只有解星曆者一人 解拳法者一人 善鳥銃者一人 解大礮者十餘人 其放礮 必安礮車上而放之 以便周旋低仰 且礮之發也 輪自退轉 殺其後蹙勢 免致筒裂 大礮臟藥八斤中礮六斤 差小礮四斤 鳥銃九錢 鉛丸重八錢 以鐵絲連綴二三丸 以發之 中輒洞穴 …… 兵器皆輸武庫 鳥銃以周尺尺之 長五尺七寸 圍本六寸 梢四寸 ㅁ徑一寸 耳廣一寸五分 耳有豈有障 共爲一樞 皆可離合 火機向內而點鐵 標之在梢者 小如菉充 在本者中割橫鐵 從割痕而 闞之 其製甚巧 而今無粧筒 不可攷 長劍似倭製 槍幹不知何木 而輕韌不折 庫臟五十餘年 亦不蠹損 收其粧船鐵 至萬餘斤 布帆闊過四十六尋

별로 많지 않다. 그들은 훈련도감 말고는 언급할 것이 없다. 하멜은 단지 자기들이 국왕의 호위대(lijff schutten)에서 근무했다고만 말한다. 기술을 요하는 어떤 전문직에서 일했다기보다는 그저 다른 병사들과 마찬가지로 사격 및 기타 병법 훈련을 받기 위해, 매달 세 번씩 집결하고 봄, 가을에는 석 달간 군사훈련에 참가했다.

그들의 기술을 활용하지 않았던 이유는 정확히 알 수 없다. 그러나 성해응은 위에 소개한 글에서 "능숙한 장인과 쇠를 잘 다루는 사람은 대부분 바다에서 죽었고"라고 하여 살아남은 하멜 일행 가운데는 무기 제조의 특수 기술을 가진 자가 없었음을 암시하고 있다. 훗날 화란인들의 탈출이 외교 문제가 되었을 때 예조참의가 대마도주에게 보낸 서한에 따르면, "(화란인들은) 이곳에 14년간 머물며 고기잡이를 업으로 했고, 그 밖에 다른 기술은 없었습니다."[27]라고 언급하고 있다. 이를 통해 보아도 하멜 일행 속에 무기 제조의 특수 기술을 가졌던 사람은 없었던 모양이다

특수 기술이 없다면 화란인들의 용도는 구경거리로 국한된다. 확실히 평균 조선인보다 체격이 월등한 35명의 화란인들은 눈에 띄는 존재였다. 효종은 그들을 신변에 가까이 두고 싶어 했다. 훈련도감은 국왕의 친위대다. 그중에서도 화란인들은 국왕의 연(輦)을 호위하는 호련대(扈輦隊) 소속이었다. 『만기요람(萬機要覽)』에 따르면 호련대의 정원은 360명이었다. 화란인들은 친위대 중의 친위대인 이 360명 그룹에 끼어 있었다. 그래서 하멜이 국왕의 행차에 대해 언급하고 있는 부분에

27 『조선사료집진(朝鮮史料集眞)』 제4집, 나카무라, 93쪽.
留此十四年 只以漁採爲業無他技術…….

조선의 화성능행도에 나타난 왕의 행차 모습. 하멜 일행은 국왕을 호위하는 호련대에서 일했다. 국립고궁박물관 소장.

서는 일종의 권위마저 느껴지는 것이다.

봄, 가을에 화란인들은 조선 병사들과 함께 군사훈련을 받았다. 하멜은 자신의 일지에서 "그들은 세계의 무게가 자기들 어깨에 얹혀 있기라도 한 것처럼 맹렬히 군사훈련을 한다."고 적었다. 뒤에 청나라 사신에 대한 청원과 그로 인한 옥사 사건만 없었더라면 하멜 일행은 꽤 오랫동안 어가행렬을 빛내는 호위병으로 활동했을 것이다.

운명을 뒤바꿔 놓은 청나라 사신

05

말고삐를 붙들고

하멜일지를 보면 청나라 사신이 찾아왔다는 기록이 모두 4번 나온다. 맨 처음 것은 상경하던 해의 8월이다.

이때 하멜 일행은 멀리 남한산성에 격리되었는데, 그 이유에 대해 이병도는 "청국에서 화란인들이 와 있는 것을 알게 되면 혹시 조선이 서양과 통하여 북벌을 계획하는 것이 아닌가 하는 치의(致疑)와 힐문을 당할까 봐"[1] 그랬다고 해설하며, 하멜 자신은 조선인들이 "제주도에서 건진 총포와 물건들을 공물로 바치라는 (청나라 사신의) 요구가 있을까 봐 두려워서"[2] 그랬다고 일지에 적고 있다.

두 번째는 1655년 3월 3일인데, 이때 청나라 사신은 세자의 책봉 문제로 나왔다. 임금은 서쪽 교외로 거둥하여 청나라 사신을 맞이하고

1 이병도, 40쪽.

2 이 책 259쪽 참조.

인정전에서 접견했다.[3]

하멜에 따르면 그해에는 3월과 8월, 연말 등 세 차례에 걸쳐서 청나라 사신이 찾아왔던 것으로 기록되어 있다. 『통문관지(通文館志)』에 따르면 청나라 사신은 효종 1년 9회, 2년 7회, 3년 2회 등 횟수를 줄여 나가기는 했으나 공식이든 비공식이든 끊이지 않았다. 그 주된 이유는 청나라가 아직도 중국 남부에서 명나라 잔존 세력들과 전쟁을 계속하고 있었기 때문이다.

이미 병자호란으로 조선을 굴복시키기는 하였으나, 청나라는 명나라를 도와 자신의 배후를 칠 위험이 있는 조선을 여전히 경계하고 있었던 것이다. 아닌 게 아니라 조선은 인조시대부터 숭명반청(崇明反淸)의 기운이 높았으며, 효종이 등극해서는 암암리에 북벌까지 계획하고 있었다.

이런즉 조정에서는 화란인이 눈에 띄지 않도록 가택연금하고 그들을 집 밖으로는 한 발자국도 나가지 못하게 했다. 그러나 3월 15일(양력 4월 21일) 청나라 사신이 서울을 떠나던 날, 병사들의 감시가 느슨해진 틈을 타서 일등항해사 헨드릭 얀스와 포수 헨드릭 얀스 보스는 산에 나무하러 간다며 집을 나섰다.

성 밖을 나서자 두 사람은 청나라 사신이 지나갈 예정인 홍제교 부근(지금의 홍제동)의 숲에 몸을 숨겼다. 마침내 사신 행렬이 지나가자 두 사람은 뛰쳐나가 사신이 탄 말고삐를 붙들었다. 행렬에는 일대 소동이

3 『효종실록』 제14권, 효종 6년 3월 3일 무자(戊子)조.
임금이 서쪽 교외로 가 청나라 사신을 맞이하고 인정전에서 접견했다. 청나라 사신은 세자의 책봉 때문에 나왔다.[上行西郊 迎淸使 接見于仁政殿 淸使 以世子冊封 出來]

일어났다. 두 사람은 겉옷을 벗어 버리고 속에 입고 있던 화란 옷차림으로 자신들의 처지를 알렸다

"무슨 일이냐?"

놀란 사신은 정신을 가다듬은 뒤 그렇게 물었을 것이다. 그러나 불행하게도 서로 말이 통하지 않았다. 사신은 홍제원(洪濟院)[4]으로 두 사람을 데려오라고 주위에 명했다. 홍제원은 중국 사신이 서울로 들어오고 나가는 길에 여행복을 예복으로 갈아입던 숙사로서, 홍제교 부근에 위치해 있었다. 사신은 도성 안에 통역이 있다는 말을 듣고 곧 벨테프레이를 불러오라고 주위에 지시했다.

이들의 탈출 소식이 도성 안에 전해지자 가택연금되어 있던 나머지 화란인들은 조정 대신들 앞에 불려갔다. 하멜은 '국가 고문관들(Rijcx raden)' 앞으로 끌려갔다고 말했는데, 이것이 비변사의 당상관들을 뜻하는지 아니면 육조 대신들을 뜻하는지 구체적인 것은 알 수 없다. 승정원의 승지들로 해석한 역본도 있다.[5]

아무튼 화란인은 그들의 준엄한 심문을 받았고, 공모 사실을 부인했음에도 불구하고 곤장 50대의 판결을 받았다. 그러나 효종은 그들이 폭풍우 때문에 이 나라에 온 것이지 강도질이나 도둑질을 하러 온 것이 아니지 않느냐면서 매질에 동의하지 않았다. 화란인들은 다시 집으로 보내져 연금되었다.

한편 청나라 사신의 명을 전달받은 벨테프레이가 홍제원으로 달려

4 『신증동국여지승람』 제3권, 34쪽.
홍제원은 사현 북쪽에 있으며, 2층 건물이 있어 중국 사신이 옷을 고쳐 입던 곳이다.[洪濟院在沙峴北有樓 中朝使臣更衣之地]

5 김창수, 79쪽.

갔다. 그러나 이런 문제를 어떻게 처리해야 하는지 잘 알고 있는 조정에서는 벨테프레이와는 별도로 다른 인편에 두툼한 뇌물을 들려 보냈다. 하멜은 일지에서 "이 문제는 국왕과 조정 대신들에 의해 해결되었습니다. 그들은 이 일을 캄(황제)에게 알리지 말라고 타르타르 사신에게 상당액의 뇌물을 주었습니다."라고 기록하고 있다.

뇌물이 흡족하였던지 청나라 사신은 문제를 눈감아 주기로 했고, 벨테프레이는 두 도망자를 데리고 돌아왔다. 그들은 곧 감옥에 갇혔고, 그 뒤 하멜 일행은 이 동료들을 두 번 다시 보지 못했다. 몇 달이 지나서 그들이 죽었다는 소식을 들었을 뿐이다.

하멜은 자신들의 운명을 바꾸게 된 이 사건을 비교적 자세하게 기록했다. 반면 조선조의 자료에는 자초지종을 자세히 기록한 문헌이 발견되지 않는다. 그러나 하멜일지에서 볼 수 없는 사실을 몇 가지 더 알 수 있게 해 준다. 즉 하멜일지에는 두 사람이 사신 숙소로 따라갔다가 문제가 해결된 뒤 벨테프레이와 함께 도성에 돌아와 감옥에 갇힌 것으로 되어 있으나, 조선측 자료는 그중 한 명이 달아났던 것으로 되어 있다. 즉 청나라 사신이 말을 알아듣지 못하자, 포수인 헨드릭 얀스 보스는 일이 잘 안된 것으로 보고 중간에 달아났던 모양이다.

> 훈련도감에서 아뢰기를 "남만인이 청나라 사신의 행렬에 뛰어들었습니다. 이건 정말 예기치 못한 일이라, 소식을 듣고 경악을 금치 못했습니다. 뛰어든 사람이 누구인지 알아내려고 즉시 남만인을 불러 모아 점호를 해 보았더니, 그들 가운데 남북산(南北山)과 남이안(南二安), 이 두 사람이 나타나지 않았습니다. 그 뒤 원접사(遠接使)의 장계를 받고서야 비로소, 뛰어든 자가 남북산이고 달아난 자가 남이안이라는 것을 알았습니다. 뛰어든 자는 그만

두고라도 달아난 자는 즉시 뒤쫓아 가 잡아야겠기에 기패관(旗牌官) 등에게 각기 병사를 인솔하고 창의문(彰義門) 안팎의 산들을 수색하라고 명했습니다. 성 안의 요로도 염탐꾼이 살펴보게 명했습니다. 그랬더니 동영(東營)에 근무하던 군병들이 동소문(東小門 : 혜화문(惠化門) 길 위에서 남이안을 발견하고 붙잡아 보고해 왔습니다. 칼과 족쇄를 채워 죄인을 옥에 가두어야 할지 감히 여쭈어 봅니다."

전교하기를 "알았다. 잘 타일러 그 마음을 안심시키는 게 좋겠다. 한편 그의 행동거지를 넌지시 살펴보도록 하라."[6]

위 글에 나오는 원접사란 청나라 사신을 영접하던 관직 이름이다. 멀리 의주까지 나가 사신을 맞아야 하기 때문에 그런 이름이 붙었다. 이 문서를 보면 도망자 중 한 사람이 달아났다는 사실을 처음 알려 온 것이 바로 원접사였음을 알 수 있다. 실록에 보면 이때의 원접사는 뒤에 영의정에 이르는 남인(南人)의 거봉 허적이었다.[7] 허적이 달아난 사실을 알려 오자, 훈련도감에서는 병사들을 동원하여 수색에 나섰다.

사건이 발생한 지금의 홍제동 부근은 당시만 해도 주위가 울창한

6 『승정원일기』 제134책, 효종 6년 3월 15일조.
訓鍊都監啓曰 南蠻之人 投入勑行 曾所不意 聞來極爲驚駭 欲知某人之投入 卽聚南蠻人等點考 則其中南北山南二安 二名不現矣 得接遠接使狀啓 始知投入者北山 逃走者二安也 投入者則不須言 而逃走之人 則不可不及時追捕 故別定旗牌官等 各率軍人 彰義門內外諸山 使之搜覓 城中要路 亦爲詗察矣 卽者東營入直軍兵 逢看二安於東小門路上 執捉來告 俱枷杻囚禁之意 敢啓 傳曰 知道 善爲開諭俾安其心 一邊譏察其行止可也

7 『효종실록』 제14권, 효종 6년 1월 9일 갑오(甲午)조.
허적(許積 1610~1680) : 현종, 숙종조의 대신. 상평통보를 주조하여 사용하게 한 장본인이다. 역모사건에 연루되어 사사되었다.

숲이었다. 오른쪽으로 가면 세검정의 자하문(紫霞門)과 만나게 되는데, 이 자하문의 다른 이름이 바로 창의문이었다. 훈련도감에서 군기(軍旗)를 다루던 병사인 기패관들에게 창의문 안팎의 산들을 수색하라고 명한 것은 그 까닭이다. 달아난 화란인은 성 밖의 산을 타고 동소문 즉 지금의 혜화동 부근까지 왔다가 거기서 동영[8] 소속의 병사들에게 붙들린 것이었다.

남만인이 청나라 사신의 행렬에 뛰어든 사건을 기록한 효종 6년 3월 15일자 『승정원일기』.

우리는 하멜일지와 이 문헌을 비교해 본 뒤 동소문 부근에서 붙들린 남이안이 포수 헨드릭 얀스 보스였으며, 청나라 사신의 숙소까지 따라갔던 남북산이 일등항해사 헨드릭 얀스였다는 사실을 확인할 수 있다. 공교롭게도 두 사람 모두 헨드릭 얀스라는 이름을 갖고 있었다. 일행은 두 사람을 구분하기 위해 포수인 헨드릭 얀스에게 보스(Bos)라는 별명을 하나 더 붙여 불렀다. 그의 이름 뒤에 붙어 있는 '보스'는 포수라는 뜻을 가진 보스스히터(Bosschieter)의 약자라고 한다.[9] 이 '보스'

8 동영(東營) : 어영청의 분영(分營)으로 조정에 급한 일이 생길 때 자주 동원되었다.

9 『하멜표류기』 연구자 잔 파울 바이스와의 인터뷰. 1993년 7월 10일.

라는 별명 때문에 '북산'이라는 이름이 붙여졌던 듯하다.

재미있는 점은 두 사람 모두 조선 이름을 갖고 있으며 성이 남녘 남(南)씨로 되어 있다는 점이다. 하멜 일행이 호패를 받았던 점을 상기한다면, 이 두 사람뿐만 아니라 35명 전원이 조선 이름을 갖고 있었으리라 짐작된다. 남쪽에서 왔으니 남만인 모두가 남씨 성을 하사받았던 것이 아니냐는 가설을 세운 이도 있다.[10]

남이안의 '이안'은 얀스(Janse)의 '얀'에서 온 것이 분명하다. '얀스'라고 발음할 때 뒤에 오는 '스'는 거의 들리지 않는다. 이병도는 남북산을 남산과 북산 두 사람으로 보았으나[11], 남북산이 한 사람이라는 것은 위의 『승정원일기』로 확인된다.

남북산과 남이안의 죽음

이로부터 4일 뒤 사신 숙소에 있던 남북산이 조선 관아로 넘어온다. 『승정원일기』가 그 일의 경과를 보여 주고 있다.

> 비변사에서 아뢰기를 "본사(本司)의 초기(草記)에 '알았다. 만인을 압송해 오면 즉시 엄하게 가두고 이 사실을 전교(傳敎)하라'고 되어 있습니다. 남북산이 어제 신시(申時)에 들어오니 우리는 훈련도감 대장에게 죄수를 잘 가두라고 분부했습니다. 삼가 알려 드립니다."

10 김태진과의 인터뷰. 1993년 12월 1일.

11 이병도, 41쪽.

전교하기를 "알았다."[12]

초기란 정무상 비교적 중요하지 않은 일들을 적어 임금에게 아뢰던 문서이다. 일종의 비공식 메모라고도 할 수 있다. 위 글에 나오는 비변사의 메모를 볼 수 있다면 당시 조정과 청나라 사신간에 오간 협상의 내용을 알 수 있어 매우 흥미로울 것이다. 그러나 그 내용이 무엇이든 왕의 말을 인용한 것은 남북산의 투옥에 대한 권위를 기록에 남기려는 의도임이 분명하다.

이 알림과 함께 사건은 『승정원일기』에서 사라져 버린다. 그러나 남북산이 죽은 뒤에 쓰인 것으로 보이는 『효종실록』에 이 사건이 딱 한 번 언급되고 있다.

> 당초에 남만인 30여 명이 표류하여 제주에 도착했으므로 목사 이원진이 잡아서 서울로 보냈다. 조정에서 급료를 주고 훈련도감의 군대에 나누어 예속시켰다. 청나라 사신이 왔을 때 남북산이라 하는 자가 길에서 직소하여 자기 나라로 돌려보내 달라고 청원하였다. 청나라 사신은 크게 놀라 이 나라로 하여금 그를 잡아 가두고 기다리게 하였다. 그러나 남북산은 초조히 번민하며 밥을 먹지 않더니 굶어 죽었다. 조정에서는 이를 심히 우려하였으나, 청나라 사람들은 이에 대해 끝내 묻지 않았다.[13]

---

12 『승정원일기』, 효종 6년 3월 19일조.
備邊司啓曰 以本司草記曰 知道 押來蠻人 卽令嚴囚耶事傳敎矣 北山 昨日申時入來 卽爲分付都監大將使之堅囚矣 敢啓 傳曰 知道

13 『효종실록』 제14권, 효종 6년 4월 25일 기묘(己卯)조.
初南蠻人三十餘人 漂到濟州 牧使李元鎭 執送于京師 朝廷給廩料 分隷於都監軍伍 及淸使來 南北山爲名者 直訴於路上 請還故國 淸使大驚 使本國收繫以待 北山躁懣不食而死

이 기록이 쓰인 날짜는 4월 25일이다. 그러니까 실록에 따르면 남북산(헨드릭 얀스)이 죽은 날짜는 4월 25일이거나 그 이전이다.

남북산이 조선 관청에 이송된 것은 3월 19일이었으므로, 투옥된 지 한 달 남짓한 기간에 사망했다는 이야기가 된다. 그러나 이 날짜는 하멜의 기록과 조금 차이가 난다. 하멜은 두 동료가 죽었다는 말을 같은 해 8월에 들었다고 한다. 8월에 들었으니까 동료가 죽은 것이 4월 말이라기보다는 6월이나 7월 정도가 아니었겠는가 하는 인상을 주는 것이다. 그러나 동료들이 병사했는지 참수되었는지 분명히 듣지 못했다고 적은 걸 보면 그들의 소식을 들려주지 않았던 것 같다. 또 하멜 일행이 그들을 면회하는 것은 금지되어 있었다.

하멜은 두 동료가 같은 시기에 죽었다고 말함으로써 참수 가능성을 시사하고 있으나, 조선측의 자료는 남이안의 죽음에 대해 기록을 따로 남긴 것이 없다.

사흘간이나 계속된 조정회의

두 동료의 탈출 사건은 자신들뿐 아니라 나머지 화란인들의 목숨도 풍전등화의 상황으로 몰아넣었다. 같은 해 6월 청나라 사신이 다시 온다는 소문이 들렸다. 일행은 모두 호출되어 훈련도감에 출두했다. 벨테프레이는 또 다른 배가 제주도에 난파했는데, 자기는 이제 나이가 너무 들어 내려갈 수 없으니 일행 중 조선어를 잘하는 선원 3명이 내려가 어

— 朝廷甚憂之 淸人終不問

느 나라 배인지를 알아보는 게 좋겠다고 말했다. 며칠 뒤 조선어를 가장 잘하는 세 명의 화란인이 호송 관리와 함께 섬으로 떠났다. 배가 난파했다는 것은 새빨간 거짓말이었다.

당국의 방침에는 두 가지 계략이 숨겨져 있었다. 하나는 조선어를 잘하는 이들을 빼돌려, 만일 화란인들이 청나라 사신과 조우하게 되더라도 자신들의 처지를 설명하기 어렵게 하자는 것이었다. 다른 하나는 세 명을 인질로 해 둠으로써 서울에 남아 있는 나머지 화란인들의 행동을 얌전하게 만들자는 것이었다. 하멜은 남으로 내려간 세 명의 동료들로부터 편지를 받고 당국의 이 같은 계략을 알게 된다.

청나라 사신은 8월에 왔고, 연말에 또 찾아왔다, 그들이 찾아올 때마다 조정은 화란인의 존재 때문에 전전긍긍해야 했다. 마침내 조정의 분위기는 화란인을 제거해야 한다는 쪽으로 기울었다.

화란인들의 운명을 결정하기 위한 조정회의가 사흘이나 계속되었다고 하멜일지는 전한다. 화란인에게 동정적이었던 몇몇 고관들이 반대 의사를 표명하기는 했으나, 대세는 죽이자는 쪽이었다. 그들의 상관이었던 이완 대장마저도 화란인들을 죽이되, 명예로운 방법을 찾자고 제안할 정도였다.

일행은 풍전등화의 처지가 된 자신들의 운명을 벨테프레이에게 물어보았다. 그러자 그는 그냥, "여러분의 목숨이 앞으로 사흘 더 붙어 있게 된다면 그다음부터는 안전하다고 생각해도 좋다."고 간단히 대답했다.[14]

14 이 책 261쪽 참조.

화란인들은 자기들이 사는 동네를 지나가던 인평대군[15]에게 탄원했다. 그도 효종도 화란인들을 동정했다 하멜은 국왕과 국왕의 동생이 많은 신하들의 선동을 뿌리치고 자기들의 목숨을 구해 주었다고 말한다. 사형 대신 전라도 유배가 결정되었다. 그들의 쌀 배급량은 월 70근에서 50근으로 삭감되었으나, 급료는 여전히 국왕의 수입에서 지급되는 것으로 정해졌다.

15 인평대군(麟坪大君, 1622~1658) : 인조의 셋째아들이자 효종의 아우.

유배 생활

06

병영에서의 즐거운 한때

하멜 일행은 상경할 때와 똑같은 길로 전라도에 내려갔다. 그러나 상경할 때 14개 도시 이름을 적었던 것과는 대조적으로 내려갈 때는 영암이라는 고을 하나만을 일지에 적었을 뿐이다. 그로서도 유배 가는 길이 즐겁지는 않았던 모양이다.

그들의 종착지는 '두이치앙(Duijtsiang) 또는 텔라 페잉(Thella Peing)'이었다.

하멜이 표기한 이 지명이 과연 어디를 지칭하는가에 대해서 연구자들간에는 약간의 이견이 있다. 텔라 페잉이 전라병영(全羅兵營)이라는 것에 대해서는 이론이 없다. 페잉은 '벵영' 또는 '벵잉'의 현지어와 엇비슷한 발음이다. 텔라는 물론 전라의 17세기식 발음인 델라에서 나온 것일 터이다.

문제는 두이치앙 또는 뒤창이다. 하멜일지의 문맥으로 보아 이것은 전라병영과 같은 의미가 되어야만 한다. 그래서 이병도와 김창수는 이것을 작천(鵲川)이라고 판독했다.[1] 병영 바로 앞에는 현재도 그런

지명이 있는 데다가, 병영은 작천 위에 세워졌다는 옛 기록이 있기 때문이다.[2]

그러나 레드야드와 바이스는 두이치앙 또는 뒤창이 작천의 음가와 많이 다르다는 점을 지적하면서 대창(大倉)일 확률이 높다고 주장한다.[3] 그들의 논거는 병영이니 반드시 거기에 군량미를 저장하던 창고가 있었을 것이며, 따라서 사람들은 이 특징적인 커다란 건물을 대창이라 불렀을 것이고, 이 보통명사가 점차 병영을 가리키는 고유명사로까지 사용되었으리라는 가설에 입각해 있다.

매우 그럴듯한 논리로, 필자도 이 가설을 부분적으로 받아들인다. 그러나 국가 창고를 부르던 당시의 관행에서는 조금 벗어난 점이 있다. 『신증동국여지승람』을 참조해 보면, 가령 병영에 있던 창고는 대개 군창(軍倉)으로 불렀음을 알 수 있다. 또 읍에 있는 창고는 읍창(邑倉)으로, 창고의 방향에 따라 동창, 서창, 남창, 북창으로 불렀고, 고을 외곽에 있으면 외창(外倉), 바다에 면해 있으면 해창(海倉), 산속에 있으면 산창(山倉)으로 불렀다. 이러한 관행으로 볼 때 군창이라는 이름을 놔두고 왜 굳이 대창이라 했는가는 좀 의문이다. 그러나 필자로서는 작천과 대창 이외의 다른 안은 갖고 있지 못하다.

하멜식 표현으로 페잉스(Peingse) 즉, 병사(兵使)의 관저가 있던 병영성은 『신증동국여지승람』에 따르면 둘레가 2,820자, 다시 말해 돌로 쌓은 성의 둘레가 846미터밖에 되지 않는 작은 성채였다. 성으로 통하

1 이병도, 45쪽. 김창수, 84쪽.
2 『신증동국여지승람』 제37권, 16쪽.
3 레드야드, 65쪽. 바이스, 20쪽.

는 대문은 세 군데로 동문과 남문, 북문이 있었으며, 남문에는 망을 보던 진남루(鎭南樓)가 높이 세워져 있었다. 성안에는 병사(兵使)의 관저와 관리들이 집무하던 관청, 군량미를 저장하던 군창, 손님들이 묵어가던 객관 등이 있었고, 병사가 풍류를 즐기던 연희당(燕喜堂)이란 정자도 하나 있었다. 그러나 지금은 다 사라지고, 동쪽 담장에 성벽의 흔적이 남은 한 초등학교가 성터 위에 무심히 세워져 있을 뿐이다.

하멜과 그 동료들의 신병은 호송 군인에 의해 페잉스에게 인도되었다. 페잉스는 분명 벵사라는 지방 사투리에서 유래한 것이다. 하멜은 자기들의 신병을 인계받은 이 페잉스가 '총독 다음의 서열'이라고 말했는데, 그 해설은 정확하다. 조선조의 외관직에서 경기, 황해, 강원의 3개 도는 1명의 병사(병마절도사)를 두었으나, 전라, 충청, 함경, 평안의 4개 도는 2명, 경상도는 3명의 병사를 두었다. 전라병사의 경우 한 명은 전라감사가 겸직하고, 다른 한 명은 바로 이 페잉스였다. 외관직의 최고 행정 책임자인 감사(관찰사)나 병사는 둘 다 종2품이었으나, 서열은 감사 쪽이 한 등급 높았다.

화란인의 신병을 인수한 병사는 유정익(柳延益)이었다.

그는 부하에게 작년부터 해남의 우수영(右水營)에 억류되어 있는 3명의 화란인을 불러오라고 명했다. 이리하여 사흘 뒤 화란인들이 모두 합류했는데, 이때 인원은 모두 33명이었다. 생존자 36명 가운데 1명은 상경할 때 영암에서 병사했고, 2명은 청나라 사신에게 탄원하다 붙들려 옥사했던 것이다. 아직 일행의 건강이 좋은 때였다. 병사 유정익은 하멜식의 표현을 빌리면 '좋은 사령관'이었다. 그는 한 달에 두 번 관청 앞에 있는 광장의 풀을 깨끗이 뽑으라고만 지시하고, 그 밖엔 자유라고 선언했다.

전라병사 유병익의 지시로 관청 뜰의 풀을 뽑고 있는 하멜 일행의 모습. 스티히터 판본에 실려 있는 8장의 목판화 중 하나다.

33명은 처음에 한 곳에 수용되었으나, 나중엔 모두 자기 집을 장만해 살게 된다. 생활은 국왕에게서 매달 지급받는 쌀 50근을 기본으로 했다. 그러나 그들에게는 서울에서 여러 채의 집을 처분해 온 돈이 있었다. 그리고 제주도에 방치되어 있던 녹비를 전달받아, 이걸 팔아 돈을 만들었다. 여기에다 하멜 자신의 표현에 따르면 구걸을 통해 음식이나 옷가지 등의 부수입을 벌어들였다. 그들은 조선의 중들이 시주받으러 다니는 관행을 보고 이런 구걸의 힌트를 얻었다.

하멜일지에는 절간과 승려 이야기가 꽤 빈번하게 등장한다. 이것은 그들이 평소 승려들과 아주 가까이 지냈다는 것을 의미한다. 그러나 그 교제는 종교적이라기보다도 소외받는 인간으로서의 동병상련에 입각한 것이었다.

진기한 이야기를 듣고 싶어 하는 승려들에게 화란과 그 밖의 외국 이야기를 들려주고 절간 밥을 얻어먹었다는 기록이 여기저기 나온다. 하멜은 승려들이 매우 너그럽다고 표현함으로써 자기들이 자주 대접 받았던 일을 암시하고 있다.

화란인들은 구걸 행각을 하면서도 한편으론 일종의 행상을 겸했던 게 분명하다. 왜냐하면 하멜 자신이 나무를 해다 주민들에게 팔았다는 사실을 어떤 곳에서 불쑥 털어놓고 있으며,[4] 배를 사서 솜을 구하러 다닌다는 식의 이야기도 언급하고 있기 때문이다.[5] 그러나 부수입의 중심은 어디까지나 구걸 행각이었다.

조선인들은 인정이 있었다. 화란인들은 외출을 허용하지 않는 어떤 사령관에게 차라리 급식을 받지 않겠으니 외출하게 해 달라고 청할 정도였다. 그들은 구걸을 통해 음식과 옷가지를 장만했다. 에보켄은 조선인이 가난하게 살지만, "사람들이 온순하고 너그럽고 성격이 좋고 인정이 있으며, 법을 잘 지킨다."고 회고했다.[6] 인정이 있다는 것은 조선인의 주요 덕목이었던 것 같다.

일지를 보면 이렇게 병영에 정착한 후 그런대로 재미있게 그곳 생활에 적응해 나갔던 것 같다. 병영에서 가까운 남해 연안의 포구에도 자주 나들이를 갔다. 하멜도 청어 이야기를 하고 있지만, 그의 동료였던 에보켄은 청어를 사다 소금에 절였더니 주민들이 모두 놀라더라는 얘기를 하고 있다. 이걸 보면 화란인들이 생선 등으로 영양을 보충했

4 이 책 265쪽 참조.
5 이 책 276쪽 참조.
6 비츤, 211쪽.

던 것 같다.

대가뭄

1657년이 되자 그들에게 호의적이었던 유정익이 도성으로 소환되었다. 2월에 후임 병사가 도착했는데, 그는 '나쁜 사령관'임이 판명되었다. 후임 병사는 마음 놓고 관청의 장작을 가져다가 땔 수 있던 그들의 특권을 빼앗는 동시에 여러 가지 일을 시켰다. 그러나 이 사령관은 9월 심장마비로 급사한다.

하멜은 병영에 있던 7년 동안 모두 5명의 병사를 겪게 되며, 좌수영으로 옮겨 가서도 5명의 수사(水使)를 겪게 된다. 이들 사령관이 바뀔 때마다 화란인의 운명도 바뀌었다. 그래서 하멜은 '좋은 사령관'과 '나쁜 사령관'을 구분해 적고 있는 것이다. 이 10명의 사령관 가운데 문헌을 통해 이름이 확인되는 것은 전라병사 2명과 전라좌수사 5명 등 모두 7명이다.

11월에 다시 새로운 병사가 부임했는데, 이 사령관은 화란인에 대해서 무관심한 편이었다. 그래서 추위가 닥쳐오는데도 월동에 필요한 옷가지 등을 전혀 지급해 주지 않았다. 날마다 나무하러 다니느라 화란인들의 옷은 거의 다 해져 있었다. 그들은 신임 병사에게 교대로 외출하는 것을 허락해 달라고 요청했다. 다행히 허락을 받았고, 구걸을 나가 그해 겨울을 날 수 있었다고 하멜은 말한다.

새해가 되자 네 번째 사령관이 부임했다. 이 사령관은 화란인들이 15일에서 20일 동안 여행할 수 있도록 허가했다. 접근이 금지된 서울과 동래의 왜관을 제외하고는 전국 어디든 갈 수 있었다. 하지만 돌아오는 데 걸리는 시간을 감안하면, 열흘 이상 걸리는 지역은 여행할 수가 없었을 것이다. 따라서 그들의 활동 무대는 전라도를 크게 벗어나지 못했으리라 짐작된다.

1660년에 부임한 다섯 번째 전라병사는 구문치(具文治)였다. 그는 옛날 제주목사 이원진이 그랬듯이 화란인들에게 호의와 동정을 베풀어 준 '좋은 사령관'이었다. 그러나 그가 부임하던 해부터 가뭄이 들기 시작했다. 이미 1659년부터 시작된 가뭄은 1663년까지 만 4년이나 계속되었다. 흉년에 대한 하멜의 기록은 조선조의 자료와 일치한다.

> "현종 기해년(1659) 7월에 큰 가뭄이 들고, 현종 원년에 기근, 2년에도 대기근이 들었는데, 호남과 영남 지방이 더욱 심했으며, 3년에도 기근이 들었다."[7]

혹심한 가뭄으로 해마다 흉년이 들어 수천 명이 굶어 죽었고, 길에는 강도들이 들끓었다. 여행자들을 보호하기 위해 모든 길목에 감시병들을 배치하라는 어명을 내려야 할 정도였다. 국가 창고들이 곳곳에서 파괴되어 양곡이 약탈당했으며, 평민들은 초근목피로 겨우 연명해 나갔다. 혹심한 가뭄으로 습지대나 강 근처의 전답을 제하고서는 농사를 지을 수가 없었다. 전염병도 창궐했다. 이해의 실록을 읽어 보면 기근을 호소하는 각 도 감사들의 장계가 곳곳에 실려 있다. 민심이 흉흉해

7 『동국문헌비고(東國文獻備考)』 제11권.
顯宗己亥七月大旱 元年饑 二年大饑 兩光尤甚 三年饑

지자, 이상한 소문도 나돌았다.

전라감사 이태연(李泰淵)은 세상의 소문을 듣고, "도내 여러 사찰의 불상들이 땀을 흘린다."는 보고서를 조정에 올렸다[8]. 그러자 대사간은 불상이 축축하게 응결된 것은 습기 때문인데 이태연이 혹세무민하는 무리의 말을 들었으니 소위 땀 흘린다는 불상을 모조리 부숴버려야 한다고 주청하여 윤허를 얻었다. 이 이야기의 일부는 하멜의 『조선왕국기』에도 등장한다.[9] 이것은 극심한 가뭄으로 흉흉해진 민심을 일신해 보기 위한 일종의 정치적 해프닝이었던 것 같지만, 승려들과 자주 접촉하고 있던 하멜은 이 불상 파괴 사건을 매우 인상 깊게 언급하고 있다.

하멜일지에는 이 대기근 기간 동안 자기들의 식량 지급이 중단되었다는 이야기는 나오지 않는다. 화란인들의 식량은 이론적으로 국왕의 수입에서 지출되는 것이었다. 그러나 굶주림과 전염병이 창궐한 동안에 화란인들만 무사할 수는 없었다. 1663년 초 전라병사는 더 이상 지급해 줄 쌀이 없다고 화란인들에게 선언한다.

같은 해 3월 병영을 떠나야 했을 때, 대가뭄을 이겨 낸 화란인은 22명에 지나지 않았다. 7년 전 이곳에 올 때는 모두 33명이었는데, 그

---

8 『현종실록』 제5권, 현종 3년 1월 20일 갑오(甲午)조.
대사간 민정중이 상소하기를 "삼가 전라감사 이태연이 올린 보고서를 보건대, 도내 여러 사찰의 불상에서 땀이 흘렀다면서 이는 변이에 관계되는 일이라 하니 신은 통분을 금치 못하겠습니다……."[大司諫閔鼎重 疏白 伏見全羅監司李泰淵狀聞 道內諸寺佛像出汗 干係變異云 臣不勝憤痛也……] 『현종실록』 제5권, 현종 3년 1월 4일 무인(戊寅)조에는 다음과 같은 기록도 실려 있다. "호남 담양에 있는 보국사의 금불 3구에서 저절로 땀이 배어 나왔다고 감사 이태연이 보고서를 올리는 한편, 또 전라도에 기근이 든 상황을 아뢰면서 재해가 극심한 고을은 전세를 탕감해 달라고 청했다."[湖南潭陽寶國寺金佛三軀 自然出汗 監司李泰淵馳啓以聞 又啓本道饑饉之狀 請蕩減被 災尤甚邑田稅]

9 이 책 321쪽 참조.

동안 11명이나 사망한 것이었다. 언제 어떻게 죽었는가에 대한 기록은 없다. 아마도 전염병 등으로 쓰러졌을 것이다. 전염병이 창궐하여 수백 명씩 죽고 있다는 각 도 감사의 보고서가 실록 여기저기에 실려 있기 때문이다.

화란인들로서는 병영을 떠나고 싶지 않았다. 그곳에 7년의 노력이 배어 있었기 때문이다. 하멜 자신은 이렇게 기록했다.

> 우리는 이렇게 헤어지는 것을 몹시 슬퍼했습니다. 그동안 우리는 이곳에 정착해서 이 나라 방식에 따라 집과 가구와 작은 정원들을 살 만하게 장만해 왔던 것입니다. 이 모든 것을 장만하느라 힘깨나 들었는데, 이제 다 버리고 떠나야만 했습니다. 새로운 마을에 도착해도 시련을 겪게 될 터이니, 다시 편리한 집과 살림살이를 장만하자면 쉬운 노릇이 아닐 것입니다.[10]

하멜 자신은 추호도 밝히지 않지만, 위 글 어딘가엔 조선인 처자식의 그림자가 어른거린다. 절제된 하멜의 감정이 여기서만은 흐트러지고 있는 것이다. 만일 홀몸이었다면 버리고 떠나는 살림살이를 그렇게 아쉬워하지는 않았을 것이다. 다른 자료가 이 심증을 굳혀 준다. 하멜의 동료였던 에보켄의 회고에 따르면 일행 가운데는 조선인 아내를 맞아 아이까지 낳고 산 화란인들이 꽤 많았다는 것이다.[11]

폐쇄적인 당시의 조선 계급사회에서 그들이 데리고 살았다는 아내는 어떤 여인들이었을까? 하멜의 행적을 다각도로 추적해 본 한 연구

---

10 이 책 268쪽 참조.

11 비츤, 168쪽.

자는 화란인의 아내가 되었던 사람들이 대부분 당골네나 무당, 과부 등과 같이 사회에서 소외된 여자들이었을 거라는 견해를 내놓았다.[12]

병영을 떠날 때 결혼한 화란인들이 처자식을 데리고 갔는지 어쩐지 몹시 궁금해진다. 차입증서 같은 하멜의 기록이 야속해지는 대목이 아닐 수 없다.

각처의 식량 사정 때문에 생존자 22명은 좌수영에 12명, 순천에 5명, 남원에 5명 등으로 흩어지게 된다. 하멜 자신은 내례포(內禮浦 : 여수)의 전라좌수영에 배치되었다.

차라리 탈출을

하멜이 만난 좌수영의 첫 사령관은 전라좌수사 유정(兪碇)이었다. 그는 온화한 사람으로 보였으나, 화란인의 신병을 인계받고 이틀 뒤에 그곳을 떠난다. 새로 부임한 두 번째 수사는 이저(李竚)였다. 그는 이른 아침부터 밤늦게까지 화란인들을 마당에 서서 대기하도록 만든 '나쁜 사령관'이었다.

1664년 초 이도빈(李道彬)이라는 세 번째 수사가 부임하는데, 그는 '좋은 사령관'이었다. 이도빈은 화란인들의 모든 사역을 면제해 주고 한 달에 두 번씩 점호에 응하면 그 밖에는 자유라고 말했다. 하멜과 동료들은 비로소 안온한 좌수영 생활에 들어갈 수 있게 된다. 친절한 이도빈은 화란인들을 자주 불러 먹을 것과 마실 것을 주는 동정을 베풀

12 김태진과의 인터뷰, 1993년 12월 1일.

며, 왜 해안에 살고 있으면서 일본으로 달아나지 않는가, 자기 같으면 해안에 널린 배를 훔쳐 달아나겠다는 식으로 농담 비슷하게 부추기기도 했다. 화란인들은 그의 부추김에 큰 자극을 받았다. 하멜은 그때부터 배를 구입하려는 노력을 기울이게 되었다고 말한다.

그해 말 하늘에는 긴 꼬리를 지닌 혜성이 나타났다. 싸움이 일어날 불길한 징조라 하여 국왕은 모든 항구와 전선을 정비하고, 모든 성채에 군량과 탄약을 준비하라고 명했다. 하멜이 배치된 좌수영에서도 기병과 보병들이 날마다 군사훈련을 받았다. 왜병에게 위치를 알리게 될까 봐 밤마다 등화관제도 실시했다. 병자호란과 임진왜란 때도 이 같은 혜성이 나타났다는 것이다.

하멜은 혜성 사건을 일지에 비교적 자세히 기록하고 있다. 동남쪽 하늘에 두 달이나 떠 있었다는 이 혜성의 존재에 대해서『현종실록』도 여러 차례 언급하고 있다. 이해 음력 10월 9일 밤, 백색의 혜성이 진성(軫星) 동쪽에 나타나기 시작하여 거의 날마다 볼 수 있었다. 같은 해 12월 24일에 소멸하기 시작했으며 꼬리의 길이가 1~2척에서 한때는 1장 가까이 이르렀는데, 이로 인해 주상은 자신을 책망하고 말씀을 구하는 책기구언(責己求言)의 서(書)를 내렸다는 기록이 실록에 보인다. 혹은 정2품 이상의 3사(司) 신하들을 인견하고 정사의 득실 여부를 논하였다. 혜성은 이듬해 정초에 일단 소멸했다가 2월 20일에 다시 나타났고, 29일에는 꼬리가 2장에 이르도록 길게 늘어졌다가, 3월 5일 하늘에서 사라졌다.

현종은 이때도 앞서와 같이 말씀을 구했다. 하멜은 두 번째 나타난 별이 먼저 별과 같이 떠 있다고 했으나, 실록에 그런 기사는 보이지 않는다.

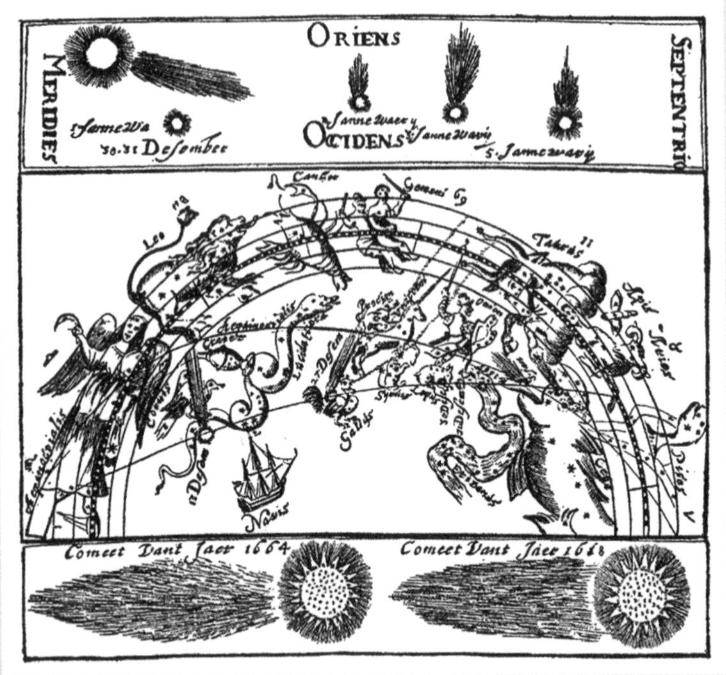

1664년 말에 나타난 혜성(좌)과 1618년에 나타난 혜성(우).

1664년 암스테르담에서 목격된 혜성. 하멜일지에 묘사되어 있는 혜성은 유럽에서도 목격되었음을 알 수 있다.

재미있는 것은 하멜이 조선에서 보았다는 이 혜성이 암스테르담에서도 관측되었다는 사실이다. 그러나 난은 일어나지 않았고 혜성도 얼마 뒤 사라져 버리고 말았다.

화란인들의 안온한 생활은 약 2년간 계속되었다. 그러나 1666년 이도빈의 임기가 끝나면서 그들의 안온한 생활도 끝이 난다. 하멜은 자비로웠던 이도빈에 대해 다음과 같이 적고 있다.

> 이해 초에 우리는 다시 좋은 친구를 잃었습니다. 임기가 끝난 그에게 국왕은 더 높은 자리를 주었던 것입니다. 지난 2년 동안 그는 우리에게 많은 우정을 보여 주었습니다. 그는 선량했기 때문에 고을 사람들과 농부들로부터 많은 사랑을 받았습니다. 국왕과 고관들은 그의 선정과 학식을 높이 평가했습니다. 그가 이곳에 있는 동안 고을의 집들은 물론 해안 거리와 전선(戰船)들도 많이 개량되었습니다. 조정에서는 이 모든 점을 높이 평가하였고, 국왕은 그에게 좋은 자리를 주었던 것입니다.[13]

이제까지 보아 온 바로도 하멜의 기록이 사실에 근거하고 있다는 것은 충분히 입증되지만, 사령관에 대한 평가도 주관적인 것만이 아니었음을 확인시켜 주는 조선조의 자료가 있다. 다음에 소개하는 자료는 그 내용이 위 글과 너무나 비슷해서, 하멜일지의 진실성과 정직성을 다시 한 번 확인시켜 준다.

> 전임 전라좌수사 이도빈은 추호도 법을 어긴 것이 없다. 마음을 다하여 자

13 이 책 273쪽 참조.

기 직무를 수행했으며, 관사, 성, 보루, 배, 그리고 많은 군사 장비를 일신하여 고치고 수리하지 않은 것이 없다. 더욱이 그는 인자함과 사랑으로 군병을 보살폈다……. 쌀과 포목을 넉넉히 지급하여 이로써 사람을 맞고 배웅하는 데 드는 마부와 말 값을 모두 충당하도록 하였다. 그 휘하에 있는 사병과 진영에 속해 있는 모든 군병은 지금도 그를 칭송한다.[14]

이도빈의 후임으로 온 네 번째 수사는 이민발(李敏發)이었다. 그는 유배당한 이저가 그랬던 것처럼 화란인들에게 교훈을 주고 싶어 했다. 그는 날마다 벼를 찧으라는 등 화란인들을 들볶았으나 가혹한 통치는 오래가지 않았다. 수군 훈련을 하던 어느 날, 책임자의 직무태만으로 항상 돛대 앞에 간수해야 하는 화약 상자에 불이 붙어 전선의 앞부분이 날아가고 5명이 사망하는 사건이 일어났다. 이민발은 숨길 생각이었으나, 암행어사가 이 사실을 밝혀 보고했다. 하멜일지의 내용은 다시 조선조 자료에 의해 확인된다.

전라좌수사 이민발이 앞바다에서 수군을 조련하다 전선에 불이 나는 바람에 3명이 죽었다. 이민발은 이를 숨기고 보고하지 않았다. 그러나 전라감사 민유중(閔維重)이 이 소식을 듣고 서둘러 장계를 올려 치죄할 것을 청하니, 임금은 죽은 자들을 돌보아 주고, 이민발을 잡아다가 정죄하라고 명했다.[15]

14 『승정원일기』 제198책, 현종 7년 11월 30일조. 병조계목(兵曹啓目) 중.
全羅左道前水使李道彬 不犯秋毫 竭心職事 以官舍城堡舟揖軍器無不一新繕修而尤以惠愛軍兵爲意 …… 優給米布 以爲凡使迎送夫馬之費 鎭下士兵營屬諸軍兵至今稱頌

15 『현종개수실록』 제15권, 현종 7년 4월 17일 정묘(丁卯)조.
全羅左水使李敏發 習操於前洋 戰船失火 死者三人 敏發匿不以聞 監司閔維重聞而馳啓請治罪 上命恤死者 拿敏發定罪

하멜은 사망자를 5명으로 적었으나, 실록은 3명으로 적었다. 그 점이 다를 뿐이다. 어명에 따라 그가 어떤 죄를 받았는지에 대해 실록은 전하고 있지 않다. 『승정원일기』에는 이 사건이 한 달 보름가량 산발적으로 언급되다가 어느 날 갑자기 사라져 버리고 만다. 과거에도 부하 동료들을 잘 통솔하지 못해 효종으로부터 질책받은 일이 있는 만큼, 이민발의 죄가 가볍지는 않았을 것이다. 하멜의 기록에 따른다면 이민발은 90대의 태형을 맞고 종신 유배되었다.

이민발의 후임도 화란인에게는 역시 '나쁜 사령관'이었다. 후임 좌수사의 이름은 정영(鄭韺)인데, 그는 화란인의 마지막 사령관이 되는 관리이다. 정영은 그 무능함 때문에 임명이 거론된 시점부터 잡음이 많았다. 그를 임명해서는 안 된다는 상소문이 빗발쳤던 것이다. 『승정원일기』에는 도성 밖의 장군 임무는 군직에서 가장 중요하기 때문에 아무나 그 자리에 임명할 수 없는 법인데, 어찌 창기나 첩의 말만 듣고 불법을 자행하는 정영을 중직에 임명할 수 있느냐는 상소문이 실려 있다.

다음은 그의 임명이 불가하다는 것을 건의한 내용이다.

> 사간원에서 아뢰기를 "전라좌수사 정영은 위인이 무식하여 행동이 거칠고 천박합니다. 일찍이 주부(州府)의 책임을 맡았을 때 기생첩의 말만 듣고 불법적인 일들을 자행했는데, 어찌 그를 발탁해 중요 직임에 제수하고 해안을 방어하는 군졸들에게 폐단을 줄 수 있겠습니까? 갈아치우기를 청합니다."[16]

16 『현종개수실록』 제15권, 현종 7년 5월 5일 을유(乙酉)조.
諫院 啓曰 全羅左水使鄭韺 爲人無識 行己麤鄙 曾爲州府 一從娼妾之言 恣行不法之事 豈宜擢授重任 以貽海防軍卒之幣哉 請遞差

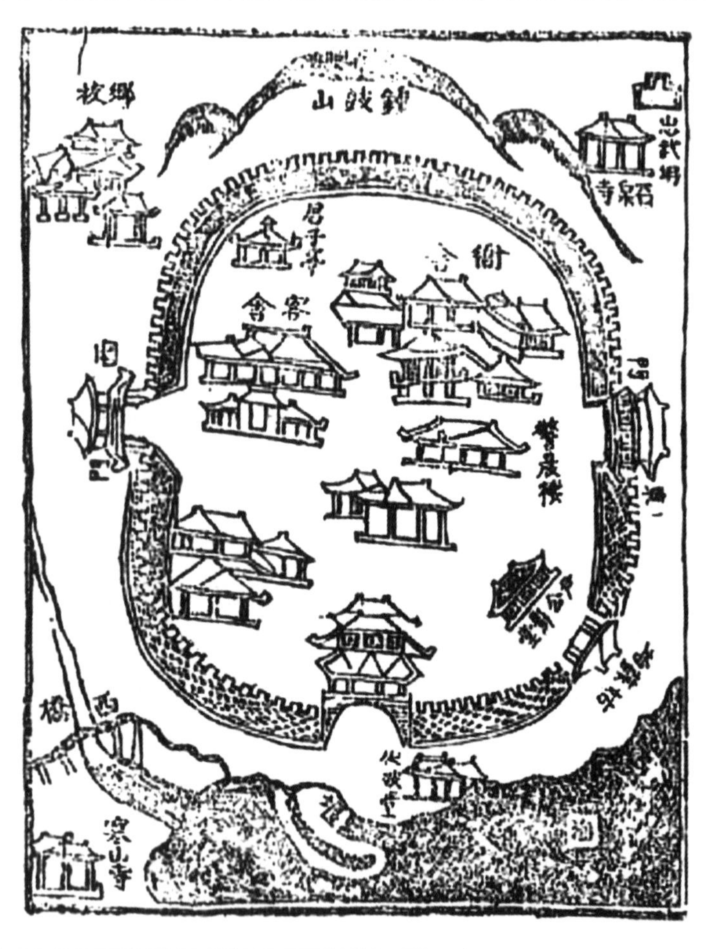

하멜 일행이 일본 나가사키로 탈출할 때까지 머물렀던 내례포(여수)의 전라좌수영 지도.

이러한 상소문은 아마도 부분적으로는 당쟁의 소산이었을지도 모른다. 명백한 것은 조정 내에 정영을 두둔하는 강력한 비호세력이 있었다는 점이다. 그렇기 때문에 현종은 날마다 계속되는 사간원의 상소에도 불구하고 그의 임명을 재가한다.

7월에 말썽 많은 신임 수사 정영이 부임했다. 그는 전임자와 마찬가지로 화란인들에게 날마다 백 발의 새끼줄을 꼬라는 등 힘든 일을 강요했다. 화란인들이 새끼줄을 꼴 줄 모른다고 했더니 그는 다른 종류의 일을 시키겠다고 위협했다. 여기서 화란인들은 자신들의 운명에 대해 어떤 결단을 내릴 때가 되었다고 생각한다.

즉 전임 사령관도 파면되지 않았다면 분명 그들에게 힘든 일을 시켰을 것인데, 만일 시키는 대로 새끼줄을 꼬게 된다면 후임 사령관은 계속해서 그 일을 시킬 것이고, 그렇게 되면 이제까지의 전례로 보아 해야 할 일들이 계속 증가해서 마침내 자기들을 기다리는 것은 노예 생활뿐이다. 화란인들의 결론은 탈출이었다. 그들은 사령관에 따라 운명이 바뀌는 서럽고 슬픈 삶을 꾸려 가느니 차라리 모험을 단행해 보자고 작정한 것이었다.

『승정원일기』 제195책, 현종 7년 5월 5일조에는 같은 내용의 상소문이 비교적 상세하게 실려 있다.

탈출

07

홀란도! 나가사키!

화란인들은 정영 때에 와서 탈출을 결심하지만, 이미 이도빈 시절부터 탈출을 위한 포석은 깔고 있었다. 그 시절부터 작은 배를 두 척이나 사 가지고 이 섬 저 섬으로 돌아다녔다. 두 척 다 장거리 항해에는 적합지 않은 소형 어선이었다. 이렇게 배를 타고 돌아다닌 목적은 일차적으로는 인근의 섬과 고을에서 필요한 물자를 구하는 데 있었다. 그들은 이렇게 구한 물건을 다른 지역에 가서 되팔았던 것 같다.

이런 일을 하면서 그들은 장거리 항해에 필요한 여러 가지 정보, 특히 항만의 조류나 일본으로 가는 뱃길에 대한 정보 등을 얻을 수 있었다. 또 이렇게 자주 배를 타고 다니니 주민들은 그들이 배 타는 모습을 더 이상 이상히 여기지 않게 되었다. 이것이야말로 장차 그들이 단행하려는 탈출 계획에 가장 필요한 포석이었던 것이다.

화란인들은 기회를 엿보며 배를 구입하는 일에 모든 노력을 기울였다. 근검절약해서 모은 돈이 꽤 되었다. 큰 배를 사면 주민들이 의심할 수도 있기 때문에, 이웃에 사는 친한 조선인을 앞세웠다. 먼 섬으로 솜을 구하러 간다는 핑계를 댔다. 적당한 배가 물색되었다. 그러나 배 주인은 구매자가 화란인이라는 것을 알고 팔지 않으려고 했다. 화란인들은 두 배로 값을 쳐주고 배를 구입한다. 이 배는 앞서 타고 다니던 것보다는 컸으나, 16명이 모두 탈 수 있는 크기는 아니었다.

당초 탈출을 주도한 사람은 좌수영에 배치되어 있던 로테르담 출신들이었다. 이들 4명의 동향인은 난파선의 지도자격인 하멜과 순천에 살고 있는 항해 전문가 얀 피터슨을 끌어들였다. 그런데 공교롭게도 출발 당일 순천에 살던 동료 두 사람이 놀러 온다. 그들에게도 탈출이 권유되었다. 이렇게 해서 도합 8명의 팀이 구성된 것이다.

화란인들이 조선에 표류해서 탈출을 시도한 것은 이번이 세 번째였다. 첫 번째는 제주도에서 어선을 훔쳐 타고 달아나려다 실패했고, 두 번째는 청나라 사신에게 탄원하다가 일등항해사와 포수가 옥사했다.

만반의 준비가 갖추어졌다. 마침내 현종 7년(1666) 9월 4일(음력 8월 9일), 취사에 필요한 장작까지 준비한 그들은 달이 지고 썰물이 시작되는 시각을 택해서 출발했다.

9월 6일, 그들은 일본 히라도 섬 부근에 도착했으나, 이곳 지리를 몰라 계속 바다에 정박하거나 배를 띄웠다. 9월 8일 일본 배의 추격을 받고 달아나려 했으나 붙들렸다. 상대방의 생김새나 말소리가 어쩐지 일본인 같아 보여, 그들은 "홀란도! 나가사키!" 하고 준비해 두었던 오란예(Oranje) 왕가의 깃발을 흔들었다.

그들은 곧 고토의 실력자에게 끌려가 며칠 머문 뒤 9월 12일 출항하여 14일 아침 나가사키에 도착했다.

일행은 상륙하자마자 나가사키 부교[奉行 : 태수(太守)] 앞에 끌려가 심문을 받았다.

하멜일지의 맨 마지막에 첨부되어 있는 53개의 질문[1]은 오늘날 시점에서 보아도 매우 날카롭다. 육하원칙이 뚜렷할 뿐 아니라, 하멜 일행을 통해 조선의 지리, 군비 실태, 사회, 풍습, 산물, 관제 등에 대해 다각도로, 그리고 아주 예리하게 파헤치고 있기 때문이다. 당시의 일본 관리들은 확실히 '정보'의 개념을 알고 있었던 것으로 보인다.

심문을 끝낸 나가사키 부교는 작은 배로 위험을 무릅쓰고 건너와 자유를 되찾은 용기를 칭찬해 준 다음 일행을 데지마[出島] 상관장[2] 앞으로 보냈다. 화란 상관(商館)은 나가사키 앞바다의 인공섬 위에 설치되어 있었는데, 이 부채꼴의 인공섬 이름이 바로 데지마였다. 상관장 이하 동인도회사 직원들이 일행을 환영해 주었다. 그러나 탈출에 성공한 8명의 화란인들은 데지마 섬을 떠날 수 없게 되었다. 나가사키 부교는 통역을 보내 자기는 조선에서 온 8명에 대해 에도[江戶 : 도쿄]에 보고했으며, 그 회답이 올 때까지 출항 허가를 내줄 수 없다는 것이었다.[3]

바타비아로 떠나는 배들은 일 년에 한 차례밖에 없었다. 10월 23일 볼허 상관장이 바타비아로 떠난 뒤 하멜 일행은 데지마에 그대로 남게 된다. 볼허와 교대한 신임 상관장 다니엘 식스는 10월 25일자 『상관일지』에서 다음과 같이 적고 있다.

> 오늘 아침 9시경, 부교가 통역을 시켜 8명의 화란인을 관저로 소환했다. 나는 그들을 불러 통역관을 따라가라고 명했다. 이 건방진 일본 관리들이 무엇을 물을 것인가에 대해서는 그들이 돌아오면 알게 될 일이었다. 그들이

1 이 책 283~293쪽.
2 데지마 상관장 : 나가사키 상관장이라고도 불렀다.
3 후틴크, 77쪽(바이스, 79쪽).

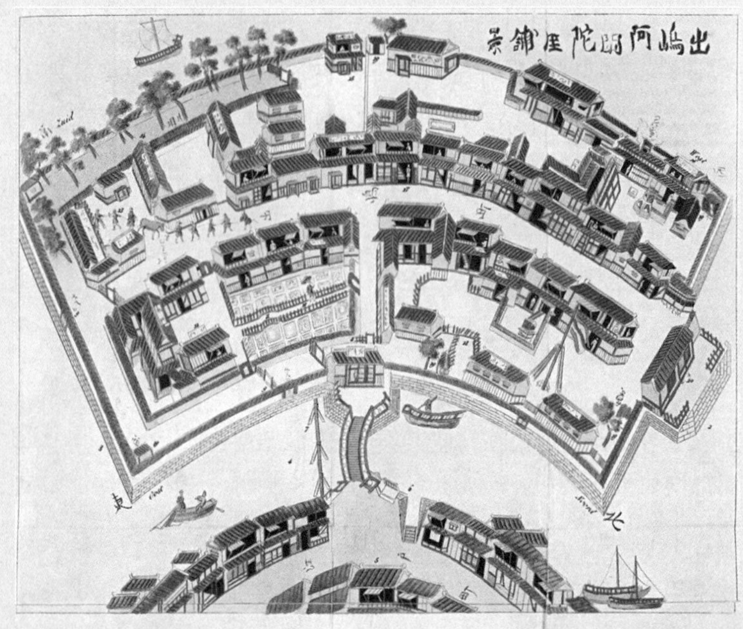

일본 데지마(나가사키) 앞바다에 설치된 화란 상관의 모습을 상상하여 그린 조감도.

화란 상선이 드나들던 일본 나가사키 앞바다의 풍경. 그림 오른쪽의 배 두 척이 화란 상선이며, 가운데 아래가 데지마 상관의 하역장이다.

섬에 돌아온 직후에 서기 헨드릭 하멜은 이렇게 보고했다. 나가사키 부교 앞에 불려 갔더니, 그는 먼저 자기들의 이름과 나이를 묻고, 그다음엔 코레시안의 생활과 풍습, 그들이 입는 옷의 종류, 그들의 군대, 생활방식과 종교 등을 물어보고, 그다음엔 포르투갈인과 중국인이 그곳에 살고 있는지, 또 화란인이 얼마나 더 남아 있는지 등을 물었다고 보고했다. 하나하나의 질문에 대해 만족할 만한 대답을 들은 뒤에 부교는 선원들을 섬으로 돌아가라고 명했다.[4]

자신의 항해일지에 대한 추가문에서 하멜은, 10월 25일 나가사키 부교 앞에 다시 불려 갔으며, 지난 9월 14일에 받았던 것과 똑같은 질문들에 대해 전처럼 대답했다고 말했다. 왜 하멜은 나가사키 부교로부터 똑같은 심문을 두 번이나 받았던 것일까?

이 점은 두 가지 측면에서 접근해 볼 수 있다. 하나는 언어의 문제였을 것이다. 즉 당시만 해도 화란과의 접촉 연조가 짧은 일본인들은 화란어를 제대로 이해하지 못했기 때문에, 의사소통의 주요 수단을 아직도 포르투갈어에 의존하고 있었다고 한다. 그래서 나가사키 부교가 일본어로 질문하면 일본 통역들이 포르투갈어로 번역하고, 포르투갈어를 아는 동인도회사의 화란 통역들이 이를 다시 화란어로 바꾸는 이중 통역으로 심문이 진행되었다는 것이다.[5]

그러나 나가사키 부교가 두 차례에 걸쳐 심문을 단행한 것은, 그 무렵 에도 막부[6]로부터 정확한 심문 조사 보고서를 올려 보내라는 명령

4 바이스, 81쪽.

5 레드야드, 135~136쪽.

이 내려왔기 때문인 듯하다. 단순히 기록을 정확히 해 두기 위해서라면 9월 14일부터 10월 25일까지 41일간의 간격이 너무 길어 보인다.

나가사키 부교의 제2차 보고서를 받은 에도 막부는 화란인 8명의 출국을 보류하라고 명했다. 표면적인 이유는 나가사키에 도착한 화란인이 기독교도인지 아닌지를 확인해 보아야 한다는 것이었다. 시마바라의 난으로 혼쭐이 난 일본은 포르투갈인을 추방하고 이즈음 기독교의 포교 금지령을 내리고 있는 것도 사실이었다. 막부는 대마도 태수가 조선에 사신을 파견하여 일본에 건너온 화란인들이 기독교도인지 아닌지를 확인해 보라고 명했다.

저간의 사정에 대해 일본의 한 자료는 다음과 같이 전해 주고 있다

> 쇼오[承應] 2년(1653), 오란다[7]의 상선이 일본으로 오다가 갑자기 태풍을 만나는 바람에 조선 땅에 표류하게 되었다. 조선은 그 오란다 상인들을 억류하고 전라도라는 곳에 분산 배치한 지가 13년이나 되었다. 칸분[寬文] 5년(1665) 가을, 그들 오란다인은 작은 배를 훔쳐 타고 도주해서 이 나라의 고토에 표착했다. 고토 목사(牧使)는 선례에 따라 그들을 나가사키에 보냈다. 관청에 끌고 가 신원을 물어보니 자기들은 본래 오란다 상인들인데, 일찍이 녹비와 설탕을 팔기 위해 일본으로 오던 도중 갑자기 폭풍우를 만났다. 그 바람에 빠져 죽은 사람이 28명이고, 죽음을 면한 36명이 조선의 해변에 표착했는데, 마침내 붙들려 전라도라는 곳에 분산 배치되어 산 지가 13년이 되었다. 중간에 사망자가 있어, 남은 자는 16명뿐이다. 지난 가을 돌아

---

6 막부(幕府) : 가마쿠라 시대 이후 일본의 쇼군이 정무를 맡아 보던 곳. 일본 발음으로는 바쿠후라고 한다.

7 오란다 : 아란타(阿蘭陀)의 일본식 발음. 자세한 것은 이 책 제4장의 각주9를 참조할 것.

가지 않을 각오로 작은 배를 타고 달아나 이곳에 도착했다고 하며, 나머지 8명은 아직도 전라도에 머물고 있다고 한다.

이에 에도가 본주(本州)에 명하기를, 그들 만인이 자칭 상인이라 하나 걸핏하면 예수 사종(邪種)이 뒤섞여 있는 데다, 하물며 그 만인들이 조선에 오래 있었다 하니 사신을 파견해서 그들 말이 사실인지 아닌지 물어보는 게 좋겠다고 했다.[8]

대마도 태수가 조선에 사신을 파견한 것은 이듬해 2월이었다. 그러나 조선에 사신을 파견하라는 에도막부의 명은 이미 음력 10월 하순경에 하달되어 있었던 모양이다. 당시 동래부(東萊府)의 역관 김근행(金謹行)[9]은 무역 관계의 일로 대마도를 방문 중이었다. 하루는 다치바나 나리신[橘成陣]이라고 하는 자가 나타나더니, 자기는 조선에 파견될 사신으로 내정된 사람인데, 최근 아란타인 8명이 조선으로부터 탈출해 왔기 때문에 에도막부에서는 그 진상을 알고 싶어 한다. 표류자가 생기면 서로 통보해 주자는 것이 두 나라의 약속이었는데 조선은 통보는커

8 『통항일람(通航一覽)』 제135권 중 「한록(韓錄)」, 「칸분6년청취아란타인사고(寬文六年聽取阿蘭陀人事考)」.
承應二年 阿蘭陀之商船 將赴日本 面猝遇颶風 漂到于朝鮮地焉 朝鮮拘留乎其 阿蘭陀之商船 而編置于全羅道者十有三年也 寬文五年之秋 彼阿蘭陀人ㅁ 竊取小舸遁歸 漂至于本國之五島矣 五島牧使 依例送諸長崎 官廳搬問 則原係阿蘭陀商氓也 曾爲鬻鹿皮砂糖將到于日本 猝遇石尤風 沒弱者二十八ㅁ 免死者三十六ㅁ 漂至乎朝鮮之邊海 遂被捉住編置乎全羅道者十有三年也 中間死亡而僅殘者十六口也 去秋不堪歸思之情 取小船遁去而到此云 其他八口 猶植留于全羅云 於是東都命本州云 彼蠻人雖自稱商賈 動有耶蘇邪種而混雜也. 況彼蠻在于朝鮮久矣 遣使可以咨詢渠輩情僞云

9 『접대왜인사례』 현종 7년 10월 24일조. 여기에 실린 내용은 동래부사 안진의 보고서와 대동소이하다.

녕 아란타인들의 재화마저 빼앗아 버렸으니 이게 말이 되느냐고 항의하면서 이 사실을 동래부사에게 귀띔해 주라고 했다.

서둘러 부산에 돌아온 역관은 이 사실을 동래부사에게 알렸다. 동래부사 역시 서둘러 조정에 보고서를 올렸다. 『현종실록』에는 저간의 사정이 이렇게 실려 있다.

동래부사의 보고

동래부사 안진[10]이 급히 장계를 올려 말하기를 "차왜[11] 다치바나 나리신 등이 역관 등에게 은밀히 말하기를, '10여 년 전 아란타 군민 36명이 30여만 냥의 화물을 싣고 탐라에 표착했는데, 탐라인이 물건을 모두 빼앗고 그들을 전라도 안에 흩어 놓았으나, 그중 8명이 금년 여름 배를 타고 몰래 도망나와 에도에 정박했소. 따라서 에도에서는 그 사건의 본말을 알기 위해 예조(禮曹)에 보낼 서계[12]를 작성하고 있소. 소위 아란타는 일본에 공물을 바치는 속군(屬郡)이오. 과거에 우리는 재난을 만난 배가 표류해 오면 서로 통보해 주기로 굳게 약속했는데, 지금 통지는커녕 도리어 물건을 빼앗고 사람을 억류시켰으니 이것이 과연 성실하고 미더운 도리라 할 수 있겠소?'라고 했습니다.

왜나라 차사가 나오면 반드시 상경해서 서계를 올릴 것이온데, 본부(本府)

10 안진(安縝, 1617~1685) : 현종 때의 문관. 동래부사, 안동부사, 예조참판 등을 역임했다.
11 차왜(差倭) : 왜나라 사신을 가리키던 말.
12 서계(書契) : 조선이 일본과 주고받던 일종의 외교 문서.

와 접위관[13]의 문답이 예조가 답할 서계와 같아야 일이 어긋나는 단서가 없게 될 것입니다. 또 대마도주와 에도의 집정(執政) 사이에는 간극이 있는데, 이번 일은 매우 중대하여 만일 서로 어긋나면 대마도주가 먼저 화를 입을 것이라 합니다."[14]

조정에서는 이 같은 동래부사의 보고서를 접하고서야 비로소 하멜 일행의 탈출 사실을 알게 된다. 뿐만 아니라 그동안 하멜 일행이 어느 나라 사람인지도 모르고 있다가 왜인의 항의를 받고 처음으로 그들이 아란타 사람임을 알게 되었다.

훈련도감의 중직을 맡고 있던 벨테프레이가 이 땅에 산 지 40년이요, 하멜 일행이 체류한 지 13년이 지났는데도 조정에서는 아직까지 그들이 어느 나라 사람인지도 모르고 있었다는 것이다. 단 몇 시간의 심문을 통해 하멜 일행으로부터 여러 가지 사실들을 캐낸 일본 관리의 날카로운 수사력 또는 정보 수집력과 비교해 볼 때 너무나도 대조적이다.

동래부사의 보고서가 올라온 것은 10월 23일(양력 11월 19일)이었다. 여름에 탈출했으니 적어도 두 달이 지나가고 있었다. 그런데도 화란인을 데리고 있던 전라도의 지방관은 아무 보고서도 올리지 않고 있었

13 접위관(接慰官) : 차왜를 맞이하던 관리.

14 『현종실록』 제12권, 현종 7년 10월 23일 경오(庚午)조.
東萊府使安縝馳啓言 差倭橘成陳等 密言於譯官等曰 十餘年前 阿蘭陀郡人三十六名 載三十餘萬兩之物貨 漂到耽羅 耽羅人盡奪其貨 散置其人於全羅道內 其中八人 今夏 乘船潛逃 來泊江戶 故江戶欲詳其始末 將欲修書契於禮曹 所謂阿蘭陀乃日本屬郡來貢者也 曾年 相約以有荒唐船漂到卽通者 不翅丁寧 而今者不惟不通朝鮮 乃反奪其貨 留其人 是果誠信之道乎 差倭出來 則必上京呈書契 本府及接慰官問答 與禮曹所答書契 無異同 可無錯違之端 且島主與江戶執政有隙 而今此事幾係是重大 如或相違 則島主先受其禍云

다. 지난 두 달 동안 남만인들의 탈출 정보는 나가사키, 에도, 대마도를 거쳐 다시 동래부사를 통해 조정에까지 도달했는데, 정작 현지의 책임자로부터는 일언반구의 보고도 없었다.

지방관의 나태하고 무책임한 행정은 당시 기준으로 볼 때도 해괴한 작태였음에 틀림없다. 동래부사의 보고서가 도착한 이튿날, 비변사는 일의 진상을 먼저 알아보자고 건의한다. 『승정원일기』가 그 내막을 알려 주고 있다.

> 비변사에서 아뢰기를 "동래부사 안진이 올린 장계를 보니, 소위 아란타 사람이란 지난날 제주도에 표착한 남만인을 가리키는 것 같습니다. 이 만인들은 훈국에서 일찍이 전라병영 및 순천 등 다섯 고을에 내려보냈던 자들입니다. 그 뒤 일부가 죽었다는 일련의 보고를 받았으나, 지금까지 몇이나 살아 있는지는 알지 못합니다. 연전 생존자가 몇이나 되는가 물어 보았더니 전라감사는 16명에 대한 보고서를 책으로 엮어 올려 보냈었습니다. 이제 들으니 8명이 금년 여름과 가을 사이에 작은 배를 타고 일본 고토로 도망을 갔다고 합니다. 우리는 어떤 만인들이 관계되었는지 아직 알지 못합니다. 전라도에서 아직도 문건으로 보고를 올리지 않고 있으니 정말 해괴한 일입니다. 우선 탈출 여부를 조사해 본 뒤 이 일을 처리해 나가는 게 어떠할지요?"
>
> 답하기를 "그리 하라."[15]

15 『승정원일기』 제197책, 현종 7년 10월 24일 신미(辛未)조.
備邊司啓曰 卽見 東萊府使安縝狀啓 則所謂阿蘭陀人 似指頃年濟州漂到南蠻人而言也 此蠻人 自訓府曾己下 送於全羅兵營及順天等五邑 而厥後連以物故報知 未知其時存幾許 年前査問 生存實數于全羅監司 則以十六名 成冊上送矣 今聞八名 今年夏秋間 乘小

임금의 윤허가 떨어지자 비변사는 곧 전라감사에게 사건의 진상을 조사해서 보고서를 올리라는 명령을 내려 보낸다.

그 이틀 뒤, 현종은 희정당[16]에 나아가 거기 모인 신하들에게 남만인들에 대한 문제를 묻는다. 이 자리에서 하멜 일행의 탈출 사실을 보고하지 않은 지방관에 대해 문책해야 한다는 이야기가 처음 나온다.

> 임금이 희정당에 나아가 대신들과 비변사의 여러 신하들을 인견하고 표류 남만인의 답서에 관한 일을 물었다.
> 영상 정태화가 말하기를 "오래 전 청나라 사신이 왔을 때 남만인들이 갑자기 홍제교 주변에 나가 갖가지로 호소했으므로 전라도에 나누어 두었는데, 왜나라로 도망해 들어간 자들은 필시 이 무리들일 것입니다."
> 승지 민유하(閔維夏)가 말하기를 "신이 호남에 있을 때 이 무리가 길에서 구걸 행각하는 것을 본 일이 있습니다. 그때 신에게 호소하며 자기들을 왜나라로 보내 주면 고국에 돌아갈 수 있다고 했습니다. 그자들이 도망하여 왜나라에 들어간 것이 틀림없습니다."
> 좌상 홍명우(洪命夏)가 말하기를 "만인들이 타국에 도주했는데, 지방관이 아직도 보고를 해 오지 않으니 실로 한심하기 짝이 없는 일입니다." 하니, 임금은 전라도를 조사하여 아뢴 다음 치죄하라고 명했다.[17]

船 逃日本五島云 雖未知某接置蠻人之入來 而本道尙未文報 殊甚可駭 故先査出逃亡與否後 處置何如 答曰允

16 희정당(熙政堂) : 왕이 여러 신하들을 한가로이 접견하던 곳으로, 창덕궁의 선정전(宣政殿) 동쪽에 있으며 지금도 볼 수 있다.『신증동국여지승람』제1권, 175쪽.

17 『현종개수실록』제16권, 현종 1년 10월 26일 경유(庚酉)조.
上御熙政堂 引見大臣及備局諸臣 問漂到蠻人答書契事 領相鄭太和曰 頃歲淸使出來時 南蠻人等 猝出弘濟橋邊 百端呼訴 故分置于全羅道矣 逃入倭國者 必此輩也 承旨閔惟重

비변사의 지시를 받고 한 달가량 진상을 조사한 전라감사가 상세한 보고서를 올려 보냈다. 이에 따라 비변사는 어떤 화란인들이 어떤 방식으로 달아났는지를 알게 되었다. 또 탈출한 화란인들이 있던 곳이 주로 좌수영이라는 것도 알게 되었다. 하멜 일행이 탈출할 당시의 전라좌수사는 임명될 때부터 사람 됨됨이로 논란이 분분했던 정영이다. 11월 25일 비변사는 정영을 잡아들여 문초해야 한다고 현종에게 건의한다. 다음은 그러한 내용을 기록한 『승정원일기』이다.

> 비변사에서 아뢰기를 "……전라감사 홍처후(洪處厚)가 조사해서 밝힌 첩보를 읽어 보니 남원에 배속된 3명은 모두 성 안에 있고, 좌수영에 배속된 8명 중 3명은 점호할 때 얼굴을 내밀었으나 5명은 나가서 아직 돌아오지 않았으며, 순천에 배속된 5명 중 2명은 점호할 때 얼굴을 내밀었으나 3명은 나가서 돌아오지 않았다고 합니다. 동료들과 집주인들을 잡아다 심문해 보니, 그들은 8월 6일 목화를 구걸한다며 여러 섬으로 갔으나 아직까지 돌아오지 않았다고 합니다. 아무 때나 들어오고 나갔습니다. 이미 목화 구걸을 금했음에도 지난 3년 동안 예사로 그런 일을 거듭하다가 탈주하고 말았습니다. 뜻밖에 생긴 일이라지만, 해당 관리들은 그 죄를 벗기 어렵습니다. 전라좌수사 정영을 잡아 정죄를 물어야 합니다. 순천으로 말하면 탈출 당시 구관은 낙향 중이고, 신관은 아직 부임하지 않고 있었습니다. 따라서 전라

曰 臣在湖南時 見此輩沿路行乞 訴於臣曰 若送俺等于倭國 則可得還達本邦云 其逃人倭國 無疑矣 左相洪命夏曰 蠻人逃走他國 而地方官尙不報知 誠可寒心矣 上命本道査啓後治罪

도에서는 향리(鄕吏)를 감옥에 가두었습니다. 이제 전라도에 엄하게 형을 내린 뒤 정죄를 묻는 것이 마땅하온데, 이에 대한 분부는 어떠하온지요?"

답하기를 "그리하라."[18]

전라감사 홍처후가 조사해 올린 탈출 사건의 진상 가운데 화란인들이 사라진 날짜는 8월 6일로 되어 있는데, 이는 하멜이 자신의 일지에 밝힌 양력 9월 4일의 탈출 날짜와 일치한다. 또 목화를 구한다며 여러 섬으로 갔다는 주민들의 이야기도 하멜일지에 적혀 있는 이야기 그대로이다. 하멜은 탈출할 배를 구입할 때부터 주민들이 의심하지 않도록, 솜을 구하러 가는 데 필요하다는 식의 소문을 내고 있었던 것이다. 이미 탈출에 대한 포석으로 화란인들은 오래 전부터 이 섬 저 섬 배를 타고 다녔다. 하멜일지의 이런 내용도 "지난 3년 동안 예사로 그런 일을 거듭하다가 탈주하고 말았다."는 조사 보고서의 내용과 일치한다.[19]

비변사는 책임자인 전라좌수사 정영을 잡아 문초해야 한다고 국왕에게 주청했다. 『승정원일기』를 보면 현종도 일단 이 주청을 윤허하기는 했다. 그러나 정영은 체포되지 않았고, 즉시 자리를 물러나지도 않았다. 표면적인 이유는 병조의 당상이 자리를 비워 결정을 늦출 수밖

18 『승정원일기』 제198책, 현종 7년 11월 25일 신축(辛丑)조.
備邊司啓曰 …… 卽接全羅監司洪處厚査覆牒報 則南原所接三名 則皆在官內 左水營所接八名中 三名逢點 而五名出去未還 順天所接五名中 二名逢點 三名出去未還 推問其同類及保授主人 則皆於八月初六日 稱以求乞木花 向往諸島 至今不來云云 常時出入 既不拘禁乞得木花 自是三年例事仍爲脫逃 雖出於意外 該管之官 難免其罪 全羅左水使鄭韼拿問定罪 順天縣 則其時舊官遞歸 新官未赴 故己自本道 囚禁鄕吏云則 今本道嚴刑後啓聞定罪宜當 以此分付何如 答曰 允

19 이 책 275쪽 참조.

에 없다는 것이었다.[20] 더욱 어이없는 일은 남만인들의 탈출 사건을 보고하지도 않은 정영이 그해 말 조정으로부터 어엿하게 상까지 받게 된 점이다. 즉 각 도에 파견된 암행어사가 연말에 지방 관리들의 근무 성적에 대한 보고서를 올리게 되는데, 그 가운데는 하멜이 칭송하였던 이도빈이 포상 대상에 올랐고, 정영도 같은 포상 대상에 올라 임금으로부터 길이 잘 든 숙마(熟馬) 한 필을 하사받은 것이다.

> 각 도 암행어사의 서계에 …… 전라좌수사 이도빈은 마음을 다하여 직무를 수행하고 군사들을 사랑한다고 하였는데, 임금이 아름답게 여기고 모두에게 가자(加資)하라고 명했다. 그다음으로 …… 좌수사 정영에게 숙마를 지급하여 모두 차등 있게 상을 주도록 하였다.[21]

백성의 사랑을 받았던 이도빈이 포상되는 것은 당연하겠지만, 가혹한 통치를 일삼은 데다 남만인의 탈출 사실을 보고도 하지 않은 정영을 오히려 백성을 잘 다스리는 관리라고 조정에 상신한 암행어사도 공정성을 잃고 있다. 짐작건대 뇌물을 크게 먹었던가, 아니면 파당 정치의 차원에서 자파를 두둔한 것이리라.

임명 당시부터 말썽을 빚었던 정영의 경우엔 분명 조정 안에 강력한 비호세력이 있었던 것 같다. 암행어사도 그러한 비호세력의 하나였을

---

20 『승정원일기』 제198책, 현종 7년 12월 5일조.
자리를 비운 병조의 당상(堂上)이란 이 무렵 사직서를 낸 병조판서 이완(李浣)을 가리킨다.

21 『현종실록』 제13권, 현종 7년 11월 30일 병오(丙午)조.
以各道暗行御史書 啓 …… 全羅左水使李道彬盡心職事 惠愛軍兵 上嘉之 竝命加資 其次 …… 左水使鄭韺給熟馬 皆賞賜有差

것이다. 같은 해 12월 5일자 『승정원일기』에 전라좌수사 임명에 대한 논의를 열자는 기록이 얼핏 나오는 걸로 보아, 그는 남만인들의 문제로 일단 자리에서 물러나기는 했던 모양이다.[22] 그러나 3년 뒤에는 보란 듯이 경상우병사(慶尙右兵使)에 임명된다.[23] 이 같은 파당 정치는 정작 해당 관리의 무능과 직무태만까지 정당화해 버리는 경향이 있었다.

나가사키로 탈출한 8명의 화란인 가운데는 순천에 배치되어 있던 화란인들이 모두 3명이나 끼어 있었다. 비변사에서는 순천의 말단 관리들만 처벌하는 데 만족하지 않았다. 순천의 경우 구관은 낙향 중이고 신관은 아직 부임하지 않은 상태에서 이 같은 일이 일어났기 때문에, 비변사에서는 겸관(兼官)이 그 책임을 져야 한다고 주장했다.

> 비변사에서 아뢰기를 "……전라감사 홍처후가 만인이 도망간 사실을 조사해 보고서를 올렸으나, 당초 전라도 신하가 조사 보고하는 가운데 겸관을 거론하지 않았기 때문에 그 연유를 알지 못하고, 신들도 미처 생각이 미치지 못했습니다. 곧 전라도에 분부해서 순천의 해당 겸관을 적발하고, 이름을 들어 물어 본 연후에 함께 잡아 문초하는 것이 어떠하온지요?"

22 『승정원일기』 제198책, 현종 7년 12월 5일 신해(辛亥)조.
政院啓曰 以備局 全羅左水使 令該曹考倒差出事草記 尤下矣 卽者兵曹郎廳來言 本曹堂上 今方依前例就議于大臣云 當日內開政差出何如 傳曰 允

23 『현종실록』 제17권, 현종 10년 11월 24일 계축(癸丑)조.
신명규를 집의로, 변황을 장령으로, 신정을 지평으로, 윤지선을 정언으로, 정영을 경상우병사로, 권도경을 충청수사로 삼았다.[以申命圭爲執義 卞榥爲掌令 申晸爲持平 尹趾善爲正言 鄭韺爲慶尙右兵使 權道經爲忠淸水使]
집의(執義) : 사헌부의 종3품관, 장령(掌令) : 사헌부의 종4품관, 지평(持平) : 사헌부의 정5품관, 정언(正言) : 사간원의 정6품관.

근검절약해서 모은 돈으로 조선인에게 배를 한 척 구입한 하멜 일행이 1666년 9월 4일 여수의 전라좌수영 앞바다에서 배를 타고 일본으로 탈출하는 모습. 스티히터 판본에 실려 있는 8장의 목판화 중 하나다.

조선을 탈출한 하멜 일행이 화란 상관이 있는 일본 나가사키에 도착하고 있는 모습. 스티히터 판본에 실려 있는 8장의 목판화 중 하나다.

답하기를 "그리하라."[24]

공석이었던 순천부사 자리는 정세형(鄭世衡)이 겸직하고 있었다. 조사를 해 본즉 정세형이 겸관으로 임명된 것은 남만인들이 도망간 바로 이튿날이었다. 형식상으로는 남만인들의 탈출 사건은 정세형이 책임지게 되어 있었다. 그러나 임관 직후 미처 상황 파악이 제대로 되지 못한 때인 만큼 이를 문제 삼을 수 없다면서, 국왕은 그 밑의 실무를 맡고 있던 말단 관리들만 잡아들이게 했다.

임금이 말하기를 "만인이 도망간 것은 정세형이 겸관으로 임명된 이튿날이었으니, 이는 정세형의 죄가 아니다. 8, 9월 이후에 재임한 실무 관리들이 끝까지 덮어 두고 보고하지 않았으니 해괴한 일이 아닐 수 없다. 정세형을 놓아 주고, 지금 재임 중에 있는 관리는 잡아다 문초해서 정죄하도록 하라."[25]

24 『승정원일기』 제198책, 현종 7년 11월 26일 임인(壬寅)조.
備邊司啓曰 …… 全羅監司洪處厚 蠻人逃失事査覈報狀 當初道臣 不爲擧論 兼官於査報之中 未知其由 而臣等亦未及致察 卽爲分付本道 摘發順天當該兼官 指名啓問後 一體拿問何如 答曰 允

25 『현종실록』 제16권, 현종 7년 12월 13일 기미(己未)조.
上曰蠻人之逃 左於鄭世衡差兼官之翌日 此非世衡之罪 八九月以後在任實官 終如掩置不報 可駭之甚也 世衡放送 卽今在任之官 拿問定罪

왜나라의 개입

08

일본과의 외교 분쟁으로 비화된 하멜의 탈출

남만인들의 탈출 사건은 전라좌수사 등 관계관들을 문책 또는 치죄하는 문제로만 끝나지 않으리라는 것을 조정에서도 알고 있었다. 이미 동래부사의 보고서를 받을 때부터 이 사건은 외교 문제로 비화되어 있었다. 조정에서는 차왜가 서계를 가지고 나온다는 점에 주목했다. 왜 일본은 이 사안을 외교 문제화하려고 들었던 것일까?

막부는 나가사키에 도착한 8명의 화란인이 기리시딴인지 아닌지를 확인해 봐야 한다고 고집했다. 그러나 이것은 표면적인 이유 즉, 일본식 표현을 빌면 어디까지나 다테마에[建前]였다. 만일 나가사키에 도착한 하멜 일행이 기리시딴이라는 의심이 들었다면 그들을 바타비아로 추방하면 간단히 해결되는 문제였다. 이렇게 하면 그들이 일본 내에 야소교를 전파해 볼 틈도 없고, 또 데지마에 상관을 두고 있는 화란과의 우호관계에 영향을 주지 않으면서도 문제를 해결할 수 있다. 그러나 일본은 그렇게 하지 않았다. 그들은 하멜 일행의 출항을 허가해 주지 않았을 뿐 아니라, 이 문제로 조선에 사신까지 파견하기로 결정한다. 왜 이렇게 일을 복잡하게 하려 했던 것일까?

그들의 속셈, 다시 말하자면 그들의 혼네[本音]는 굴러 들어온 떡(하멜 일행)을 정치적으로 최대한 이용해 보자는 데 있었던 것 같다. 과거를 조사한다는 핑계로 하멜 일행을 무기한 억류시키는 일은 확실히 화란 상관측에 커다란 압박이 된다.

그들은 조선측에도 압박을 줄 만한 논리를 하나 찾아냈다. 그것은 난파선이나 표류자가 발생할 경우 서로 그 사실을 통보해 주기로 한 약조(約條)를 환기시키는 것이었다. 이 약조는 인조 22년의 '갑신표류사건'이 일어난 이듬해에 성립되었다. 1644년 광동에서 출항한 중국 상선 한 척이 진도 앞바다에 표류했다. 조선 정부는 이 배가 나가사키로 향하던 무역선이라는 걸 알고 선원들을 동래의 왜관에 넘겨주었다. 왜인들이 나가사키에 데려가 심문해 보니, 52명의 선원 중 5명이 기독교도로 판명되었다. 그들은 곧바로 처형되었다. 이듬해 대마도주는 조선의 협조에 대해 막부가 매우 고마워하고 있음을 알려 왔고, 기리시딴의 위험을 지적하면서 앞으로도 이와 같은 일이 발생할 때 통보해 줄 것을 요청했다.[1]

---

1 『인조실록』 제46권, 인조 23년 5월 21일(壬寅)조.
왜나라 서계에 이르기를 "지난번 이상한 배를 잡아 보내 주신 일에 대해서는, 우리들이 주(州)에 있을 때 집정 등을 인하여 대군께 보고를 드린 다음 그 배를 나가사키로 보내 배에 타고 있던 52명을 조사해 본 결과, 그 가운데 예수교도 5명이 섞여 있다가 과연 그 죄를 자복했습니다. 귀국의 간절하신 후의의 공효가 가상히 여길 만했습니다……. 전하께서는 연해의 진(鎭)이나 포(浦)에 있는 병사와 관리들에게 영을 내리시어 특별 탐사케 하시고, 약조 이외의 배가 표류할 때는 속히 체포하여 부산관으로 압송해 주신다면 매우 다행이겠습니다."[倭書契曰 前回錮送異船事 我儕在州時 旣因執政等 以達尊聽 遣彼舡於長崎 糺察所乘 或

조선은 이 요청을 수락했었다. 그리고 이제 일본이 약조를 환기시키면, 조선은 '화란인 문제'에 침묵했던 사실을 어떻게 설명해야 하느냐는 문제에 봉착하게 될 것이었다.

에도 막부는 예부터 조선과 일본의 중개 역할을 해 온 대마도주에게 이 일을 맡겼다. 당시 두 나라의 관계는 오늘날의 개념과 판이한 것이었다. 설사 두 나라 사이에 무슨 협정이 맺어진다 해도 나라를 책임지고 있는 국왕이나 쇼군은 어떤 공식 서한을 주고받는 법이 거의 없었다. 보통 이들을 대신하여 문서를 주고받는 것은 조선의 예조참판과 일본의 대마도주였다. 아니, 이들 사이에도 완충 역을 담당하는 또 다른 중간자들이 끼어 있었다. 동래부사와 대마도주의 부하들이 바로 그들이었다. 일상적인 무역 업무 따위는 저 밑의 역관 수준에서 진행되었다.

양국에 중요한 문제가 발생할 경우, 국왕과 쇼군은 각자 자기쪽의 사신을 임명할 수는 있었다. 그러나 이 사신들조차 기존의 채널을 벗어나서 활동하지는 않았고, 더구나 그들이 최고 통치자의 친서를 휴대하고 상대국을 방문하는 일 따위는 결코 일어나지 않았다. 그럼에도 불구하고 양국의 중앙정부는 언제나 사태 진전을 예의 주시했다. 그 때문에 협상의 전면에 나와 있는 동래부나 대마도는 자체 권한으로 많은 것을 처리할 수도 또 어떤 일을 솔선할 수도 없었다.

전반적인 분위기는 불신에 바탕을 둔 것이었다. 가령 효종은 무슨 화제 끝에 일본 이야기가 나오자, "일본이 비록 우리와 수호(修好)했다고 하나 기실은 믿을 수가 없다."[2] 고 털어놓는데, 이런 것이 두 나라 관

五十二人 其中耶蘇五人 雖僞隱匿 果伏其罪 貴國懇厚之效 可以嘉焉…… 殿下 降號令沿海鎭浦兵官 譏察非常 約條外船漂流者 速擒執送釜山館幸甚]

계를 특징짓는 가장 전형적인 반응이라고 할 수 있었다. 양측의 모든 요구는 무슨 복선이 깔려 있지나 않을까 하여 항상 정밀 검토되었다. 토지가 협소한 데다 농경지가 전 면적의 3.4퍼센트밖에 안 되는 척박한 대마도로서는 조선과의 무역이야말로 섬의 활로였다고 해도 과언이 아니다. 조선과의 무역은 이익이 매우 많았기 때문에 대마도는 항상 조선과 더 많은 교역을 하고 싶어 했다. 교역은 조선에도 득이 되기는 했지만, 대마도에 비해 물산이 풍부한 조선으로서는 그것을 어쩔 수 없는 골칫거리 정도로 여기며, 원칙적으로 수입에 대한 통제, 밀수 방지, 그리고 일본에의 창구 개방으로 간주했다. 문을 아주 닫아 버릴 경우 왜구들이 해안을 침범하는 등 행패를 부릴 염려가 있었기 때문이다. 교역량을 늘리려는 일본의 압력에 대해 조선은 언제나 현상유지를 고집했고, 따라서 양국간의 외교 구조엔 커다란 긴장감이 감돌았다.

임진왜란 뒤 그나마 진행되던 교역 관계마저 단절되자, 경제적으로 큰 압박을 받게 된 대마도주는 이를 막부에 호소했다. 그리하여 도쿠가와 이에야스[德川家康]의 서계를 조선 정부에 보내는 등 통상 재개 노력을 계속한 결과, 1609년 조선 정부로부터 '을유약조'를 얻어 내고 무역 활동을 재개하기에 이르렀다. 그러나 조선은 통상을 재개함에 있어 몇 가지 엄격한 조건을 달았다. 무역 활동은 왜관 설치가 허가된 동래에서만 할 수 있도록 제한시켰다. 무역선의 연간 쿼터는 대마도주를 위해 20척, 그 아들을 위해 1척 등 총 21척으로 규정했으나, 사절을 교환할 때는 추가 교역을 할 수 있도록 했다. 이것은 임진왜란 전 3포 개

2 『효종실록』 제14권, 효종 6년 1월 25일 기유(己酉)조.
上曰 日本雖與我修好 其實不可信也

항에 연간 50척씩 들어갈 수 있었던 쿼터에 비해 훨씬 줄어든 것이다. 무역 품목의 대부분에 대해서도 이와 마찬가지로 엄격한 쿼터가 적용되고 있었다. 대마도로서는 이것이 늘 불만이었다.

마침 이러한 때에 8명의 화란인이 나가사키에 도착한 것이다. 일본인들은 이것을 정치적으로 이용해 볼 궁리를 했다. 이해 음력 12월 대마도주는 막부가 내려보낸 사신들의 지도 아래 관례에 따라 서계를 작성했다.

이 경우 대마도주는 흔히 조선의 예조참판, 예조참의, 동래부사, 부산 주재 병사 등 4명에게 보내는 서계를 동시에 작성했다. 의전이 이처럼 복잡해진 것은 오랫동안 조선인들과 관계해 온 대마도주가 조선 관리들의 관행을 아주 잘 알고 있었기 때문이라고도 할 수 있다. 대마도주는 편지의 말미에 으레 "약소합니다만……." 하고 편지와 함께 보내는 선물에 대해 언급하게 마련인데, 이 적잖은 양의 선물은 대마도의 요구를 관철시켜 주는 윤활유 역할을 한다고 믿었다.

참고로 발신자인 대마도 태수는 일본 막부의 관직 체계에서 종4위였고, 수신자인 조선 관리들의 관계(官階)는 예조참판 종2품, 예조참의 정3품이었으며, 외관직인 동래부사와 병사는 각각 종3품과 종2품이었다. 편지의 인사말은 상대의 직책에 따라 조금씩 달랐으나, 본문의 내용은 어느 것이나 대동소이하다. 당시 대마도주가 보낸 4개의 서한 중 예조참의에게 보냈던 편지의 내용을 소개해 보면 다음과 같다.

일본국 대마도 태수 슈우이[3] 다이라 요시자네[平義眞]가 조선국 예조참의

3 슈우이[拾遺] : 천황의 시종(侍從)이라는 뜻.

대인(大人) 합하(閤下)께 글을 올립니다……. 근자에 만선(蠻船) 한 척이 이 나라 고토에 표착했습니다. 대마도주는 선례에 따라 이 배를 히고[4]의 나가사키로 보냈습니다. 관청으로 옮겨 신원을 물어보니, 자기들은 오란다[阿蘭陀]국 상인이라면서 일찍이 사슴가죽, xx가죽, 설탕을 팔려고 이 나라로 오던 중, 갑자기 암초에 부닥치는 바람에 바다에 빠져 죽은 사람이 28명이고 죽음을 면한 자가 36명이며, 귀국의 변방에 있는 포구에 표류했다고 합니다. 거기서 변방 관리에게 붙잡혀 전라도라는 곳에 13년간이나 두었는데, 중간에 사망자가 생겨 지금은 생존자가 16명이고, 지난 가을 작은 배를 훔쳐 이곳까지 도망했으며, 나머지 8명은 아직도 전라도에 남아 있다고 합니다. 거듭 생각해 보니 남만인들이 자칭 상인이라 하나, 걸핏하면 예수 사종(邪種)이 섞여 사람을 어지럽히고 홀리고 속이는 무리들이 있습니다. 이 나라에는 예수(추종자)를 쫓아내고 처벌하는 법이 매우 준엄하기 때문에, 지금 상인이라 칭하며 사도(邪徒)들이 혹 섞여 들어오지 않았나 우려됩니다. 사신을 파견하라는 (에도의) 높은 명령을 삼가 받들어 그자들의 실상을 묻고자 합니다. 귀국의 변경에서 오래 살았다는 것을 고려할 때, 그자들이 사종인지 아닌지를 상세히 알고 계실 터인즉, 친목과 선린의 미더운 정신으로 밝혀 깨우쳐 주실 것을 기대하는 바입니다. 이 문제를 처리하는 데는 단지 깨우침을 받는 것이 필요합니다. 기타 자세한 것은 사환 다치바나 나리토모[橘成供]와 나리마사[成正]가 구두로 전할 것입니다…….[5]

---

4 히고[肥後] : 구마모토현의 옛 이름.

5 『통항일람』 제135권, 「이국서계(異國書契)」, 「칸분6년국문아란타표인야소사종부(寬文六年鞫問阿蘭陀漂人耶蘇邪宗否)」.

日本國對馬州太守拾遺平義眞 奉書朝鮮國禮曹參議大人閤下 …… 日自蠻舶漂到本國五島 島主依例送肥之長崎 公廳搬問原係 乃稱阿蘭陀國商氓也 曾爲鬻鹿皮 XX皮砂糖發向本國 猝遇石尤 沒溺洋中者 二十八口 免死者三十六口 漂至貴國邊浦 而被邊臣捉住

위의 예의 바르고 정중한 문체는 이 시기 외교 서한의 한 전형이라고도 할 수 있지만, 이 '다테마에' 속에는 그들이 진정으로 원하는 내용이 담겨져 있지 않았다. 그들의 '혼네'는 "기타 자세한 것은 사환……가 구두로 전할 것입니다."라는 일절에 내포되어 있었던 것이다.

사환이라고 필자가 번역한 '쇼호[小伻]'는 일본의 풍습에 따라 자기 측 사람을 낮춰 부른 호칭으로 사실은 자기들의 사신 또는 차왜를 가리키는 말이다. 차왜는 대마도를 방문 중인 동래부 소속의 한 역관을 불러 자기들의 생각을 구두로 전달했다. 그런데 구두로 전달한 그들의 입장이나 생각은 공식문서에 나타난 부드럽고 화해적인 태도와 달리 아주 강경한 것이었다. 외교전에서 흔히 사용되는 강온 양 전략의 구사이다. 사실 위에 적은 대마도 태수의 서한은 구두에 의한 의사 교환이 있은 지 5개월이 경과하기까지는 조선측에 공식적으로 전달되지도 않았다.

조선의 오리발 작전과 일본의 선진 외교전략

그동안 차왜는 구두로 조선 역관들을 몰아붙였다. 사적인 자리에서 그런 강경한 태도를 유지한 것은 자기들의 말이 비공식 경로를 통해 동래부사 및 조선 조정에 흘러 들어가도록 만들기 위한 것이었다. 일본

編置全羅道者十有三年 中間死亡而今存者十六口 去秋適取掠小舟 逃去至此 其他八口猶留全羅云 仍念蠻人雖自稱商賈 動有耶蘇邪種眩妖惑衆之徒 以故本國黜罰耶蘇之法甚峻 今慮邪徒或託言商氓混來 謹奉台命遣使 以咨詢渠輩僞情 想渠輩淹寓貴境 厥邪正必詳悉焉 切冀明垂曉喩睦鄰信俘 只要承喩以處置焉 餘附小伻 橘成供及成正口布

에는 이에 대한 기록이 없으나, 조선조의 자료 가운데 저간의 배경을 짐작하게 해 주는 문서가 있다. 다음은 앞에서 한 번 소개했던 동래부사의 보고서인데, 여기서 다시 한 번 인용해 보기로 하자. 따옴표 속에 들어가 있는 말은 차왜가 1666년 11월경 대마도를 방문 중인 동래부 역관에게 던진 것이다.

> "10여 년 전 아란타 군민 36명이 30여만 냥의 화물을 싣고 탐라에 표착했는데, 탐라인이 물건을 모두 빼앗고 그들을 전라도 안에 흩어 놓았으나, 그 중 8명이 금년 여름 배를 타고 몰래 도망 나와 에도에 정박했소. 따라서 에도에서는 그 사건의 본말을 알기 위해 예조에 보낼 서계를 작성하고 있소. 소위 아란타는 일본에 공물을 바치는 속군이오. 과거에 우리는 재난을 만난 배가 표류해 오면 서로 통보해 주기로 굳게 약속했는데, 지금 통지는커녕 도리어 물건을 빼앗고 사람을 억류시켰으니, 이것이 과연 성실하고 미더운 도리라 할 수 있겠소?"[6]

차왜의 강경한 어조는 조선의 즉각적인 반응을 도발하기 위한 것으로, 공문서가 작성되기 이전에 이 문제에 대한 조선인 입장이 확립되도록 만들려는 데 그 목적이 있었다.

동래부사의 보고서를 받아 본 비변사는 대책을 논의했다. 보고서를

6 『현종실록』 제12권, 현종 7년 10월 23일 경오(庚午)조.
十餘年前 阿蘭陀郡人 三十六名 載三十餘萬兩之物貨 漂到耽羅 耽羅人盡奪其貨 散置其人於全羅道內 其中八人 今夏乘船潛逃 來泊江戶 故江戶慾詳其始末 將慾修書契於禮曹 所謂阿蘭陀乃日本屬郡來貢者也 曾年 相約以有荒唐船漂到郡通者 不翅丁寧 而今者不惟不通 乃反奪其貨留其人 是果誠信之道乎

보면 왜인들은 두 가지 점을 추궁해 올 기세였다. 하나는 양국간에 약속이 되어 있음에도 불구하고 왜 표류선의 존재를 자기들에게 통보해 주지 않았는가 하는 점이고, 다른 하나는 왜 아란타 표류자들의 막대한 재화를 빼앗고 그들을 억류시켰는가 하는 점이다.

일본은 이러한 추궁의 전제 조건으로 탈출자가 바로 일본에 조공을 바치는 속군 사람들이라고 못 박았다. 이것은 사실이 아니지만, 자기들의 추궁을 정당화하려는 포석이었다.

비변사는 차왜가 나오거든 이러이러하게 대처하라며 동래부사에게 그 방법을 일러 회답을 내려보냈다. 비변사가 내려보낸 지시 사항에 대해 실록은 다음과 같이 전해 주고 있다.

> (비변사에서) 돌아가며 아뢰기를 "장계에서 말하는 아란타 사람이란 지난날 이곳에 표류해 온 남만인을 가리키는 듯합니다. 그러나 이들의 복색이 왜인과 같지 않고 말도 통하지 않으므로 어느 나라 사람인지 알 수 없었는데, 어디에 근거를 두고 일본에 들여보내겠습니까? 당초 난파선의 물건은 표류해 온 무리가 각자 알아서 처리하게 했으므로, 우리는 아무 잘못도 없고 숨길 만한 일도 없습니다. 차왜가 오면 그대로 답하면 그만입니다. 역관을 시켜 그 복색과 말이 왜인과 같았는지 아닌지를 한번 물어보고, 그들의 답을 들어 본 후에 만인들의 실상을 언급함으로써 대비해야 하겠습니다. 이렇게 공문을 보내는 것이 편리하겠습니다." 하니, 임금이 이를 따랐다.[7]

7 『현종실록』 제12권, 현종 7년 10월 23일 경오(庚午)조.
回啓日 狀啓所謂阿蘭陀人 似是頃年漂到蠻人 而服色與倭不同 且言語不通 故不知其爲某國人 何所據而入送日本乎 當初敗船物件 使漂人輩各自區處 在我旣無所失 又無可諱之事 差倭之來 以是答之而已 宜令譯官 試問其服色及言語 與倭同否 觀其所答然後 備

비변사는 일본의 추궁에 맞설 논리를 찾았다. 첫째 남만인을 일본에 보내려면 복색이나 생김새 등 왜인과 문화적으로 유사한 점을 가지고 있어야 하는데, 전혀 그렇지가 못하니 어떻게 일본에 보낼 수가 있었겠느냐는 것이며, 둘째 남만인들이 갖고 온 화물은 자기들이 다 알아서 처리했으니 이쪽은 잘 모르겠다는 식으로 발뺌하자는 것이었다.

비변사가 이렇듯 의연한 오리발 작전으로 나가라는 지령을 내려보낸 것은 음력 10월 23일이다. 그런데 동래부에서 펴낸 한 자료를 보면 비변사에서 내려보낸 것과 똑같은 논리가 담긴 10월 24일자의 기록이 있다.[8] 파발마를 타고 서울서 급히 내려온 비변사의 지령을 아마 그날 접수했던 모양이다.

양국의 합의 사항을 이행하지 않았다는 일본의 항의에 대해 동래부는 비변사가 가르쳐 준 대로 의연히 맞섰다. 그러나 말재간으로 적당히 둘러대는 동양식 외교는 이미 그 효용성을 잃고 있었다. 오래전부터 포르투갈, 스페인, 화란 등의 유럽 국가들과 접촉해 오면서 새로운 외교 방식을 익힌 일본은 확실한 데이터를 갖추고 협상에 임하고 있었던 것이다.

나가사키 부교가 두 차례에 걸쳐 하멜 일행을 심문한 조사 보고서가 바로 그것이었다. 이 심문 조사서에 따르면, 하멜 일행은 자기들의 행선지가 나가사키였음을 조선 당국에 밝혔던 것으로 되어 있고, 더구나 조선에는 화란인 통역 벨테프레이가 있다는 점까지 조사되어 있었다. 이런즉 옷차림이 다르고 말이 안 통하고 해서 일본에 보낼 수 없었

將蠻人實狀言及 以此回移爲便 上從之

8 『접대왜인사례』, 1666년 10월 24일.

다는 식의 논리는 초장부터 먹혀 들어갈 수가 없게 되었다.

짐작건대 차왜는 이 심문 조사서를 들이대며 동래부 관리들을 수세로 몰아붙였던 것 같다. 명확한 자료 앞에 비변사가 지시한 작전은 무력해질 수밖에 없었다. 조선 관리들은 제대로 맞대응할 수가 없었다. 이 틈에 일본인들은 다른 문제를 슬쩍 들고 나왔다. 바로 이 대목에서 일본인의 '혼네'가 발설된 것이다.

당시 두 나라 간에는 여러 가지 현안 문제가 있었다. 그중의 하나는 대마도주가 오랫동안 조선 정부에 요청해 온 연간 무역 쿼터의 증가였다. 대마도는 막부의 창건자인 도쿠가와 이에야스를 기념하기 위해 몇 해 전 콘겐도[權現堂]를 설립했는데, 이 신사의 운영자금을 마련하기 위해 연간 한 척씩 무역선의 왕래를 추가로 인정해 달라는 것이었다. 이 무역선은 물론 콘겐도의 후원을 받는 것이었다. 다른 현안은 대마도와의 무역에서 목재에 대한 쿼터를 줄이거나 제거해 주고, 그것을 다른 일용품과 대체해 달라는 것이었다. 그런데 이 같은 요청들은 조선 정부에 의해 반복적으로 거절되어 왔다. 다음에 소개하는 동래부사의 보고서가 그 같은 내막을 전해 준다.

> 동래부사의 서장에 이르기를 "왜인은 이 아란타 사건으로 일변 공갈해서 자기들의 소망을 달성하고자 합니다. 그들로 하여금 에도에 기별을 보내 조정의 성실하고 미더운 뜻을 알리고, 이 일이 폐단없이 끝나기를 바란다고 말해야 합니다. 게다가 그 태도를 살피는 것이 가하고, 만일 현당[9] 문제

9 현당(現堂) : 콘겐도를 줄여 말한 것. 콘겐[權現]이란 도쿠가와 이에야스를 존칭해서 부르는 일종의 호 같은 것이다. 따라서 '현당' 또는 '콘겐도(權現堂)'란 도쿠가와의 사당 또는 신사를 가리킨다.

를 그들이 언급하면, 바다를 건너가 도주(島主)와 의논해서 정하겠다고 대답해야 합니다. 목재 교역에 대한 의구심에 대해서는 (그들도 우리나라의) 금년 목화 재배가 전면 흉작이었다는 것을 알고 있습니다. 이렇게 옛 문제를 다시 거론하는 것은 확실히 성실하고 미더운 길이 되지 못하니, 이로써 그들을 깨우치기로 하는 것이 어떠하올지요?"[10]

조선 조정의 역습

왜인과의 접촉 경과를 보고받은 비변사도 표류자 인도조약의 불이행에 대한 논리가 취약하다는 것을 깨달았다. 아직 양국의 공식적인 접촉은 시작되지 않고 있었다. 비변사는 일본의 추궁에 답변할 논거와 선례를 보강하기 위해 백방으로 노력했다.

그 결과 다른 선례를 하나 찾아냈는데, 이것은 갑신표류사건보다 더 나은 것이었다. 이 선례는 중국인에 대한 것이 아니라 다른 화란인, 즉 벨테프레이의 표류와 관계된 일이었기 때문이다. 1667년 1월경, 동래부 소속의 역관 한 사람이 부산의 연로한 주민으로부터 들은 이야기를 자기 상관에게 보고했다. 즉, 지금부터 40년 전인 1627년에 남만선 한 척이 경주 부근의 해안에 접근했는데, 그 선원 3명이 지방 관리들에게

---

10 『접대왜인사례』, 8쪽.
東萊府使書狀曰 …… 倭人慾以阿蘭陀事 一邊恐喝 以遂其所望 其飛報江戶 亦朝廷誠信之意 庶圖此事之無弊之完了等語 尤可見其情態 現堂一事彼若言及 則以渡海後議定於島主之意 答之公木一疑 知今年木花之全失 有此復舊之說 殊非誠信之道 以此開諭事回移 何如

체포되었으며, 이들은 동래부로 옮겨졌다가 왜관에 인도되었다. 그러나 일본인은 그들의 인수를 거절했다. 3명은 부산에 4, 5년간 더 머무르다 마침내 서울로 소환되었다는 것이다.

이러한 사례야말로 비변사가 논리 보강을 위해 찾고 있던 좋은 선례였다. 그들은 이 사건에 대한 기록을 찾아보았으나 발견할 수 없었다. 그러나 벨테프레이는 조정의 녹을 먹고 있는 관리였으므로 그로부터 직접 이야기를 들을 수가 있었다.

> 박인(朴仁)을 조사했을 때, 우리는 그와 그의 두 동료가 실제로 경주에서 붙들렸다는 것을 알게 되었다. 그러나 왜관으로 보내졌을 때 일본인은 그들에 대해 아무것도 모르니 보낼 수밖에 없다고 말했다……. 이 사례는 매우 분명하다. 그들이 왜관에 넘겨졌으나 그곳 일본인이 받지 않았다는 박인의 진술로부터 그것을 확인할 수 있다. 우리는 이 사례를 진도의 갑신표류사건과 한데 묶어 유리한 입장에서 회담을 시작해야 한다…….[11]

위 글에 나오는 박인은 물론 벨테프레이를 가리킨다.

조정에서 이렇게 일본과의 회담을 위해 준비하고 있는 사이에 드디어 차왜들이 동래에 도착했다. 이것이 1667년 2월 10일(음력 1월 15일)이다. 이때 나온 차왜의 이름은 자료마다 다르다. 가령 동래부사가 조정에 올린 장계에는 귤성진(橘成陳)이라 되어 있고, 대마도 태수가 예조참의에게 올린 서한에는 다치바나 나리토모[橘成供]로, 동래부사에게 올린 서한에는 후지 나리토모[藤成供]로 되어 있다.

11 『접대왜인사례』, 79쪽. 나카무라, 90~91쪽.

부산에 설치되어 있던 초량 왜관의 전경 모습. 조선의 화가 변박의 작품으로, 국립중앙박물관에 소장되어 있다.

그런가 하면 1854년 막부의 명을 받들어 하야시 히카리[林輝]가 편찬한 『통항일람』에는 "……이에 정관(正官) 다지마 사콘우에몬[田島左近左衛門], 도선주(都船主) 이와이 지부우에몬, 봉진(封進) 쵸오류 타로사에몬 등을 조선에 파견하여 그 사정을 알리고 사신들이 돌아올 때 조선의 국서를 갖고 와서 에도에 전달했다."[12] 고 되어 있다.

동래부의 역관이 만났다는 귤성진과 예조참의에 보낸 서한 속의 다치바나가 결국 같은 사람이라는 것은 쉽게 짐작할 수 있다. 그렇지만 동래부사에 보낸 서한 속의 후지는 누구이며, 더구나 『통항일람』에 나오는 다지마는 또 누구인가?

이처럼 차왜의 이름이 제각기 다르니 당시의 조선 정부도 몹시 곤혹스러워한 흔적이 있다. 그런데 이제 알려진 대로, 일본 풍습에는 특히 대외 사신으로 나갈 때 자신의 이름이 아닌 씨족의 '카바네[姓]'를 들고 나가는 경우가 많다. 그러니까 다치바나 또는 후지라는 '카바네'를 사용하여 동래부사를 만난 차왜의 본명은 실제로 다지마였을 것이다. 결국 이들 네 개의 다른 성명들은 모두 동일인을 가리키고 있는 것이다.

조정에서는 수찬(修撰) 김석주[13]를 파견하여 일단 왜나라 차사들을 맞게 했으나, 이 핑계 저 핑계를 대고 그들을 일부러 공식 접견하지 않

12 『통항일람』 제135권, 「한록」, 「칸분6년청취아란타인사고」.
仍遣正官田島左近右衛門 都船主巖井治部右衛門 封進長留太郎左衛門於朝鮮 告其事情 使者歸時 以朝鮮之回書 轉達東都

13 김석주(金錫胄 1634~1684) : 영의정 김육(金堉)의 손자이며 병조판서 김좌명(金佐明)의 아들. 효종 때 장원급제하고, 뒤에 도승지, 이조판서, 병조판서, 우의정 등을 역임하였다. 본문에 나오는 수찬(修撰)이란 벼슬은 당시 역사 집필을 담당하던 사관(史官)이다.

았다. 차왜들은 약조를 어겼다며 다시 큰소리를 떵떵 쳤으나, 조정에서는 왜인들의 속셈이 무엇인 줄 이미 짐작하고 40일간이나 그들을 기다리게 만들었다. 왜인은 전라도에 남아 있는 남만인들이 예수교도가 아닌 줄 뻔히 알면서도 자기들의 콘겐도에 올릴 향불의 자금을 마련하기 위해 공연한 트집을 잡고 있다고 조정에서는 넘겨짚고 있었던 것이다. 『현종개수실록』이 그러한 사정을 자세히 전해 주고 있다.

> 병오년(1666) 가을에 그중 8명이 고기를 잡으러 바다로 나갔다가 표류해 일본 고토에 도착했다. 고토에서 이들을 붙잡아 나가사키로 보내니, 나가사키 태수가 그들의 거주지를 물어보았는데 아란타 사람들이었다……. 감빠꾸[關白]가 대마도주로 하여금 우리나라에 묻기를 "바닷가를 오가는 야소종문(耶蘇宗門)의 잔당들을 일일이 탐사해서 통보해 주기로 일찍이 귀국과 약조를 맺었다. 그런데 아란타 사람들이 표류해 귀국에 도착했을 때 귀국이 통보해 주지 않았다. 표류하다 돌아온 8명은 비록 아란타 사람이지만, 그 나머지 귀국에 잔류해 있는 자들은 필시 야소의 잔당일 것이다." 하면서 여러 모로 공갈하였다.
>
> 대개 야소는 서양에 있는 별종인데, 요술을 부려 어리석은 사람을 미혹할 수 있다. 그들이 일찍이 일본과 상통하였는데, 뒤에 틈이 생겨 감빠꾸가 매우 미워했으므로 매양 우리나라에게 붙잡아 보내 달라고 요청했다. 이번에 아란타 사람들이 표류해 일본에 도착했을 때, 감빠꾸가 우리나라에 머물러 있는 자들이 야소가 아닌 줄 알면서도 이를 트집 잡아 콘겐도에 쓸 향불의 자금을 요구할 구실로 삼는 것이다. 그리하여 차왜가 나와 왜관에 40일을 머물러 있었으나, 조정에서 일부러 응하지 않았는데, 이때에 이르러 김석주를 접위관(接慰官)으로 차출하여 보낸 것이다.[14]

조정에서는 의전 문제를 핑계로 차왜들을 정식 접견하지 않았다. 그들은 조정의 공식 접견을 받기까지 왜관에서 40일을 더 기다려야 했다. 그동안 동래부와 차왜들간에 협상이 더 진행되었다. 동래부는 비변사가 가르쳐 준 대로 차왜의 질문에 대답했으며, 마침내 일본측의 서계를 비공식적으로 입수하자마자 이를 서울로 올려 보냈다.

3월 말경 조정에서는 일본에 보낼 답서를 작성했으며, 차왜를 맞을 접위관을 선발했다. 접위관이란 차왜를 상대하는 관리를 의미한다. 조선의 답서는 대마도 태수가 보낸 서계에서 제기된 문제만 국한해서 답변했다. 하멜 일행은 예수 추종자가 아니며, 따라서 갑신표류사건의 선례는 하멜 일행의 경우에 해당되지 않는다는 입장을 암시했다.

조선국 예조참판 박세모[15]가 일본국 대마도 태수 다이라공(公) 합하에게 회답을 드립니다……. 남만인의 배와 관련하여, 일찍이 1653년 전라도 지역에 표류하다 그 반이 빠져 죽었으며 나머지 36명만이 살아남았습니다. 생긴 것이 괴이하고 말이 통하지 않으며 문자를 보아도 알 수 없으니 어디 사람인지를 알 수 없었습니다. 그들은 갑신년 진도에 표류하여 귀국으로 돌

---

14 『현종개수실록』 제16권, 현종8년 2월 26일 신미(辛未)조.
丙午秋 其中八人 以漁採出海 漂到日本五島 五島捉送長崎 長崎太守 問其根因 乃阿蘭陀人也 …… 以其八人送於江戶 關白使對馬島主 問於我國曰 耶蘇宗門餘黨之徒來海邊者 曾約貴國 一一譏察以通矣 阿蘭陀之漂到貴國也 貴國不爲通知 漂還八人則雖是阿蘭陀人 其餘留在貴國者 必是耶蘇餘黨 多般恐喝 盖耶差蘇卽西洋海外別種 而有妖術 能誑惑愚民 曾與日本相通 後有釁隙 關白甚嫉之 每請我國譏捕以送 今此阿蘭陀之漂到日本也 關白知留在我國者非耶蘇 而執政爲言 以爲求索權現堂香火之資 差倭出來 留館四十日 朝廷故不應 至是 以錫胄差 接慰官以送

15 박세모(朴世模 1610~1667) : 조선조 중기의 문신. 효종 때 장원급제하고, 도승지, 경기감사, 형조참판, 예조참판, 개성유수 등을 역임했다.

려보낸 자들과도 확실히 달랐습니다. 이곳에 14년간 머물며 고기잡이를 업으로 했고, 그 밖에 다른 기술은 없었습니다. 만일 그들 가운데 민중을 요사스럽게 어지럽히는 낌새가 보였다면 우리나라 역시 어찌 역내에 머물도록 용납했겠습니까? 하물며 종전에도 예수 추종자들을 잡아 보내 달라는 귀주(貴州)의 청을 정중히 여길 뿐 아니라 선린의 우의도 있으니 어찌 소홀히 하겠습니까?

또 그들이 만일 사종(邪種)이라면 의당 귀국을 두려워하여 피할 터이니, 배를 훔쳐 타고 달아나 스스로 사지(死地)에 들어갔을 리가 없습니다. 이곳에 남은 8명은 고토로 달아난 자들과 매한가지입니다. 그들을 보면 이것을 알고 의심을 버리게 될 것입니다. 그 밖에 자세한 것은 사신이 구두로 전할 것입니다…….[16]

이 편지와 예조참의, 동래부사, 부산병사의 답신이 1667년 5월 중에 전달되자, 차왜는 하멜 일행 가운데 기독교도가 없다는 진술을 받아들이지 않으려 했으며, 조선측에 답서를 재고해 달라고 촉구했다. 그러나 조선측은 이미 벨테프레이의 표류사건과 갑신표류사건의 선례들을 이용해서 일본인의 추궁을 되받아칠 자료와 논리를 충분히 축적해 놓은 상태였다.

---

16 『조선사료집진(朝鮮史料集眞)』 제4집. 나카무라, 93쪽.
朝鮮國禮曹參判 朴世模 奉復 日本國對馬太守平公閤下 …… 示及蠻舶 曾於癸巳 漂到全羅道之境 一船之人 渰死幾半 餘存只三十六人 狀貌詭異言語莫通 又不曉文字 不知何方人物 而與甲申漂到珍島解送貴國者 絶不相類 留此十四年 只以漁採爲業 無他技術 如或有一端騁妖眩衆之事 則我國亦豈容留城內 況貴州從前耶蘇黨類執送之請 不啻丁寧 其在隣好之宜 寧少忽乎 且渠輩若是邪種 則唯當畏避貴國 必不竊舸而逃 自就死地也 卽今留此者八人 與逃入五島者 乃是一般 亦可觀彼知此斷無可疑 自餘多少 付與來价口申

"그때 왜 당신들은 화란인을 받아들이지 않았는가?"

이같이 역습하면서 조선측은 이 사건이 종결되었음을 알렸다. 차왜들은 이를 받아들이지 않을 수 없었으며, 이것으로 양국의 협상은 일단락되었다. 기리시딴의 혐의가 벗겨진 하멜 일행은 이해 10월 하순경 나가사키 당국으로부터 출항 허가를 받고 바타비아로 떠났다.

제2라운드

그러나 이 문제는 완전히 종결된 것이 아니었다. 이해 말부터 협상의 제2라운드가 다시 시작되는 것이다. 이번 라운드는 주로 화란 상관의 요청에 따른 것이었다.

하멜은 나가사키에 도착한 뒤 부교의 심문을 받을 때, 자기들 생각으로는 만일 카이저(쇼군)가 조선 국왕에게 편지를 보낸다면 다른 8명의 석방이 가능하리라고 답변했다. "카이저는 난파된 코레시안을 매년 되돌려 보내기 때문에 국왕은 그러한 요청을 거절하지 못할 것입니다."[17]

화란 상관장은 조선에 잔류해 있는 8명의 화란인을 송환해 올 수 있도록 일본 정부가 교섭해 줄 것을 여러 차례 공식 요청했다. 일본은 당초 조선에 있는 화란인들이 기리시딴일지도 모른다는 의구심이 풀릴 때까지는 이 요청을 받아들이려고 하지 않았다. 그러나 예조참판의 답서로 그들이 기독교도가 아니라는 사실을 확인한 이상 이제 꺼림칙한

17 이 책 290~291쪽 참조.

것은 없었다. 요청을 들어 주면 화란에 대한 카드가 하나 더 생기는 동시에 일본의 영향력을 과시하는 것도 된다. 이렇게 판단한 에도 막부는 화란 상관장의 요청을 받아들여 다시 사신을 파견하도록 대마도에 명했다.

……이에 에도 막부는 본주에 다시 명해 말하기를 "사절을 다시 파견해서 조선에 알리는 것이 옳다. 지금 남만의 상인들이 조선에 억류되어 있는데, 이들도 아란타와 같은 족속이다. 그들 남만 상인이 와서 일본에 조공을 바친 지가 오래되었다. 이제 생존자 8명을 이 나라에 보내 달라고 말하라." 이리하여 정관 구와 타로사에몬[久和太郎左衛門], 도선주 구로키 신조[黑木新藏], 봉진 다구찌 사고자에몬[田口左五左衛門]을 파견하여 조선에 일러 깨우쳐 주었다.[18]

1667년 말, 막부의 지령을 받은 대마도 태수는 다시 조선의 예조참판에게 보내는 편지를 아래와 같이 썼다.

일본국 신하 종4위 하시종(下侍從) 대마 태수 다이라 요시자네[平義眞]가 삼가 조선국 예조참판 박공(朴公) 합하에게 회신을 올립니다……. 근자 남만인의 배에 대한 일을 문의했던 바 회신에 쓰신 내용을 보고 사실을 알 수 있었습니다. 우리는 지금 에도에 있으며 집정을 통해 우리의 귀하신 나라님

18 『통항일람』 제135권, 「한록」.
於是執政再命本州曰 更遣使可以告於朝鮮 今蠻商拘留于朝鮮者 既是阿蘭陀之同種也 彼蠻商來貢于日本久矣 今生存者八口 可送乎本邦玄云 因是亦遣正宮 久和太郎左衛門 都船主黑木新藏 封進田口左五右衛門於朝鮮告諭焉

에게 편지의 내용을 들려 드렸습니다. 이에 대해 집정은 지금 우리에게 뜻을 전해 깨우쳐 주었습니다. 고토로 표류해 온 사람들은 오란다국 만종(蠻種)인데, 귀국에 억류되어 있는 자들도 같은 종류의 사람이라고 들었습니다. 그 어리석은 백성들은 이 나라에 와서 오랫동안 공물을 바친 자들입니다. 그런즉 이제 그들 생존자 8명을 이 누추한 섬으로 보내 주셔야겠습니다.[19]

이 서한을 휴대한 차왜는 1668년 4월 또는 5월까지 동래에 도착하지 않았다. 하지만 조선의 관리들은 차왜가 또 나온다는 얘기를 벌써부터 전해 듣고 있었다. 조정에서는 아주 골치 아파했다. 일단 종결된 남만인 문제를 또다시 협상에 올리자는 일본의 의도가 뭔지를 몰랐기 때문이다. 왜인들은 남만인에 대해서 무엇을 더 알고자 하는 것인가?

이 시점에서 비변사는 일본인들이 조선에 남아 있는 화란인들의 석방을 요구해 오리라고는 생각지도 못했다. 따라서 비변사가 동래부사에게 내린 첫 지령은 차왜가 무엇을 논하기 위해 오는지 알아내서 보고하라는 것이었다.[20]

19 『통항일람』 제135권, 「향양속집(向陽續集)」, 「칸분7년정미년(寛文七年丁未年)」. 나카무라, 95쪽.
日本國臣從四位下侍從對馬守平義眞 謹復啓朝鮮國禮曹禮參判朴公閤下 曏者擧示 蠻舶之事 見回箚所陳 識得其趣我儕今幸候江府 乃憑執政以聞我貴大君 於是執政傳旨諭我儕 謂漂我五島者 乃是阿蘭陀國蠻種也 聞拘留貴邦者爲其同種 彼蠢民久來貢本邦者也 然則今其猶生存者八口 可被讓送敝州

20 『접대왜인사례』 80쪽.
왜나라 차사가 아란타 일로 또 장차 나올 일. 비변사의 계목 안에 '왜나라 차사의 소간은 과연 무슨 일을 하러 나오는 것인가? 반드시 탐지해 보고하라.' '가히 임시적으로 궁색한 변명을 해야 할 근심은 없으니 서둘러 아뢴 뜻을 다시 채택하라는 분부는 어떠하올지요?' 하고 일본이 논하고자 하는 내용이 남만인들의 본국 송환 문제라는 것을 알자 조선측은 빠르게 대응했다. 일본의 요청을 들어 주는 데 큰 장애가 없었기 때문이다. 아란타 문제로 골치를 썩어 온 조선측은 오히려 짐을 벗는 홀가분한 기분도 들었다. 비변사에서는 전라도에 있는 남만인을 동래부로 이송하게 하는 한편, 동래부는 남만인을 왜나라로 인도할 준비를 하라는 지령을 하달했다.

이와 함께 조정에서는 떠나보낼 남만인들에게 의복을 만들어 입혀 보내자는 논의가 있었다.

> 이달(4월) 초3일, 비변사의 당상 대신들을 인견하실 때, 예조판서 조복양(趙復陽)이 아뢰기를 "이제 이 만인들을 종내 안 보낼 수는 없게 되었으니 마땅히 의복을 만들어 주어서 보내야 합니다."
>
> 영의정 정태화가 말하기를 "남원은 그들이 지나가는 길목입니다. 남원을 집결지로 정해 전라도에 의복을 만들어 주라는 영을 내리고, 또 차사원(差使員)을 정해 전라도 차사원이 경상도 차사원에게 인계하고 다시 왜관에 넘겨주는 것이 마땅합니다. (전라, 경상) 양 도의 감사가 책임을 지도록 분부하심이 어떠하올지요?"
>
> 임금이 말하기를 "그리하라."[21]

아뢰니 그대로 윤허하였다.[差倭以阿蘭陀事 又將出來事 備邊司啓目內 差倭所幹何事 而果爲出來 則必須探知報來 可無臨時窘速之患 更探馳啓之意分付 何如 啓 依允]

21 『비변사등록』 제27책, 현종 9년 4월 4일조.
今月初三日 大臣備局堂上 引見時 禮曹判書趙復陽 所啓 今此蠻人 終不得不送 則所着衣服 當製給以送矣 領議政鄭曰 南原仍其所經之路也 以南原定都會 令本道製給衣服 且定差使員 全羅道差使員 領付慶尙道差使員 使之交付於倭館宜當 分付兩道監司擧行何如 上曰 依爲之

남에게 보내니 새 의복을 입혀 보내자는 식의 논의가 국가 정책을 논의하는 조정회의에서 튀어나왔다는 점이 매우 재미있다. 이 구절에서 우리는 조선조의 인도주의 또는 체면 중시 사상을 엿볼 수 있다.

화란인들은 예정대로 남원에 집결했고, 거기서 예조판서가 말한 새로운 의복을 지급받았다. 우리는 화란 자료로부터 일인당 옷 1벌과 쌀 10근, 포목 2필과 기타 선물을 받았다는 사실을 확인할 수 있다.[22]

전라도 차사원들은 남만인을 경상도에 넘겨주었으며, 경상도 관리들은 또 동래부에 그들을 넘겼다. 동래부의 관리가 남만인들을 처음 만난 것은 1688년 음력 4월 11일이었다. 그들은 서울에서 서계가 도착할 때까지 남만인을 그곳에 붙들어 두라는 명을 받았으며, 사람과 편지가 동시에 왜인에게 전해지는지를 살펴보라는 명을 받았다.

마침내 서울에서 일본에 보내는 서계가 도착했다. 중복되는 곳을 삭제하고 그 내용을 소개하면 다음과 같다.

> 아란타인 문제와 관련해서 우리는 지난번 서계에서 완전한 설명을 주었습니다. 그들이 이곳에 처음 표착했을 때 우리는 그들이 어느 나라 사람인지 알지 못했고, 어떻게 그들이 자기 나라에 돌아갈 수 있는지 방법을 몰랐습니다. 처지를 동정하여 우리는 그들을 남부 해안에 두었으며 거기서 각자 생계를 꾸려 나갈 수가 있었습니다. 이 사람들은 이곳에 하도 오래 머물렀기 때문에 지금은 우리 동포와 마찬가지로 보입니다……. 그러나 선린의 우의에 비추어 그들을 돌려보내는 것이 합당하고 적절하다고 생각합니다……. 귀서(貴書)에는 아란타 사람들이 귀국에 오랫동안 와 있으며,

22 후틴크, 88쪽, 『데지마 상관일지』 1668년 9월 16일자.

> 귀국에 선물을 내놓았다고 쓰여 있습니다. 이것이 정말 사실이라면 우리는 조정이 정한 협력의 방침에 따라 이 문제에 어떤 장애물을 내놓지는 않겠습니다……. 그들이 살아서 자기 나라로 돌아간다는 것은 좋은 일입니다……. 이 사람들 중의 한 사람은 작년에 죽었습니다. 생존자는 7명입니다. 우리는 그들을 호송해서 귀국 사신에게 풀어 주라고 명했습니다…….[23]

동인도회사의 1668년 9월 16일자 공식 문서에도 한 사람이 죽었음을 확인해 주고 있는데, 사망자의 이름은 도르트레흐트 출신의 요리사 얀 클라슨이었다.

그러나 하멜 일행 중의 두 사람과 인터뷰를 가졌던 당대의 저술가 니콜라스 비츤은 자신의 저서 『북과 동만주』에 이렇게 적었다.

> 동인도회사의 부탁에 따라 일본 천황이 개입함으로써 남아 있는 사람들이 인계되었는데, 그중 한 사람은 그곳에 남기를 원했다. 그는 그 외국 땅에서 살기를 택했다. 그는 거기서 결혼했으며, 자기가 이제 기독교인이거나 화란인이라고 할 만한 것은 눈곱만큼도 남아 있지 않다고 주장했다.[24]

이것은 난파선 스페르베르호의 모험에 매우 어울리는 결말이지만, 조금 의심스러운 데가 있다. 왜냐하면 돌아온 사람이 모두 7명이나 되는데, 그들 모두가 데지마 상관의 화란 관리들에게 사실을 숨길 수 있었다고 보기는 어렵기 때문이다. 또 얀 클라슨이 남원에 남기를 바랐

23 나카무라, 97쪽. 편지의 날짜는 무신(戊申)년(1668) 4월.

24 비츤, 53쪽.

더라도 조선 정부가 이를 허락했음 직하지 않다는 것이다. 나중에 사실이 알려질 경우 일본이 또 골치 아프게 개입해 올 수도 있었기 때문이다.

당대 암스테르담의 시장이며 화란 동인도회사의 이사이기도 했던 저술가 니콜라스 비츤의 석고상. 비츤은 조선에 관한 책을 저술하기 위해 하멜 일행과 인터뷰를 가졌다.

조선 정부가 왜 나머지 화란인들을 석방해 주었느냐에 대해서는 두 가지 설이 있다. 하나는 아란타가 일본에 공물을 바치는 속군이라는 점을 알고 조선 정부가 겁이 나서 내주었다는 설이다. 이런 견해를 피력한 학자는 화란인을 둘러싼 조일간의 교섭 과정을 맨 처음 연구한 나카무라 히데다카이다.[25]

다른 하나는 조선 정부가 화란인을 석방한 주요 이유가 외교적인 요소 때문이었다는 설인데, 이런 견해를 피력한 학자는 레드야드이다.[26] 그는 화란인들의 출발이 당대의 어떤 조선인들에게 안도감을 주었을 것이며, 어떤 조선인들에게는 인도적인 견지에서 즐거움을 주었을 것이라고 유추한다. 가령 하멜일지에 나오는 이원진이나 이도빈 같은 관리는 화란인을 억류해 두는 것이 늘 부당하다고 생각했는데, 조

25 나카무라, 97~98쪽.
26 레드야드, 96쪽.

선 정부 안에는 그들 말고도 난파선의 가련한 희생자들을 강제 억류한 데 대해 죄의식을 느낀 사람들이 더 있었다는 것이다.

레드야드는 조선 정부가 일본의 눈치가 무서워서 화란인을 석방했다는 나카무라의 설을 공격하면서, 조선 정부가 일본에 보낸 두 번째 서계를 보면 조선 정부는 아란타인이 일본에 공물을 바친다는 사실을 별로 믿지 않고 있다고 지적한다. 조선 정부는 이 답서에서 '공물'이라는 단어 대신에 일부러 '선물'이라는 단어를 사용하고 있고, 그것도 '당신들의 편지에 따르면(귀서에는)'이라는 단서를 붙이고 있으며, 또 그다음 문장에서도 '아란타 사람들이 선물을 내놓는다는 말이 사실이라면(이것이 정말 사실이라면)' 하고 또 다른 가정법을 달고 있다. 따라서 이 모든 것으로 미루어 볼 때, 조선 정부는 결국 일본이 주장하는 바를 실제로 인정할 수가 없다는 것이었다.

조선에 남아 있던 나머지 화란인들은 7월 중순경 동래를 출발했다. 그러나 일기가 불순하고 역풍이 불어 나가사키에 도착한 것은 두 달 뒤인 1668년 9월 16일, 하멜이 조선을 탈출한 지 만 2년이 지나서였다.

귀국

09

14년 만의 귀향

조선과 일본 사이에 지루한 협상이 진행되고 있는 동안 하멜과 그 일행은 무엇을 하고 있었을까?

나가사키에 도착한 하멜 일행이 인도네시아의 바타비아로 떠나기까지는 만 1년이 더 걸렸다. 14년 만에 동포들의 품에 안긴 하멜과 그 동료들은 굶주림과 질병 또는 학대로부터의 위협에서 벗어나, 배불리 먹고 편히 지낼 수 있게 되었다. 그러나 그들의 머리는 전라도의 산하를 오가고, 조선 남해의 잡다한 섬 사이를 자기들이 구입한 배로 누비고 다니던 희로애락의 추억들로 꽉 채워져 있었을 것이다.

그들에게는 나가사키 앞바다에 부채 모양으로 펼쳐진 데지마 인공섬[1]이 사실은 창살 없는 감옥처럼 느껴졌을지도 모른다. 얄궂은 운명

1 데지마[出島] 상관(商館) : 1634년 기독교 금지령을 내린 에도 막부는 나가사키의 호상(豪商) 25명에게 돈을 내게 하여 나가사키 앞바다에 인공섬을 하나 만들었다. 목적은 포르투갈인을 격리 거주시키기 위한 것이었다. 이 섬은 1637년에 준공되었으나, 2년 뒤부터는 포르투갈 선박의 입항이 금지되었기 때문에 사실상 비어 있다가, 1641년 히라도[平戶]에 있던

의 그들은 이곳에 와서도 또다시 억류된 것이었다. 지루한 협상이 진행되는 동안 하멜은 상사에게 보고하기 위해서, 그리고 무료함을 달래기 위해서 일지를 집필하기 시작했다. 나가사키에 도착한 지 어느덧 일 년이 조금 더 지났다.

하멜은 1667년 10월 22일의 항해일지에 "정오경 신임 부교가 도착한 뒤 우리는 출항 허가를 얻었다. 저녁 무렵 비테 리우프호의 호위를 받으며 바타비아로 떠나기 위해 스프리우프호에 승선했다."[2]고 적어 넣었다. 하멜과 7명의 동료들이 바타비아로 떠난 10월 22일자의 『데지마 상관일지』에는 다음과 같이 적혀 있다.

"억수같이 비가 내리는데도 불구하고 오늘 비테 리우프호와 스프리우프호는 바타비아로 출항했다. 오늘 아침 우리는 코레아에서 온 8명의 선원들이 떠나도 좋다는 허가를 얻었다. 신임 나가사키 부교가 여러 날 전에 부임했음에도 불구하고, 우리는 작년에 이곳에 도착한 8명의 화란인이 이곳을 떠날 수 있는 허가를 아직까지 얻지 못했었다. 그들은 스프리우프호에 승선했다."[3]

한 달이 조금 지나 하멜 일행은 마침내 바타비아에 도착했다. 스페

화란 상관을 이곳으로 이전하여 업무를 보게 했다. 부채꼴 형태로 축조된 이 인공섬의 넓이는 총 3,969평으로, 섬 안에는 상관장의 저택, 통역관실, 선원숙사, 창고, 잡역부실, 꽃밭, 하역장 등이 설치되어 있었다. 섬 주위로는 높은 담을 둘러 밖으로 나올 수 없도록 했으며, 섬에서 육지로 연결되는 다리에는 검문소를 설치하여 허가증이 있는 사람만 통행하도록 하였다. 화란인들은 이 인공섬을 빌려 쓰는 대가로 일본에 임대료를 지불했다.

2 후틴크 판(바이스, 81쪽에서 재인용).

3 후틴크 판(바이스, 81쪽에서 재인용).

르베르호를 타고 이곳을 떠난 지 만 14년 만의 일이었다. 하멜은 그의 일지를 이렇게 결론지었다.

"(1667년 11월 28일) 우리는 바타비아의 거리에 도착했다. 하나님의 은총에 의해 우리가 14년 동안이나 커다란 불행과 슬픔 속을 헤매다가 이교도의 손에서 놓여나 자유를 누리고 이제 우리 동포에게로 돌아오게 해 주신 좋으신 하나님께 감사를 드린다."[4]

하멜의 원고에는 날짜가 적혀 있지 않으나, 바타비아 『본부일지』에는 "1667년 11월 28일, 스프리우프호와 비테 리우프호가 일본에서 이곳에 도착했음."이라는 기록이 나타난다. 하멜과 7명의 선원은 여독을 푼 다음 12월 2일, 동인도회사 바타비아 본부에 나아가 평의회 의원들을 만났다. 그 자리에서 하멜 일행은 자기들의 밀린 월급을 지불해 달라고 요구했다.

그들은 평의회가 8명의 탈출자들에게 동정심을 가져 달라고 요청한 데지마 상관장의 서한을 몸에 지니고 있었다. 그러나 하멜 일행의 탄원은 허사로 끝나고 말았다. 인색한 동인도회사의 관리들은 느닷없이 나타난 실종자들에게 거액의 돈을 지불하기가 싫었던 것이다. 배가 실종되면 승무원의 월급도 중단한다는 동인도회사의 내부 규정을 앞세웠다.

그들은 실종 상태에서 벗어난 날부터, 다시 말하자면 나가사키에 모습을 드러낸 날부터 월급을 계산해 받을 수 있다는 것이었다. 이렇게

4 후틴크 판(바이스, 81쪽에서 재인용).

되면 밀린 월급은 1년 남짓한 것밖에 되지 않는다. 처음 승선했을 때 아직 소년에 불과했던 동료들은 월급이 조금 올라 월 9길더씩 계산을 해 주겠다는 것이었다. 하멜 일행은 억울한 생각이 들었다. 그래서 7명은 화란에 돌아가 암스테르담의 동인도회사 본사 이사들에게 자신들의 요구사항을 관철시키기로 하고, 하멜 자신은 바타비아에 남아 밀린 임금 문제를 해결해 보기로 했다.

7명의 하멜 동료들은 화란에 돌아가는 즉시 본사 이사들에게 자신들의 밀린 월급을 달라고 요구했다. 식민지문서(제255호)는 다음과 같이 적고 있다.

> 1668년 8월 11일 : 코레아에 붙들려 13년 28일간을 보낸 사람들을 만났다. 그들은 문서로 작성한 보고서를 건네주었는데, 우리는 이를 읽고 검토하여 결정을 내릴 것이다.[5]

문서로 작성된 보고서 가운데는 하멜일지가 포함되었던 것 같다. 본사는 이들에 대한 심의를 마쳤으며, 밀린 월급을 내줄 수 없다는 결론에 도달했다. 그러나 스페르베르호의 승무원 7명이 조선에서 보낸 세월에 대한 동정심에서 보상금 1,530길더를 하사하기로 결정했다. 이것은 바타비아 본부의 평의회가 제시했던 나가사키 이후의 1년치 급료보다는 많은 것이었지만, 13년 또는 14년간의 급료에 비해서는 훨씬 적은 금액이었다. 본사 이사들은 결국 하사금이란 이름 아래 2년치 급료만을 주기로 결정한 것이었다.

5 식민지문서 제255호, 바이스, 82쪽에서 재인용.

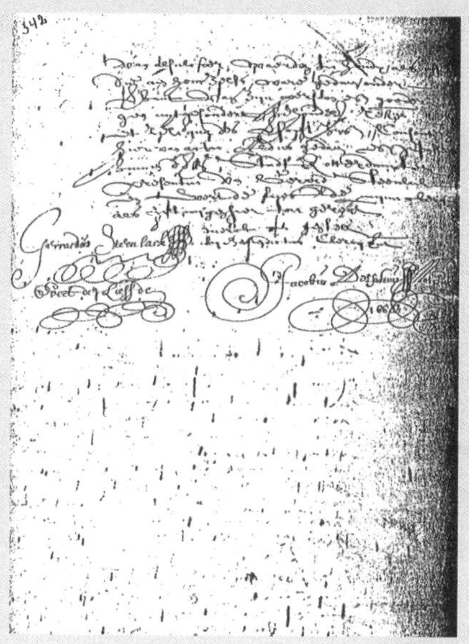

하멜 일행이었던 베네딕투스 클레르크가 화란에 돌아가서 1668년에 남긴 한 공증문서의 사본.

하멜과 동시대에 있었던 암스테르담 시청 청사.

1668년 8월 13일 : 조선에 억류되어 있는 동안 발생한 일과 그 나라에 대한 기록을 적은 항해일지를 읽어 본 위원회의 보고를 들었다. 우리는 동인도 회사 평의회에 편지를 보내기로 결정하고, 평의회에서 이의를 제기하지 않는다면 그곳에 대표를 파견하여 무역 관계에 개입하기로 했다. 한편 우리는 7명의 선원들에 대해 위로금 1,530길더를 주기로 결정했는데, 각각 받을 금액은 다음과 같다.[6]

이름	월급	위로금 총액
호버트 데니슨	월 14길더	300길더
마테우스 에보켄	월 14길더	300길더
얀 피터슨	월 11길더	250길더
헤릿 얀슨	월 9길더	200길더
코넬리스 데릭스	월 8길더	180길더
데니스 호버첸	월 5길더	150길더
베네딕투스 클레르크	월 5길더	150길더

위에 적은 사람들 가운데 4명은 로테르담 출신이었는데, 이들의 인적 배경을 추적해 본 네덜란드인 연구자 바이스는 영역본 후기에 이렇게 적었다.

이들 중 최연장자는 47세의 호버트 데니슨으로 1619년생이었다. 그는 1647년 12월 1일 젊은 과부와 재혼하게 되는데, 그 신부의 이름은 아네트 알레빈스 반 필케비르로 역시 로테르담 출신이었다. 그들의 결혼 사실은 시청 기록에 올라 있으나 교회 기록에는 올라 있지 않았다. 로테르담 시청

6 바이스, 82~83쪽에서 재인용.

의 기록보관소로부터 우리는 그가 1645년 3월 11일 로테르담 시민이라는 것을 신고한 일이 있다는 것을 알게 되었다. 그는 26세경에 동인도제도로부터 돌아오던 길에 죽은 한 선원의 사망신고서를 제출했는데, 그때 그는 '엄숙한 맹서 대신에 진실의 확인으로' 사망신고를 한다는 기록을 남겼다. 이것은 그가 메노파교도 또는 퀘이커교도였음을 시사한다. 로테르담엔 당시 메노파교도가 많았다.

위로금을 받은 자 가운데서 가장 나이 어린 데니스 호버첸은 바로 호버트 데니슨이 첫 부인과 낳은 아들이었다. 이들 부자는 1651년 뉴 로테르담호를 타고 동인도제도로 건너갔다. 그때 데니슨의 나이는 겨우 열 살이었다.

로테르담 시청의 기록보관소로부터 우리는 스페르베르호의 급사였던 베네딕투스 클레르크에 대한 기록을 발견했는데, 그는 1667년 12월 23일 프리헤이트호를 타고 바타비아를 떠나 1668년 7월 19일 화란에 도착했다는 사실을 알았다. 한 공증 증서(제389호, 341~342쪽)에는 이렇게 쓰여 있었다.

"프리헤이트호를 타고 동인도제도에서 최근 돌아온 베네딕투스 클레르크는 1668년 7월 23일 야콥 델피우스 공증사무실에 나타나 얀 티센이 37길더 50센트의 금액을 수령하는 것을 인가함."

그리고 이 증서의 서명란에 베네딕투스는 'x'라고 서명했는데, 이것은 그가 글자를 쓸 줄 몰랐다는 것을 의미한다. 이것이 이완 대장 휘하에 예속되어 있으면서 효종대왕의 호위병으로 뛰어다니던 한 서양 젊은이가 이 세상에 남긴 유일한 흔적이라고 생각할 때 감회가 새로웠다. 그는 1651년 질란디아호를 타고 동인도제도로 건너갔었다. 당시 그의 나이는 12세였으며, 월급은 5길더였다. 그는 로테르담으로 돌아온 뒤 마리아 시버스와 결혼했는데, 슬하에 모두 다섯 자녀를 두었으며, 이들의 이름은 개혁교회의 명부에 올라 있다. 클레르크의 부인은 1709년 사망했으나, 클레르크가 사망한 기록은 로테르담 문서보관소에서 발견되지 않았다.

로테르담으로부터 온 네 번째 남자 헤릿 얀슨은 질란디아호의 급사로 취직되어 1648년 동인도제도에 도착했다. 그의 월급은 나중에 10길더가 되었다.[7]

밀린 급료의 보상

조선에 남아 있던 나머지 화란인들은 조선과 일본 간의 교섭이 타결됨에 따라 남원에 집결했으며, 그곳에서 옷 1벌과 쌀 10근, 포목 2필, 기타 선물을 받은 뒤 전라도 차사원의 호송을 받아 경상도 차사원에게 인계되었으며, 1668년 4월경 다시 동래부에 넘겨졌다는 기록이 있다.[8] 이들이 왜관에 넘겨져 동래를 떠난 것은 1668년 7월이었다. 그러나 태풍이 이는 등 날씨가 나빠 1668년 9월 16일이 되어서야 겨우 나가사키에 도착했다.

잔존자 8명 중 도르트레흐트 출신의 얀 클라슨이 그 전해에 사망했다는 것은 앞서 언급한 바 있다. 나가사키에 도착한 7명의 인적사항은

7 바이스, 83쪽.

8 전라도에 남아 있던 화란인들이 경상도에 도착해서 1668년 4월경 동래부 관원을 처음 만났다는 기록은 원래 『동래부접왜장계등록가고사목록초(東萊府接倭狀啓謄錄可考事目錄鈔)에 나오는데, 그 원문을 소개하면 다음과 같다.

備邊司行移內 全羅道所在蠻人 到本道初面官 則本道差使員 當爲押付本府同回 答書契般 今月十二日 當爲下送蠻人書契 雖未一時 蠻到必須留待一時 傳給向事.(『접대왜인사례』, 1688년 4월 11일자 재인용).

다음과 같다.

이름	나이	출신	직급
요하니스 람펜	36세	암스테르담 출신	조수
헨드릭 코넬리슨	37세	플리란드 출신	하급수부장
야콥 얀스	47세	플레케렌 출신	조타수
안토니 울데릭	32세	흐리에튼 출신	포수
클라스 아렌센	27세	오스트포렌 출신	급사
산더 바스켓	41세	리스 출신	포수
얀 얀스 스펠트	35세	우트레흐트 출신	하급수부장

이들은 나가사키 당국으로부터 조선과 일본 간의 상업 관계에 대한 심문을 받은 뒤 일본을 떠나도 좋다는 허가를 얻었다.

그들은 뉴프루트호를 타고 1668년 10월 27일 나가사키를 떠났으며, 인도 동남쪽에 있는 코로만델항을 경유하여 1669년 4월 8일 바타비아에 도착했다. 바타비아에서 그들은 제1차 그룹과 떨어져 홀로 남아 있던 헨드릭 하멜과 재회하게 된다. 그러나 그들의 석방 이야기가 하멜일지에 들어가기에는 너무 늦은 날짜였다.

그래서 하멜일지의 독자들은 대부분 첫 번째 그룹이 극적으로 탈출한 뒤 조선에 남은 사람들은 거기서 죽었을 거라는 인상을 받게 된다. 물론 비츤의 책에는 7명이 석방되었다는 이야기가 적혀 있지만, 하멜일지의 편집자들 눈에 잘 띄지 않았던 모양이다. 이런 사실들을 분명히 밝힌 것은 화란 동인도회사의 관계 기록들을 조사해 하멜일지를 재편집한 1920년도의 후틴크 판본이다.

하멜은 1670년 제2차 그룹 7명과 함께 화란에 돌아갔다.

그해 8월 29일, 하멜은 동료 2명과 함께 암스테르담의 화란 동인도회사 본사에 들어가 이사들을 만났다. 이 면담 결과에 대해서 화란의 한 자료는 이렇게 밝히고 있다.

> 조선에서 15년간 억류되었던 헨드릭 하멜(호르쿰 출신), 헨드릭 코넬리슨 몰레나르(플리란드 출신), 얀 얀스 스펠트(우트레흐트 출신)는 자신들의 억류 기간에 대한 월급을 요청했는데, 우리는 그들의 요구가 정당하다고 판단했다. 1668년 8월 13일에 이루어진 결의의 선례에 따라 같은 상황에 처한 다른 사람들 또한 응분의 보상을 받게 될 것이다.[9]

제1차 그룹의 경우에는 하사금이라는 형태로 약 2년치의 밀린 급료만을 받았는데, 어째서 하멜과 그 동료들에게는 15년간의 밀린 급료를 주기로 결의한 것일까?

필자는 그것이 하멜일지의 출간 때문이었다고 본다. 하멜일지는 하멜이 귀국하기 2년 전인 1668년에 암스테르담과 로테르담에서 각각 경쟁적으로 간행되었고, 이듬해에 또 다른 판본이 암스테르담에서 간행되었다. 하멜이 귀국한 해에는 이미 불역판이 나돌고 있을 정도로 세계적인 선풍을 불러일으키고 있었다. 동인도회사의 새로운 결정은 이 같은 항간의 분위기에 큰 영향을 받았으리라고 짐작된다.

9 「화란 동인도회사 결의」, 『식민지문서』 제256호, 바이스, 86쪽.

코레아를 발견하라

10

하멜일지의 출간

1666년 9월 4일 전라좌수영을 떠난 8명의 하멜 일행이 일본 나가사키에 도착한 것은 9월 14일이었다. 거기서 일 년 이상 억류되어 있다가 화란 동인도회사 바타비아 본부가 있는 인도네시아로 건너간 것이 1667년 11월 28일이었다.

밀린 임금 문제를 해결하기 위해 하멜 자신은 홀로 인도네시아에 남게 되었으나, 그를 제외한 나머지 일행 7명은 한 달 뒤인 1667년 12월 23일 고국으로 돌아가는 프리헤이트호에 승선했다. 그들이 화란에 도착한 것은 1668년 7월 19일이었다. 이들의 손에는 나가사키의 데지마 상관에 제출했던 하멜보고서의 필사본이 들려 있었는데, 이것이 출판사로 넘겨지면서 편집자를 달리한 항해일지가 암스테르담에서 1종, 로테르담에서 1종이 각각 경쟁적으로 간행되었다.

미지의 나라에 대한 호기심이 고조되어 있던 이 무렵, 서구에 겨우 그 이름 정도나 알려져 있던 조선의 이야기가 소개되자, 『1653년 바타비아발 일본행 스페르베르호의 불행한 항해일지』라는 제목 등으로 출간된 하멜의 항해일지는 세간에 커다란 반향을 불러일으켰다.

그로부터 2년 뒤인 1670년에는 파리에서 『조선왕국기가 첨부된, 켈파트 섬 해안에 난파한 화란 선박의 이야기』란 제목으로 미뉘톨리 신부(Monsieur Minutoli)가 불역판을 내놓았고, 이어 1671년에는 독역(獨譯)된 하멜일지가 뉘렌베르크 총서에 실렸다. 영역판은 1704년 런던에서 출간되었는데, 존 처칠(John Churchill)이 편찬한 하멜일지는 미뉘톨리의 불역판을 영어로 중역한 것이었다.

하멜일지는 이후로도 계속 서구인의 관심을 불러일으켜, 프랑스에서 1715년, 1732년, 1746년에 잇달아 신판을 찍어 냈고, 독일에서는 1748년 중간본을 발간했으며, 영국에서는 1705년, 1732년, 1808년, 1884년, 1885년에 이를 각종 판으로 복간시켰다. 이러한 복간들은 당시의 출판 사정을 고려할 때 엄청난 반향이었다고 할 수 있다.

여기서 하멜일지의 역사적 가치를 다시 한 번 생각해 보자.

이 가치를 이해하기 위해서는 당시의 역사적 배경을 되짚어 볼 필요가 있다. 콜럼버스가 아메리카 대륙을 발견한 이래 유럽인들은 15세기 말부터 새로운 나라들에 대해 크나큰 관심을 기울여 오고 있었다. 조선에 대해서도 예외는 아니었다. 문제는 이 나라에 대해서 제대로 아는 사람이 아무도 없었다는 점이다.

물론 16세기 중엽부터 포르투갈인들이 만든 각종 지도에는 코레 섬, 코레 제도(諸島), 코레아 섬, 코라이 해안 등으로 조선의 지명이 등장하기 시작한다. 하지만 그런 지명을 통해 우리가 확인할 수 있는 것은 그들이 코레아라는 나라나 섬의 존재를 어렴풋이 알고는 있어도, 그 땅이 섬인지 대륙에 잇닿은 해안인지 반도인지도 제대로 알지 못하고 있었다는 점이다. 조선에 대한 막연한 정보는 포르투갈인이 중국인 또는 일본인을 통해 얻은 간접 정보였을 것이다.

하멜 이전에도 조선에 들어온 서양인들이 있기는 있었다. 기록상 조선에 발을 디딘 첫 서양인은 1582년(선조 15년) 3월 제주도에 표착한 빙리이(憑里伊)인데, 곧 중국으로 압송되어 상세한 인적 사항을 알지 못한다.

이로부터 12년 뒤인 1594년 포르투갈 신부 그레고리오 데 세스페데스[1]가 조선을 침략한 왜군의 종군 신부 자격으로 따라 들어왔다. 일 년 동안 우리나라의 전쟁고아들을 돌보다가 일본으로 돌아간 그가 조선을 방문한 두 번째 서양인이다.

세 번째 서양인은 하멜일지에 등장하는 벨테프레이다. 박연이란 한국 이름을 갖게 된 벨테프레이가 조선에 표착한 것은 1628년이다. 그리고 다시 26년 뒤 네 번째로 조선 땅을 밟은 서양인이 하멜 일행인 것이다.

하멜 이전에 조선 땅을 밟은 세 명의 서양인들을 보자면, 빙리인은 잠시 있다 중국으로 압송되었으며, 세스페데스 신부는 일 년가량 조선에 있었으나 당시는 전쟁 중으로, 그 자신은 왜병 신자의 종교 문제에 관심을 기울였을 뿐 조선 자체에 대해서는 별 관심이 없었던 것 같으며, 벨테프레이는 조선을 알지만 죽을 때까지 조선에 있었으니 조선을 서양에 알리는 데는 아무 도움도 되지 않았다.

쇄국정책을 편 결과겠지만, 조선에 대해서는 중국에 와 있던 선교사

1 세스페데스(Cespedes, Gregorio de 1551~1611) : 1577년 일본에 건너와 선교 사업에 힘썼던 포르투갈 신부로, 임진왜란이 일어나자 우리나라 침략의 선봉군으로 편성되었던 1만 8천 명의 일본 천주교 신도를 따라 1594년 종군 신부의 자격으로 조선에 건너왔다. 조선에 들어온 첫 서양인 신부였으나 전쟁 중이라 선교 활동은 하지 못하고 전쟁고아들만 돌보다가 1595년 일본으로 되돌아갔다.

들이 남긴 기록에도 별로 신통한 것이 없다. 선교사 마테오 리치와 마르틴 데 라다도 조선에 대해 약간의 기록을 남겨 놓았으나 대단한 것은 아니다. 다만 예수회 선교사 마르틴 마르티니가 1655년 「중국신도(中國新圖)」를 간행했는데, 이 안에 들어 있는 조선에 대한 글이 서양어로 정리된 최초의 기록이라 할 수 있다. 그는 또 1654년에 출간한 「타르타르 전기(戰記)」에서도 조선 이야기를 약간 다루고 있다.

그러나 이런 정도로는 조선이 어떤 나라인지 알 수 없었다. 이러던 차에 불쑥 하멜일지가 등장한 것이다. 서구 각국이 앞 다투어 하멜일지를 번역하게 된 동기가 바로 여기 있다.

코레아와 직교역하라

그 무렵 유럽에서는 조선에 대한 관심이 날로 높아져 가고 있었다. 주된 이유는 경제적인 것 때문이었다. 새로운 대륙과 새로운 나라와의 교역을 통해 유럽 국가들은 막대한 이익을 올리고 있었던 것이다. 그런데 당시 서양에서는 코레아라는 나라가 금, 은, 동이 풍부해서 짐승까지도 금 목걸이를 하고 다닌다는 소문이 파다하게 나돌았다. 따라서 새로운 교역지를 개척하는 데 혈안이 되어 있던 화란이나 영국 같은 해양 국가는 조선에 대해 깊은 관심을 갖지 않을 수 없었다.

기록상 나타나는 가장 빠른 연대는 1609년이다.

이해 바타비아 총독 자크 스펙스가 화란 본국에 보낸 공한[2]을 보면 "주석이 일본에서 많이 팔리는 것으로 보아 코레아에서도 인기 품목이 될 것으로 예상된다. 일본에 코레아와의 직교역을 신청했다."는 기록이 있다. 그는 이해 3월 대마도에 후추 60킬로그램 등의 상품을 실은 선박을 파견했다고 밝히고, "대마도에서 25밀렌 떨어진 조선에 가서 일 년에 서너 차례 무역을 하자고 요구했다."고 보고하고 있다.

그러나 스펙스 총독은 코레아의 엄한 금령(禁令)으로 인해 무역이 불가능하고, 대마도 영주가 코레아와의 무역에서 손해 볼 것을 우려해 직교역 허가를 불허했다며 자신의 요구가 좌절되었음을 밝혔다. 그럼에도 불구하고 그는 대마도 상인을 통해 구매한 코레아의 비단, 호피, 약제품 등을 되팔아 상당한 이윤을 남겼다고 덧붙였다.

이러한 보고에 자극받은 화란 정부는 1610년 3월 코레아와의 공식 교역을 시도하기 위해 일본 정부와 교섭을 벌였으며, 일단 갖고 간 후추 등의 상품을 코레아의 호피 등과 물물교환하는 데 성공했으나, 일본 정부의 저항에 부닥쳤다. 그러자 훗날 오란예공[3]이 되는 마우리츠 오브 나싸우공(公)은 "화란이 일본 북쪽 해안을 항해하여 코레아와 무역할 수 있도록 허가해 달라."는 서한을 일본 정부에 다시 보낸다. 마우리츠공의 요청은 일본 정부에 의해 다시 거절되었다.

대마도 영주가 조선과의 무역권을 독점하여 막대한 이익을 얻고 있다는 사실을 확인하자, 화란 정부는 마침내 1622년 조선 정복 계획을 세웠다. 이에 따라 바타비아 총독 스펙스는 그해 4월 9일 코레아를 발

2 『17세기 코레아 왕국과 교역 협상에 관한 공문서 및 서신』, 헤이그왕립문서보관소, 동아일보 1995년 1월 10일자에서 재인용.

3 오란예공(Prins van Oranje : Prince of Orange) : 영어식 발음으로 오렌지공(公)으로 흔히 표기하나, Orange는 네덜란드어로 Oranje라 표기하고 '오란예'로 발음한다. 네덜란드는 원래 스페인 식민지로 있다가 1568년 오란예공인 빌리암이 봉기하여 1579년 독립하게 되었다.

견하라는 훈령을 원정함대에 내려 보내면서, "코레아는 길이가 4, 5백 밀렌에 달하는 나라다. 우리 함대가 닿을 만한 해안가 어디에도 도시나 성곽을 찾아보기 힘들다 해도 정복에는 문제가 없다."[4] 고 코레아 원정함대를 독려했다.

그러나 스펙스 총독이 보낸 원정함대는 조선을 발견하는 데 실패하고 만다. 중국 복건(福建) 지방에서 보낸 레이어츠 선장의 보고에 따르면 계절풍 때문에 항해 시기를 놓쳐 원정대의 파견 계획을 실행에 옮기지는 못했으나, "남서계절풍이 불 때 원정대를 파견하겠다. 뉴오르드 함장이 폭풍우만 만나지 않았더라도 코레아 정복의 꿈을 실현했을 것이다. 그러나 이제 선박 지원이 없으면 불가능하다."고 바타비아 본부에 보고했다.

해상 무역의 라이벌이었던 영국도 화란에 비해 더 운이 좋았던 것은 아니다. 존 새리스 선장은 1614년 10월 17일자 자신의 일기에서, "나는 당신의 종 에드워드 새리스가 지금쯤은 코리아에 있을 것으로 확신한다. 대마도에서 나는 우리의 넓은 옷이 이곳에서보다 그곳에서 더 수요가 많다는 중국인의 말에 고무되어 그를 그곳에 가도록 임명했다. 코리아는 일본에서는 50리그밖에 떨어져 있지 않으며 대마도에서는 훨씬 더 가깝다."[5]라고 적고 있다.

그러나 리처드 칵스의 1614년 11월 25일자 일기는 좀 비관적이다. "우리는 아직까지 대마도에서 코레아로 들어가 교역하는 방법을 찾아

4 『코레아 원정군에 관한 각종 공문서』, 헤이그왕립문서보관소. 『세계일보』, 1993년 2월 21일자에서 재인용.

5 존 새리스, 『일본여행』 210쪽. 바이스, 86쪽에서 재인용.

내지 못했다. 대마도 사람들조차도 (코레아의) 작은 마을이나 성채로 들어가는 것 외에 별다른 특권을 갖고 있지 않다. 죽음의 고통 없이 벽을 넘어 내륙으로 들어갈 수가 없다.[6]

히라도에서 1614년 3월 9일에 쓰인 한 영국인의 편지는 이렇게 적고 있다. "사이어는 대마도나 코리아에서 어떤 좋은 일이 진행된다는 희망을 갖고 있지 못하다."[7]

위에 인용한 편지나 일기들을 통해 우리가 짐작할 수 있는 것은 당시 화란이나 영국이 조선과의 교역에 끊임없이 눈독을 들이고 있었다는 사실이다.

그 뒤 일본으로 항해하던 화란 상선 드 혼드호가 항로를 잃고 방황하다가 조선에 표착한 일이 있었는데, 그때 "해안선 방위를 맡고 있던 코레아 병사 36명이 급습해 와 교전을 벌였으나 우리 선원들이 용감히 물리치고 그곳을 무사히 빠져나왔다."는 히라도 상관장[平戶商館長]의 보고가 올라왔다. 이 보고에 따라 화란 정부와 유럽은 조선의 해안선 경비가 삼엄하다는 사실을 처음 알게 되었다.

여기에 자극받은 신임 바타비아 총독 카드 렌티어드는 1628년 조선 직교역론을 다시 들고 나와 능력이 우수한 해군을 동원하여 조선 해안을 철저히 탐색하라는 훈령을 내렸으나 성과는 없었다.

그러나 여전히 코레아 발견의 꿈을 버리지 못한 화란인들은 여러 경로를 통해 조선에 대한 정보를 입수하고 있었다. 히라도 상관장 쿠처르 바커르가 1637년 바타비아 총독에게 보낸 보고서에는 1636년

6 『리처드 칵스 일기』 제2권 258쪽. 바이스, 86쪽에서 재인용.

7 『재일(在日) 영국인 서한』 130쪽. 바이스, 86쪽에서 재인용.

4백여 명의 수행원을 이끌고 일본을 방문한 조선 통신사에 대한 정보도 포함되어 있다. 당시 조선이 통신사를 통해 일본 천황에게 보낸 선사품에는 많은 양의 인삼과 호피 40장이 들어 있었다. 화란은 조선 통신사가 일본에 온 것을 계기로 교역 가능성을 다시 타진했으나 역시 실패하고 말았다.

히라도[8] 상관장이 1637년에 작성한 '코레아 정세에 관한 보고'[9]에는 코레아는 반도가 아닌 섬으로 되어 있다. 섬도 아주 부유한 섬이라는 것이었다.

이 같은 보고에 따라 화란 정부는 1638년 새로운 코레아 원정 함대의 파견 계획을 세우고, 마침내 1639년 5월 코레아를 발견하라는 명령을 내린다. 이에 따라 게스트 함장이 이끄는 엥얼 흐르흐트호 등 2척의 상선이 그해 6월 필리핀 산토만을 출항했다. 당시 게스트 함장이 작성한 원정 예상도에는 전라남도와 경상남도 일부, 그리고 남해의 섬과 암초들만 그려져 있어 당시 조선에 대한 화란인들의 인식이 일본과 같은 섬나라였던 것임을 알 수 있다. 유럽산 비단과 면직물을 가득 실은 코레아 원정 함대의 공식 명칭이 '보물섬원정대'였던 것을 보면 그 점을 확인할 수 있고, 섬 가운데서도 보물섬이라는 용어를 쓴 걸 보면 당시 화란 정부의 조선 직교역에 대한 꿈이 얼마나 강렬했는지를 알 수 있다.

원정 함대는 먼저 일본 북부를 통과하여 조선에 도착할 계획을 세

---

8 히라도[平戶] : 화란 상관은 원래 히라도에 위치해 있었기 때문에 히라도 상관[平戶商館]이라 불렸다. 히라도 상관을 폐쇄하고 나가사키의 데지마 상관[出島商館]으로 옮긴 것은 1641년부터다.

9 『코레아 정세에 관한 공문서 및 제기록』, 헤이그왕립문서보관소. 『세계일보』, 1993년 2월 17일자에서 재인용.

우고 출항했으며, 1639년 8월 15일에 "북위 40도상 200밀렌 서쪽으로 항해한 결과 일본에서 100밀렌 동쪽에 와 있다. 일본 북부를 돌아 타르타르와 코레아를 발견할 작정이다."라는 보고서[10]를 본국에 보내더니, 그 열흘 뒤에는 "사실은 선박 2척이 모두 손상되어 원정대원의 생명이 위협받고 있다. 코레아 발견의 결의를 포기한다."는 보고서를 다시 보내 왔다. 의욕적으로 조선 탐험에 나섰던 '보물섬원정대'는 결국 그해 12월 조선 발견의 꿈을 접고 대만으로 돌아오고 말았다. 그들이 대마도 건너편에 있는 조선을 발견하는 데 이토록 어려움을 겪었던 이유는 직교역을 반대하는 일본 정부의 눈을 피해 멀리 새로운 항로를 찾아 나섰기 때문으로 보인다.

그 뒤 화란 정부는 두세 차례 더 원정 함대를 파견했으나, 조선 발견에 실패하고 캄차카반도 밑에 위치한 쿠릴열도만 발견한 것으로 기록되어 있다.

이렇듯 조선과 직교역하기 위해 끈질긴 노력을 기울여 온 화란과 유럽 세계에 조선의 내막을 상세히 알린 하멜일지가 출간되었으니 자연 세간의 반향이 클 수밖에 없었다.

코레아호의 좌절

이렇게 되자 동인도회사의 경영진은 하멜일지가 보여 주는 조선 체험

10 『코레아 원정군에 관한 각종 공문서』, 헤이그왕립문서보관소. 『세계일보』, 1993년 2월 21일자에서 재인용.

에 큰 관심을 갖고 그곳의 산물과 상업 관습이 어떠한지를 귀국한 하멜 일행에게 자세히 물어보았다.

일행은 조선이 관심을 갖는 상품은 후추, 녹비, 백단향과 유럽의 직물류라고 지적하면서 일본인들이 조선에 무역관을 설치하여 교역하고 있다는 사실이 중요하다고 강조했다. 그들은 일본인들이 조선에서 면포, 마포, 인삼, 호피 등을 가져다가 큰 이윤을 보고 있다고 말하면서 직교역을 위해 함대를 파견하면 자기들도 자원해서 참가하겠다는 견해를 내놓기도 했다.

체험자들의 이야기를 들어 보니 조선이 일본에서 수입하는 녹비, 후추, 설탕, 백단향 같은 물품의 대부분은 실제로 일본이 화란으로부터 사들인 것들이었다. 화란은 당연히 중간의 일본 상인들을 제치고 직접 교역에 나서면 많은 이익을 볼 것이라 생각했다. 여기에 고무된 화란 정부는 조선과의 무역 협상을 주도할 대표자 파견을 심각히 고려하기 시작했다. 그 결과 화란 정부는 1668년 8월 22일 바타비아 동인도회사와 일본 데지마 상관에 다음과 같은 훈령을 내리게 된다.

"코레아는 육로로 북경과 통상하고 있다. 우리가 코레아에 갖고 갈 상품을 운송해 주면 운송비를 우리가 부담해야 한다. 코레아가 중국에 조공을 바치는 사정을 고려해야 한다. 그런데 중국의 방해가 우려된다. 따라서 코레아에 직접 사절단을 파견하는 것이 긴요하다."[11]

화란 동인도회사가 1669년에 건조한 1천 톤급 새 상선의 이름을 코레아(Corea)호라 명명한 것은 확실히 이 같은 분위기를 반영한 것이었

11 『코레아 정세에 관한 공문서 및 제기록』, 헤이그왕립문서보관소. 『세계일보』, 1993년 2월 17일자에서 재인용.

다. 직교역을 위해 화란을 떠난 코레아호가 바타비아에 도착한 것은 1670년 6월 1일이었다.

그러나 일본 데지마 상관장의 회답은 그리 고무적인 것이 아니었다. 편지의 골자는 조선과의 무역을 독점해 온 것이 대마도주인데, 일본은 화란의 개입을 원하지 않으며, 만일 화란이 일본의 뜻을 어기고 조선과 직접 교역에 나서길 원한다면 데지마 상관을 폐쇄해야 한다는 것이었다. 동인도회사로서는 데지마 상관의 활동 가치를 충분히 평가하고 있었다. 조선과의 불투명한 교역을 위해 이미 막대한 이익을 남기고 있는 일본과의 교역을 중단하는 모험을 감행할 수가 없었다. 조선과의 무역은 일본뿐만이 아니라 중국에서도 반대하고 있었다.

데지마 상관장은 조선의 외국인 배척도 문제이며, 조선 무역에 적합한 무역항이 없다는 등의 이유를 들면서 "일본에 상관을 두고 무역을 하고 있는 이상, 우리가 일본의 질투심이나 불신을 불러일으키지 않으려면 코레아와 어떤 무역을 해 보려는 생각을 버려야 한다. 또 우리가 코레아에 가는 것을 중국인들도 용서하지 않을 것이다."[12]라고 회신했다.

몇 가지 다른 의견들이 산발적으로 제시되었으나, 점차 데지마 상관의 견해가 동인도회사 안팎에서 지배적인 것이 되었다.

이렇게 해서 화란은 조선과의 교역을 포기하는 쪽으로 방향을 잡게 되었으며, 화란 동인도회사가 의욕적으로 명명하고 바타비아까지 보낸 상선 코레아호는 결국 한 번도 조선으로 항해해 보지 못하게 된다.

12 바이스, 87쪽에서 재인용.

저자 하멜은 어떤 사람이었나

저자인 하멜에 대해서 많은 것이 알려져 있지는 않다. 전라도좌수영에 있다가 일본 나가사키로 탈출했을 때 부교의 심문에 답한 내용으로 역산해 본다면, 그는 1630년 화란 호르쿰시에서 출생했음을 알 수 있다.

호르쿰시 문서기록보관소에는 아직도 하멜의 가계와 관련된 기록이 남아 있는데, 그걸 보면 그의 아버지 이름은 딕 프레데릭 하멜이었고, 어머니 이름은 마크릿 헨드릭슨이었다. 헨드릭 하멜은 이들 부부 사이에 태어난 아들로 1630년 8월 22일 유아세례를 받은 것으로 호르쿰시 시청 문서에 기록되어 있다.

유아세례란 출산 직후에 받는 기독교 의식이다. 호르쿰시 시장이 하멜의 세례 증인으로 되어 있는 것으로 보면 하멜 집안이 그 지방에서는 한다하는 집안이었던 것 같다. 호르쿰시 시청 문서에 따르면 하멜의 아버지는 건축 전문가였고, 하멜이 태어나기 4년 전인 1626년에 750길드를 주고 집을 샀다는 기록이 나온다. 750길더라면 당시로서는 저택을 살 수 있는 굉장히 큰돈이었다고 한다. 그것은 하멜이 부유한 집안에서 태어났다는 것을 의미한다. 당연히 그에 어울리는 고등 또는 중등 이상의 교육을 받았을 것이다.

성장기에 대한 기록은 남아 있는 것이 없다. 그러나 하멜은 그의 나이 스무 살이 되던 1650년 11월 6일 보헬스트루이스호를 타고 화란을 떠난다. 부유한 가정에서 태어났던 하멜이 왜 험난한 배를 탔던 것일까?

주지하는 바와 같이 항해술의 발달과 함께 초기 해상무역의 패권을 장악한 나라는 포르투갈과 스페인으로서, 아시아에 가장 먼저 진출한 것도 이들 두 나라였다. 그러나 1581년 스페인 식민지에서 독립을 선언한 화란은 이들 두 나라를 뒤따라 아시아에 진출하더니, 1588년에는 인도네시아 바타비아에 거점을 둔 '화란 동인도회사(VOC)'를 설립하여 동방에의 진로를 본격적으로 개척하기 시작했다.

그리고 17세기 초엽에 이르면 화란은 이미 포르투갈과 스페인을 제치고 동양 무역의 패권을 쥔 국가로 등장한다. 화란은 인도네시아를 거점으로 주변 군도와 대만 북부를 점령하는 동시에, 중국 본토와 교역을 트고 특히 일본과는 나가사키의 데지마 상관을 개설하고 교역을 거의 독점하다시피 한다.

강력한 해양국가인 화란의 청년들 사이에 해양 열풍이 부는 것은 당연한 일이다. 꿈 많은 이십 세 청년 하멜도 그런 열풍에 휩쓸리지 않을 수 없었을 것이다.

화란을 떠난 그는 1651년 7월 4일 바타비아에 도착했다. 도착 후 화란 동인도회사에 취직했는데, 처음에는 그저 병졸이었다. 그러나 곧 조수로 직책을 바꾸었으며, 스페르베르호에 승선하게 되었을 때는 다시 서기가 되었다. 서기는 글을 알아야 한다. 일반 선원의 월급이 10길더인 데 비해 서기의 월급은 그 3배에 달하는 30길더였다. 졸병으로 입사한 하멜이 곧 장교 신분인 서기로 승진한 것을 보면 그가 최소한 중등학교 이상의 교육을 받은 인물이었다는 것을 반증한다. 그의 집안이 호르쿰시의 부르주아였다는 것을 염두에 두면 당연한 이야기다.

그 후의 경과는 하멜일지에 의존해야 한다. 그는 1653년 일본으로 가다가 배가 난파되어 제주도에 표류했다. 그리고 만 13년간 조선 땅에 억류되었다가 1666년 일본 나가사키로 탈출한다. 거기서 다시 1년간 억류되었다가 바타비아로 건너간 것은 1667년 말이었다. 함께 탈출한 7명의 동료 선원들은 모두 1668년 귀국한다. 그러나 하멜은 바타비아에 홀로 남아 있다가 조선에 잔류하고 있던 나머지 선원들이 풀려남에 따라 그들과 함께 1670년, 그가 고국을 떠난 지 20년 만에 화란에 돌아온다.

무슨 일 때문이었는지는 모르나 그는 나중에 동인도제도에 한 번 더 여행한 것으로 알려져 있으며, 1692년 2월 12일 고향인 호르쿰시에서 사망했다. 귀국 후에는 줄곧 독신 생활을 했다. 애석하게도 귀국해서 남긴 글은 없다고 한다.

그가 남긴 글은 『하멜일지』와 『조선왕국기』가 전부다. 13년간 위로는 왕으로부터 밑으로는 거지에 이르기까지 각종 사회 계급과 접촉하며 살았던 하멜은 당시의 조선 사회를 어느 누구보다 객관적으로 관찰할 만한 입장에 있었다. 우리가 보아 온 것처럼 기록의 진실성은 실록 등의 조선조 자료들과 비교해 충분히 입증된다. 그의 글은 매우 객관적이다. 당시의 관리들에 대한 평가마저 그의 기록과 실록이 일치하는 경우가 많다. 신분과 계급에 얽매여 있던 당시의 사회 환경을 고려한다면 조선인이라 할지라도 하멜과 같은 다양한 관찰은 불가능했으리라 생각된다. 조선조의 자료는 양반들이 작성한 것이기 때문에 대개 위에서 밑으로 내려다보는 시각에 입각해 있지만, 하멜의 글은 밑에서 위로 올려다보는 시각에 입각해 있다. 그 점이 색다르고 재미있다.

또 조선의 지리, 기후, 정치, 교육, 혼인, 종교 등 여러 가지 정보를 담은 『조선왕국기』에는 가령 '국왕의 행차' 같은 항목이 나오는데, 이때 하멜은 일종의 권위를 갖고 말한다. 그 자신이 바로 효종의 행차를 따라다니던 호위병 출신이기 때문이다. 그러나 이런 특징들에도 불구하고 하멜의 기록은 너무 짧은 것이 흠이다. 생활에 대한 정보를 전혀 언급하지 않은 것도 유감이다. 에보켄이 비츤과의 인터뷰를 통해 밝힌 바에 따르면 당시 하멜 일행 가운데는 조선 여자와 결혼해서 아이를 낳고 산 사람도 여럿이었다고 한다. 이런 인류학적인 면이 기록되었더라면 얼마나 생동감 있는 글이 되었을 것인가. 그러나 하멜일지에는 이런 면이 일언반구도 쓰여 있지 않다.

비슷한 느낌을 가졌던 듯, 존 처칠은 하멜일지의 영역본 서문에서 다음과 같은 주석을 달았다.

> …… 비록 간략하지만 이 이야기는 진기하다. 저자인 서기는 단순한 뱃사람이 아니라 글을 쓸 수 있는 어느 정도의 학식을 갖춘 사람으로 생각된다. 한편 진실을 말하자면 이건 평범하고 뻔하며 그저 그런 문장이기 때문에, 제대로 된 글을 만들자면 문학성을 필요로 할 뿐 아니라 저자를 노골적인 무식 위로 최대한 끌어올리는 작업을 필요로 한다. 조선에서 산 13년은 보다 완전한 묘사를 기하기에 충분한 시간이며, 그만한 기간이면 이야기를 좀 더 풍부하고 만족스럽게 써낼 수도 있었을 것이다. 그러나 저자는 자기가 갖고 있던 것만을 주었다. 아마도 그는 시간은 충분했지만, 그 참혹한 생활 즉 다시 자유를 되찾을 수 있을지 어떨지도 모르는 상황에서 글을 쓴다거나 또 자기가 쓴 것을 세상에 내놓을 기분이 별로 나지 않았던 듯싶다. 때문에 회고록이 이처럼 간단하고, 잘 소화되지 못한 모양이 된 것이라 생각한다.[13]

그러나 어쨌든 이 짧은 하멜일지가 19세기 말까지 조선의 내부 정

13 존 처칠, 『켈파트 섬 해안에 난파한 화란 선박의 이야기』(항해담과 여행담총서 제4권), 607쪽.

보를 서양에 알려 주는 거의 유일한 책이라 해도 지나치지 않다. 구한말 때 조선에 건너온 선교사들은 누구나 이 하멜일지를 한 번씩은 탐독했다고 한다.

부록

17세기 우리말

하멜이 전해 주는 우리말

다음은 하멜이 자신의 일지에 표기한 17세기 중엽의 우리말을 모은 것이다. 현재의 한국어와 달라 보이는 까닭은 하멜이 표기한 당시 조선어가 17세기, 그중에서도 주로 전라도 지방의 발음을 문자에 의존하지 않고 들리는 대로 표기한 때문일 것이다.

하멜 표기법	하멜식 발음	추정 발음	현재의 발음 또는 뜻
Jeenara	예나라	왜나라	왜(倭)나라
Jirpon	일폰	일본	일본(日本)
Mocxo	목소	목사	목사(牧使)
Moggan	목간	목관	목관(牧館)
Nampan-Koeck	남반쿡	남반국	남만국(南蠻國)
Nampancoy	남반코이	남반코이	남만(다바)코, 담배
Nisy	니시	닌샴	인삼(人蔘)
Oranckay	오란카이	오랑캐	오랑캐[夷]
Peingse	페잉스	벵사	병사(兵使)
Tieckse	티엑스	뗴국사(람)	대국사람(청나라)
Tyocen-Koeck	툐센쿡	됴선국	조선국(朝鮮國)

우리말로는 남만국(南蠻國)이 맞지만, 하멜이 남반쿡이라 표기하고 있는 것은 이 말이 임진왜란 뒤 일본에서 들어온 단어임을 강력히 시사한다. 일본어로는 남만국을 난반고쿠→남반고쿠라 발음하는데, 이는 주로 포르투갈을 지칭하는 표현이었다.

또 남반코이는 남반(南蠻)과 다바코(タバコ)가 합성된 말 같다. 일본인들은 그런 식의 합성어를 잘 사용한다. 남만코라 하지 않고 남반코라 한 것을 보면 이 말도 역시 임진왜란 후 일본에서 수입되어 한때 통용된 것 같다. 다바코라는 일본어는 원래 포르투갈어 타바코(Tabaco)에서 온 말이다.

니시, 티엑스는 그 본래의 뜻을 유추해 내기가 매우 어렵지만, 하멜 자신이 그 단어가 나오는 문장의 앞뒤에 인삼, 오랑캐라는 뜻을 각각 달아 놓고 있기 때문에 그런 해석이 가능하게 되었다.

하멜이 전해 주는 지명

참고로 하멜일지에 나오는 그 밖의 한국 지명을 도표로 옮겨 보면 아래와 같다.

하멜 표기법	하멜식 발음	추정 발음	현재의 지명
Chentio	첸티오	전듀	전주(全州)
Congtio	콩티오	공듀	공주(公州)
Duijtsiang	두이치앙	대창	대창(大倉)
Gunjin	훈진	운진	은진(恩津)
Heynam	헤이남	해남	해남(海南)
Jeham	예함	예암	영암(靈岩)
Jehsan	예산	예산	여산(礪山)
Jensan	옌산	옌산	연산(連山)
Jipamsansiang	이팜산샹	입암산성	입암산성(笠岩山城)

Kninge	크닝혜	김게	금구(金溝)
Naedjoo	나디어	나듀	나주(羅州)
Namhansansiang	남한산샹	남한산셩	남한산성(南漢山城)
Namman	나만	남안	남원(南原)
Pousaen	푸산	부산	부산(釜山)
Saijsingh	사이싱	자수잉	좌수영(左水營)
Sansiangh	산시앙	장셩	장성(長城)
Sehesure	세헤슈르	제쥬	제주도(濟州道)
Senggado	셍가도	겡기도	경기도(京畿道)
Sior	시올	셔울	서울
Siunschien	순치엔	슌쳔	순천(順天)
Tadiane	타디안	대뎡	대정(大靜)
Taymatto	타이마토	대마도	대마도(對馬島)
Teyn	테인	태인	태인(泰仁)
Thella Peing	텔라 페잉	델라벵잉	전라병영(全羅兵營)
Thiellado	티엘라도	델라도	전라도(全羅道)
Tiongop	티옹옵	뎡읍	정읍(井邑)
Tiongsiangdo	퉁샹도	충청도? 경상도?	충청도(忠淸道)? 경상도(慶尙道)?

에보켄이 전해 주는 우리말

1705년 니콜라스 비츤이 출간한 『북과 동만주』에는 '마테우스 에보켄 및 베네딕투스 클레르크에 의한 기록'이 들어 있다. 에보켄과 클레르크는 모두 하멜과 함께 조선에서 13년간을 보냈던 스페르베르호의 선원들인데, 하멜일지에 따르면 일행 가운데 에보켄이 조선어를 가장 잘 구사했다고 한다.

동북아시아에 대한 관심이 매우 깊었던 비츤은 자신의 저서를 집필하기 위해 에보켄과 클레르크를 만나 특별 인터뷰를 가졌다. 아래에 모아 놓은 17세기 중엽의 한국어는 모두 비츤의 저서 속에 들어 있는 것들이다. 조선어를 잘 구사했다는 에보켄의 발음치고는 이상한 것들이 발견되는데, 아마도 에보켄의 잘못이라기보다는 에보켄의 발음을 귀로 듣고 화란어로 표기하는 과정에서 비츤이 저지른 실수인 듯하다.

비츤의 표기법	에보켄 발음	추정 발음	현재의 발음 또는 뜻
Aickie	아이키	애기	아기
Ater	아텔	아덜	아들 또는 애들
Boejong	부용	?	무명(천)
Caem	캄	감	감[柿]
Doen	둔	눈	눈[眼]
Goetsio	후치오	후(고)초	후추 또는 고추
Gun	훈	은	은(銀)
Hanel	하넬	하놀	하늘[天]
Hay	하이	해	해[太陽]
Hiechep	히첩	희쳡	희첩(姬妾 : 처첩)
Jacktey	약테이	약대	약대(낙타)
Jaeck	약	약	약(藥)
Jang	양	양	양(羊)
Jangman	양만	양반	양반(兩班)
Jangsey	양세이	양지	양지(陽地)
Jangsyck	양식	양식	양식(糧食)
Jen	옌	연	연(鳶)
Jury	유리	유리	유리
Jury mano	유리마노	유리마노	유리마노(琉璃瑪瑙)
Jyp	입	입	입[口]
Kackxie	칵시	각시	각시(색시)
Kay	카이	가이	개[犬]
Koely	쿨리	?	수탉
Koo	커	코	코[鼻]

Kookiri	커키리	코끼리	코끼리
Kooy	커이	괘이	괭이(고양이)
Kuym	쿠임	금	금(金)
Mannel	마넬	마늘	마늘
Moel	물	물	물[水]
Moel kokie	물코키	물고기	물고기(생선)
Moet	뭇	물	뭍[陸]
Moet kokie	뭇코키	물고기	뭍고기[肉類]
Mool	멀	말	말[馬]
Moolhoot	멀헛	?	말들('말'의 복수형)
More	모레	모레	모레
Naep	납	납	납[鉛]
Nam	남	남	남(南)
Nammer	나멜	나물	나물
Nammo	나모	나모	나무[木]
Nara	나라	나라	나라[國]
Oodsey	엇제이	어제	어제[昨日]
Pael	팔	발	발[足]
Paemi	파미	밤(이)	밤[夜]
Pajam	파얌	뱜(비얌)	뱀[蛇]
Parram	파람	바람	바람[風]
Pha	파	파	파
Piaer	피알	뱔	별[星]
Podo	포도	포도	포도(葡萄)
Poeck	푹	북	북(北)
Poel	풀	불	불[火]
Poetsia	푸챠	부챠	부처[佛陀]
Pydaen	피단	비단	비단[絹]
Saeram	사람	사람	사람[人]

Samson	삼손	삼?	삼[麻]
Satang	사탕	사탕	설탕[雪糖]
Sio	시오	쇼	소[牛]
Siuee	시어	서	서(西)
Sodse	소제	사자	사자(獅子)
Soer	술	술	술[酒]
Spaem	스팜	뱜	빰[頰]
Stock	스톡	석	떡[餠]
Tael	탈	달	달[月]
Taigwor	타이골	대갈	대가리[頭]
Tiark	티알크	닭	닭[鷄]
Tong	통	동	동(東)
Toot	텃	돈	돈(豚 : 돼지)
Tootshavi	터챠비	도깨비	도깨비[鬼]
t'Jangsio	창시오	장슈	장수(將帥)
t'Jybi	치비	집(이)	집[家]
t'Saet	챗	차	차(茶)
t'So	초	초	초(酢)
t'Swy	취	쥐	쥐[鼠]
Zooy	서이	쇠	쇠[金]

지금은 그저 떡, 빰이라 발음하지만 17세기 중엽에는 석, 뱜의 글자에 나오는 'ㅅ' 발음을 실제로 했던 모양이다. 비츤은 스톡, 스팜이라고 'S' 발음을 넣어서 표기했기 때문이다. 또 닭을 티알크라고 'R' 발음을 넣어서 표기한 것도, 당시에는 닭의 받침에 들어가 있는 'ㄹ' 글자가 실제로 발음되고 있었음을 말해 주는 명확한 증거다.

희첩(姬妾), 약대(낙타), 묻고기[肉類] 같은 단어는 현재는 국어사전에도 올라 있지 않으나, 그때는 널리 쓰이던 낱말이다. 에보켄의 회상 속에 불쑥 등장하고 있는 점이 매우 재미있다. 또 머리 대신에 타이골(대가리)이라는 비어가 나온 걸 보면, 하멜 일행이 평소 상대했던 사람들이 대체로 하층민이었음을 확인시켜 준다.

후치오는 후추와 고추 중 정확히 어느 쪽을 표기한 것인지 알 수 없다. 그러나 이것과 함께 마늘, 파라는 단어가 적혀 있는 것을 보면 17세기 중엽에도 마늘, 파, 고추 등 한국인이 즐겨 사용하는 기본양념이 이미 널리 쓰이고 있었음을 알 수 있다. 어떤 영양학자는 고추, 마늘, 파를 넣어 얼버무리는 현재의 김치 형태가 잘해야 150년 정도라는 학설을 내놓고 있으나, 위 기록은 적어도 17세기 중엽까지 거슬러 올라갈 수 있는 가능성을 제시해 주고 있다.

에보켄이 전해 주는 달

비츤의 표기법	에보켄 발음	추정 발음	뜻
Tiongwor	티옹월	뎡월	정월
Jyewor	이월	이월	2월
Samwor	삼월	삼월	3월
Soowor	서월	사월	4월
Ovoor	오벌	오월	5월
Joevoor	유벌	유월	6월
t'Syrvoor	칠벌	칠월	7월
Parvoor	팔벌	팔월	8월
Koevoor	쿠벌	구월	9월
Sievoor	시벌	시월	10월
Tiongsyter	티옹시텔	동짓달	11월
Sutter	수텔	섯달	12월

비츤은 아래의 숫자가 조선의 양반들이 쓰는 것이라는 각주를 달았다. 인터뷰를 하면서 에보켄이 설명했던 무언가를 비츤이 그런 식으로 받아들였던 것 같다. 하급선의(下級船醫) 에보켄은 13년간이나 조선에서 생활했던 사람인데, 숫자를 세는 방법이 양반의 것인지 아닌지를 분간 못했을 리가 없기 때문이다.

비츤의 표기법	에보켄 발음	추정 발음	뜻
Ana	아나	하나	하나
Toue 또는 Toel	투, 툴	두, 둘	둘
Sevve 또는 Suy	세비, 서이	셋, 서이	셋
Deuye	더이	너이	넷
Tasset	타셋	다셋	다섯
Joset 또는 Jacet	요셋, 야셋	여셋, 야셋	여섯
Girgop 또는 Jirgop	힐홉, 일홉	일홉	일곱
Joderp 또는 Jadarp	요덟, 야닯	여덟, 야닯	여덟
Agop 또는 Ahop	아홉, 아홉	아홉	아홉
Iaer	이얄	얄	열

비츤은 또한 아래의 숫자를 소개하면서 일반 사람들이 쓰는 방법이라는 각주를 달았다. 끝부분에 나오는 억 단위의 숫자가 순서가 바뀐 것은 조선어를 전혀 모르는 비츤이 에보켄의 말을 받아쓰면서 잘못 정리한 것 같다. 또 억과 만을 혼동하고 있는데, 이것 역시 에보켄이 잘못 알고 있었다기보다는 비츤이 정리할 때 실수한 것이 아닌가 한다.

비츤의 표기법	에보켄 발음	추정 발음	뜻
Jagnir	야흐닐	한일	1
Tourgy	툴히	둘이	2

Socsom	속솜	석삼	3
Docso	덕소	넉사	4
Caseto	카셋오	다섯오	5
Joseljone	요셀욘	여섯육	6
Jeroptchil	예롭칠	일홉칠	7
Jaderpal	야델팔	야달팔	8
Ahopcon	아홉콘	아홉구	9
Jorchip	욜칩	열십	10
Somer	소멜	스물	20
Schierri 또는 Siergan	셰리, 셸한	설흔	30
Mahan	마한	마흔	40
Swin	스윈	쉬흔	50
Jegu 또는 Jeswyn	예구, 예쉰	예순	60
Hierigum 또는 Jirgun	혜리흄, 일훈	일흔	70
Jadar 또는 Jadarn	야달, 야단	여든	80
Haham 또는 Ahan	하함, 아한	아흔	90
Hirpee 또는 Jyrpeik	힐페, 일페익	일백	100
Jijpeyck	이페익	이백	200
Sampeyck	삼페익	삼백	300
Soopeyck	서페익	사백	400
Opeyck	오페익	오백	500
Joepeyck	유페익	육백	600
t'Syrpeyck	칠페익	칠백	700
Paelpeyck	팔페익	팔백	800
Koepeyck	구페익	구백	900
Jyrtcien	일첸	일천	1,000
Jijetcien	이예치엔	이천	2,000
Samtcien	삼치엔	삼천	3,000
Sootcien	서치엔	사천	4,000

Otcien	오치엔	오천	5,000
Joektcien	육치엔	육천	6,000
t'Syertcien	칠치엔	칠천	7,000
Paertcien	팔치엔	팔천	8,000
Koetcien	쿠치엔	구천	9,000
Jyroock	일억	일억	1만의 착오
Jyoock	이억	이억	2만의 착오
Samoock	삼억	삼억	3만의 착오
Soeoock	수억	사억	4만의 착오
Ooock	어억	오억	5만의 착오
Koeoock	쿠억	육억	6만의 착오
t'Siroock	칠억	칠억	7만의 착오
Joeoock	유억	구억	8만의 착오
Paeroock	팔억	팔억	9만의 착오
Jyoock	이억	십억	10만의 착오

『하멜표류기』 완역본

헨드릭 하멜 저 / 강준식 역

1653년 8월 16일 (코레아 국왕에 속한) 켈파트 섬에서 실종된 이래 승무원 8명이 일본 나가사키로 탈출한 1666년 9월 14일까지 스페르베르호의 생존자인 장교 및 선원들이 코레아 왕국에서 겪었던 일과 그 나라 민족의 풍습 및 그 나라에 대한 일지.[1]

1부

우리는 동인도제도의 총독 각하와 평의원들의 지시를 받고 6월 14일, 위에서 언급한 스페르베르호를 타고 바타비아[2]를 떠났습니다. 코넬리스 케자르 각하가 우리와 함께 승선했습니다. 그는 관례에 따라 3년 임

1 이 역본은 후틴크 판본을 대본으로 한 비스 영역본을 중심으로 하되, 다른 판본들의 내용을 첨가했을 때는 그 출전을 밝혔다. 하멜 원고나 후틴크 판본에는 원래 소제목이나 시각적 편의를 위한 편집상의 장치가 따로 없다. 하멜일지와 조선왕국기에 숫자나 소제목을 넣어 어떤 형식을 만든 것은 역자라는 것을 밝혀 둔다.

2 오늘날의 인도네시아 자카르타. 화란 동인도회사의 근거지였다.

기가 끝난 현 총독 니콜라스 베르버그 각하를 대신하여 대만(타요완)[3] 및 보호령을 관장하는 정청을 인수받기 위해 신임 총독으로 부임하러 가는 길이었습니다.

우리는 순조롭고 성공적인 항해 끝에 7월 16일 대만에 도착했습니다. 총독 각하가 하선하시고 우리도 짐을 풀었습니다. 그 후 대만 총독과 평의회는 우리에게 일본으로 가라는 명령을 내렸습니다. 우리는 짐을 싣고 총독 각하에게 작별 인사를 드린 뒤, 7월 30일 대만을 출항하면서 하나님의 이름으로 이 항해가 신속히 끝나기를 빌었습니다.

7월 31일 낮 동안의 일기는 좋았습니다. 그러나 저녁이 되면서 폭풍우가 포르모사 섬으로부터 우리에게 접근해 오더니 밤새도록 바람이 더욱더 심해져 갔습니다.

8월 1일 새벽녘에 우리는 어떤 작은 섬 가까이 다가가 있다는 것을 발견했습니다. 강한 바람과 깊은 파도를 피하기 위해 우리는 그 섬 뒤쪽에 닻을 내리려고 애썼습니다. 커다란 위험이 뒤따랐지만 우리는 마침내 섬 뒤에 닻을 내릴 수가 있었습니다. 그러나 뒤에는 높은 파도가 몰아치는 커다란 암초가 있었기 때문에 우리는 그곳에 갇힌 꼴이 되고 말았습니다. 선장이 고물의 전망대에 달린 창문을 내다보다가 우연히 이 암초를 발견했는데, 만일 그가 발견하지 못했더라면 우리는 그 암초

3 불역판 및 처칠 영역판에 타포완(Tapowan)이라 되어 있는 것은 인쇄상의 오자 때문이다. 가령 버니 판에는 타요완(Tayowan)이라고 오자를 바로잡고 있다. 타요완은 물론 대만(臺灣)이며 타이완이다. 포르모사(Formosa)라고도 하는데, 이것은 '아름답다'라는 포르투갈어에서 유래한 지명이다. 하멜 당시의 타요완이란 대남(臺南) 부근의 안평(安平)항을 가리켰다. 이곳은 당시 화란 동인도회사의 대만 근거지였다.

에 부닥쳐 배를 잃을 뻔했습니다. 그 암초는 머스킷총의 사정거리[4] 안에 있었는데도 쏟아지는 비와 어둠 때문에 보이지를 않았던 것입니다. 날이 밝아 오자 우리는 중국 해안에 아주 가까이 다가가 있어, 중국인 병사들이 해안가를 따라 바삐 움직이고 있는 모습을 볼 수 있었습니다. 그들은 우리 배가 좌초하기를 기다리는 것 같았습니다. 그러나 전능하신 하나님의 도움으로 그런 일은 일어나지 않았습니다. 그날은 폭풍이 가라앉기는커녕 점점 더 사나워졌기 때문에 우리는 닻을 내리고 거기서 밤을 보냈습니다.

8월 2일 아침은 바람이 멎어 아주 조용했습니다. 중국 병사들은 여전히 해안가에 나와 마치 굶주린 이리떼처럼 우리를 나포하려고 기다리는 것처럼 보였습니다. 닻과 밧줄을 비롯한 모든 위험을 피하기 위해, 우리는 닻을 올리고 해안을 떠나 그들의 시야를 벗어나기로 작정했습니다. 그날은 낮부터 밤까지 하루 종일 모든 게 고요하기만 했습니다.

8월 3일 아침 우리는 해류 때문에 20밀렌[5]가량 진로에서 벗어나 있다는 것을 발견했습니다. 다시 포르모사의 해안이 보였습니다. 우리는 포르모사와 중국 본토 중간에 진로를 잡았습니다. 일기는 쾌청하고 약간 서늘했습니다.

4 머스킷(musket)총이란 새매를 뜻하는 불어 mousquet에서 온 단어로 라이플총이 발명되기 전까지 유럽 여러 나라의 보병들이 주로 사용하던 총이다. 이것을 흉내 내서 만든 것이 일본의 조총(鳥銃)이다. 머스킷이 새매를 뜻하므로 조총이란 이름도 그냥 나온 것은 아니다. 머스킷총의 사정거리는 당시의 거리 표현법으로 0~100미터가량이라고 한다.

5 밀렌(mijlen) : 영어의 마일(mile)과 같은 단어이나, 당시 선원들이 항해할 때 쓰던 밀렌이란 단위는 7.4킬로미터의 독일 마일을 가리킨다. 따라서 20밀렌은 148킬로미터.

8월 4일부터 11일까지 바다 위엔 바람이 전혀 불지 않거나 아니면 변덕스럽게 불어서, 우리는 중국과 포르모사 섬 사이를 왔다 갔다 하며 표류할 뿐이었습니다.

8월 11일 날씨는 다시 나빠져서, 동남쪽으로부터 비바람이 다가왔습니다. 우리는 북동쪽과 동북동쪽으로 진로를 잡았습니다.

8월 12일, 13일, 14일, 날씨가 점점 험악해져 풍향이 수시로 바뀌기 때문에 우리는 돛을 올릴 때도 있었지만 때로는 전혀 돛을 올리지 못했습니다. 바다가 매우 사나워지자, 배는 크게 동요하고 많은 물이 배에 들어왔습니다. 비가 계속해서 퍼부었기 때문에 우리는 아무런 관측도 할 수 없었습니다. 배가 바람에 날려 해안으로 휩쓸려 가지 않도록 우리는 돛을 올리지 않고 물결 따라 배가 이리저리 표류하도록 내버려 두는 수밖에 없었습니다.

8월 15일 몹시 강한 바람 탓에 갑판에서는 서로의 말소리가 들리지 않아 누가 무얼 말해도 알아들을 수 없었으며, 또 작은 돛도 올릴 수가 없었습니다. 배에 물이 하도 많이 들어오기 때문에 우리는 전력을 다해 펌프질을 했습니다. 광포한 바다 때문에 밀려 들어오는 물로 배가 곧 침몰할지 모른다는 생각이 들었습니다.

저녁이 되자 파도는 배의 이물과 고물을 거의 부숴 버릴 뻔했습니다. 파도가 제1사장(斜檣)을 하도 심하게 흔들어 이물 전체가 떨어져 나갈 위험에 직면했습니다. 우리는 이물을 고정시키기 위해 온갖 노력을 기울였습니다만, 심한 동요와 배를 휩쓸며 잇달아 덮쳐 오는 큰 파도 때문에 끝내 실패하고 말았습니다. 어쩔 도리 없이 우리는 어떻게든 파도를 피해 보기 위해, 앞 돛을 풀어 버림으로써 우리의 생명을 구하고 배와 회사의 상품들을 건질 수 있다고 생각했습니다. 그렇게 함으로써 최악의 폭풍우를 피할 수 있기를 바랐습니다. 하나님의 도움 말고는 이것이 최상의 방법이라 생각했던 것입니다. 앞 돛을 푸는 동안 파도가 고물을 덮쳐 갑판에서 작업하던 선원들이 하마터면 파도에 휩쓸려 바다로 떨어질 뻔했습니다.

배가 온통 물에 잠기자 선장이 소리쳤습니다.

"다들 들어라. 하나님께 기도하라. 이런 파도가 한두 번 더 덮쳐 오면 우리는 모두 물귀신이 된다. 이젠 별 도리가 없다."

밤 1시경 밖을 내다보던 선원이 외쳤습니다.

"육지다! 육지다!"

우리는 육지로부터 머스킷총의 사정거리밖에 떨어져 있지 않았습니다. 어둠과 심한 폭풍우 때문에 우리는 좀 더 일찍 육지를 발견하거나 목격할 수 없었던 것입니다. 우리는 곧 닻을 내리고 키를 돌려 방향을 잡았습니다만, 바다가 깊고 파도가 심하며 바람이 너무 강해 닻이 바닥에 걸리지를 않았습니다. 그때 갑자기 배가 바위에 부딪혔습니다. 세 번 충돌하자 배는 곧 산산조각이 나고 말았습니다. 아래쪽 침대에 있던 사람들은 갑판으로 올라올 새도 없이 목숨을 잃었습니다. 갑판 위에 있던 사람들 가운데는 배 밖으로 몸을 던진 이도 있고, 파도에 휩쓸려 바다 위로 떨어진 이도 있었습니다.

저와 같이 육지에 기어오른 사람은 모두 15명이었는데, 대부분 빈몸이었고 심한 부상을 입은 상태였습니다. 이제 더 살아남은 사람은 없을 거라고 생각했습니다. 바위에 앉아 있노라니 난파선에 남아 있는 사람들의 신음소리가 여전히 들려왔으나, 어둠 때문에 그들을 식별하거나 도와줄 수가 없었습니다.

8월 16일 새벽 동이 트자, 아직 걸을 수 있는 사람들은 해안을 따라

걸으며 상륙한 사람이 더 없는지를 살펴보고 소리를 질렀습니다. 여기저기서 모습을 나타낸 사람이 여럿이었는데 최종 집계해 보니 모두 36명이었습니다. 대부분은 심하게 부상을 입고 있었습니다. 난파선 안에서 우리는 두 개의 커다란 나무통 사이에 끼어 있던 동료를 발견했습니다. 곧 구해 주었지만, 그는 세 시간 뒤에 죽고 말았습니다. 그의 몸은 심하게 부서져 있었던 것입니다.

우리는 슬픔에 잠겨 서로 쳐다볼 뿐이었습니다. 그토록 아름답던 배가 산산조각 나고 말았고, 승무원 64명 중 살아남은 사람은 36명에 지나지 않았습니다. 이 모든 일이 단 15분 만에 일어났던 것입니다. 우리는 해변가로 밀려온 시체를 수색했습니다. 물에서 10~20파톰[6] 떨어진 곳에 암스테르담 출신의 레이니어 에흐버츠 선장이 팔베개를 하고 죽어 있는 것을 발견했습니다. 우리는 여기저기서 발견한 6, 7구의 시체와 함께 선장을 매장했습니다.

우리는 지난 2, 3일 동안 거의 먹지를 못했기 때문에 해변에 밀려왔을지도 모르는 식량을 찾아 나섰습니다. 날씨가 나빠서 요리사는 그동안 요리를 전혀 할 수 없었던 것입니다. 밀가루 한 포대와 고기 한 통, 베이컨 한 통, 스페인제 붉은 포도주 한 통이 발견되었습니다. 포도주는 부상당한 사람들에게 아주 유용했습니다. 우리에겐 불이 가장 필요했습니다. 사람도 보이지 않고 소리도 들리지 않아 우리는 이곳이 무인도가 아닌가 생각했습니다. 정오가 되자 비와 바람이 어느 정도 멎었습니다. 우리는 돛을 이용하여 천막을 만들고, 그 안에 들어가 비를 피할 수 있었습니다.

---

6 파톰(Fathom) : 거리 단위. 1파톰은 183센티미터가량.

8월 17일 모두가 슬픔과 절망에 잠겨 있을 때 멀리서 사람의 그림자가 어른거렸습니다. 우리는 그들이 일본인이기를 바랐습니다. 그들이 도와주면 고국에 돌아갈 수가 있지만, 그렇지 않다면 해결책이 없어 보였습니다. 우리 배와 구조선은 수리도 할 수 없을 만큼 산산조각 나 있었던 것입니다.

정오가 되기 직전에 우리는 대포의 사정거리[7] 정도 떨어진 곳에 어떤 남자 하나가 나타난 것을 발견했습니다. 손짓을 했지만 그는 우리를 보자마자 달아났습니다. 정오가 좀 지나서 세 남자가 머스킷총 사정거리만큼 떨어진 곳까지 다가왔습니다만, 우리가 아무리 손짓 발짓을 해도 더 이상은 접근하지 않았습니다. 마침내 우리 동료 중 한 사람이 용기를 내어 그들 쪽으로 올라갔습니다. 그리고 총을 들이대고 절실히 필요로 하고 있던 불을 얻는 데 간신히 성공했습니다. 그 사람들은 중국식 복장을 하고 있었지만, 머리엔 말총으로 짠 모자(갓)를 쓰고 있었습니다. 해적이나 본토에서 추방된 중국인들이 사는 곳에 왔을지도 모른다는 생각에 우리는 모두 겁을 먹었습니다. 저녁이 되자 무장한 사람들이 약 1백 명쯤 천막 주위에 도착했습니다. 그들은 우리의 숫자를 세어 본 뒤 천막을 포위하고 우리들을 밤새도록 지켜보았습니다.

8월 18일 아침 우리가 대형 천막을 만들고 있노라니까, 정오가 될 무렵 1천 명 또는 2천 명의 병사들이 걷거나 말을 타고 도착하여 천막 주위를 포위했습니다. 대오를 정비한 그들이 우리에게 나오라고 손짓해서 서기[8]와 일등항해사, 하급수부장 그리고 급사 등 4명이 앞으로 나갔습니니

7 대포의 사정거리 : 약 200~300미터.

8 서기란 하멜 자신을 가리킨다.

다. 저쪽 사령관은 네 사람의 목에 쇠사슬을 채웠는데, 그 쇠사슬엔 (마치 화란에서 양의 목에 매달아 주는 것 같은) 방울이 달려 있었습니다.

엉금엉금 기어간 네 사람이 지휘관 앞에서 얼굴을 땅에 박자, 갑자기 병사들의 고함소리가 "와!" 하고 일어나 무시무시했습니다. 천막 안에 있던 동료들도 눈앞에서 벌어지는 일을 보며, "우리도 사관처럼 저렇게 해야 될지 모른다."고 수군거렸습니다. 우리가 땅에 엎드려 있자, 그들은 우리에게 무릎을 꿇으라고 몸짓으로 말했습니다. 사령관은 무언가를 명령했으나 우리는 알아듣지 못했습니다. 우리는 몸짓으로 일본 나가사키로 가기를 원한다고 알렸습니다만 아무 소용이 없었습니다. 왜냐하면 우리는 서로 이해하지를 못했던 것입니다. 그들은 왜나라(Jeenare)나 일본(Jirpon)이라 부르기 때문에 야판(Japan)이란 말을 알아듣지 못했습니다. 사령관은 우리들 한 사람 한 사람에게 아락술[9]을 한 잔씩 나눠 주고 천막으로 돌아가도록 명령했습니다. 호송병들은 천막 안으로 들어가 식량이 있는가를 살펴보았으나 앞서 언급한 고기와 베이컨밖엔 아무것도 없다는 걸 발견하자, 그 식량을 들고 나와 사령관에게 보여 주었습니다. 한 시간 뒤 그들은 우리에게 쌀죽을 조금씩 나눠 주었는데, 그건 우리가 몹시 굶주려 있어서 한꺼번에 많이 먹으면 탈이 날 것이라 생각했기 때문입니다.

오후에 그들이 모두 되돌아왔는데, 손에는 저마다 밧줄을 들고 있어 우리를 몹시 겁나게 했습니다. 우리는 그들이 우리를 붙들어 매어 죽일 것이라고 생각했던 것입니다. 그러나 그들은 왁자지껄 떠들며 난파선 쪽으로 걸어가더니, 아직도 쓸모가 있는 표류물을 줍기 시작했습니

9 아락(arrack)술 : 쌀에서 증류해 낸 동양의 독한 술. 이 책 19쪽 각주 4를 참조.

다. 저녁이 되자 그들은 우리에게 쌀밥을 주었습니다. 그날 오후 일등 항해사가 위도를 측정하더니 우리가 북위 33도 32분[10]에 위치한 퀠파트 섬에 있다는 사실을 알아냈습니다.

8월 19일 그들은 표류물을 뭍으로 건져 올려 볕에 말리느라 바빴고, 철이 박힌 나무는 모조리 불에 태웠습니다. 우리 사관들이 그 섬의 사령관과 제독[11]을 만나러 갔더니, 그들 쪽에서도 사관들을 맞아 주었습니다. 사관들은 사령관과 제독에게 쌍안경을 하나씩 증정했습니다. 사관들은 한 통의 붉은 포도주를 들고 가서 우리가 바위틈에서 발견한 회사용 은술잔에 술을 따랐습니다. 그들은 포도주를 맛보더니 좋은지 연거푸 술잔을 기울였는데, 나중엔 대단히 기분이 좋아진 것 같았습니다. 그들은 우리에게 아주 친근한 태도를 보이면서 은술잔을 돌려준 뒤 우리를 천막까지 배웅해 주었습니다.

8월 20일 그들은 철을 얻어 내기 위해 난파선과 거기서 나온 모든 나무들을 불태웠습니다. 난파선이 불타는 동안 두 개의 폭발물이 터져 장교와 병졸이 모두 달아났습니다. 잠시 후 그들이 다시 돌아와 더 터질 게 있는지를 물었습니다. 우리가 "없다."는 신호를 보내자 그들은 곧 작업을 계속했습니다. 그날 그들은 우리에게 두 번 음식을 갖다주었습니다.

8월 21일 아침, 사령관은 우리 가운데 몇 사람을 불러 봉인을 해야겠으니 천막 안의 물건들을 갖고 나오라고 몸짓으로 명령했고 우리는

10 실제로는 33도 13분가량.

11 『효종실록』에 따르면 하멜이 사령관이라 칭한 사람은 대정현감 권극중(權克中), 제독이라 칭한 사람은 판관 노정(盧錠)이다. 이 책 23~24쪽 참조.

그대로 따랐습니다. 그들은 곧 우리가 보는 앞에서 물건들을 봉인했습니다. 그리고 우리가 거기 앉아 있노라니까, 표류물 수집 작업이 진행되는 동안 약간의 녹비와 철 등을 훔친 도둑 몇이 앞으로 끌려 나왔습니다. 그들은 모두 뒷짐 상태로 결박당한 채 우리 눈앞에서 처벌되었는데, 그건 우리 물건이 약탈될 수 없음을 보여 주려는 것이었습니다. 도둑들은 길이 1미터에 젊은이 팔뚝만한 굵기의 몽둥이로 발바닥을 매질당했습니다. 각각 30~40대씩 매를 맞았는데, 그중 발가락이 떨어져 나간 사람도 있었습니다.

정오가 되자 그들은 우리에게 출발해야 한다는 것을 알렸습니다. 비교적 상태가 온전한 사람은 말을 제공받았고, 부상을 당해 말을 탈 수 없는 사람은 사령관의 명령에 따라 들것에 태워졌습니다.

오후에 우리는 기병과 보병의 호위를 받으며 그곳을 떠나 대정(Tadiane)[12] 이라는 작은 마을에서 하룻밤을 묵게 되었습니다. 무언가를 먹은 후 우리는 잠을 잘 어떤 창고로 끌려갔는데, 그곳은 여관이나 숙소라기보다는 마구간에 더 가까운 건물이었습니다. 우리는 그날 약 4밀렌을 여행했습니다.

8월 22일 이른 새벽, 우리는 다시 말을 타고 여행을 계속했습니다. 도중에 작은 성채를 지나가게 되었는데, 우리는 그곳에서 두 척의 전선(戰船)을 보았습니다. 거기서 아침 식사를 했습니다. 오후에 우리는 목간(Moggan)[13] 이라는 고을에 도착했는데, 바로 목사(Mocxo)[14] 라 불리

12 대정(大靜)→대뎡→타디안.

13 하멜이 표기한 목간(Moggan)은 목관(牧館), 목관(牧官), 목안을 듣고 표기했으리라는 세 가지 설이 있다. 어느 것이나 다 제주시를 가리킨다.

14 Mocxo는 목사(牧使)를 가리킨다.

는 이 섬의 총독 관저가 있는 고을이었습니다. 그들은 우리가 그곳에 도착하자마자 관청 앞 광장으로 집합시켰고, 마실 수 있는 미음을 한 그릇씩 나눠 주었습니다. 우리는 이것이 이 세상의 마지막 음식이며 곧 다 죽게 될 것이라 생각했습니다. 눈에 보이는 총이나 병기는 물론 그들이 가지각색으로 차려입은 옷 모양까지 모두 무섭게만 보였습니다. 그곳에는 약 3천 명의 무장병이 서 있었습니다. 그 같은 풍습은 듣도 보도 못한 것이었고, 중국인이나 일본인에게서도 볼 수 없던 것이었습니다.

곧 서기(하멜)와 전에도 차출되었던 다른 세 사람이 사령관 앞에 끌려 나갔던 것과 같은 방법으로 다시 총독[15] 앞에 끌려 나갔습니다. 무릎이 꿇린 채 잠시 땅에 엎드려 있으려니까, 무슨 고함소리가 들리는 가운데 우리는 관청의 높은 대청마루 위에 왕처럼 앉아 있는 누군가를 보았습니다. 우리가 좀 더 앞으로 끌려가자, 그는 신호를 보내 우리가 어디서 왔으며, 어디로 가기를 원하는지 물어보았습니다. 우리는 손짓 발짓 있는 재간을 다 동원하여 일본의 나가사키에 가는 길이라고 알렸습니다. 그러자 그 노인은 고개를 끄덕이며 무언가를 알아들었다는 표시를 했습니다. 그 후 걸을 수 있는 사람은 한 번에 네 명씩 총독 각하 앞으로 끌려 나와 차례차례 심문을 받았습니다. 질문이 던져질 때마다 우리는 손짓 발짓 다 동원하여 재주껏 대답했으나, 결국 그들도 우리도 서로의 뜻을 이해하지 못했습니다. 그러자 총독은 우리 모두를 어

15 하멜은 이런 표현을 즐겨 썼다. 여기서는 제주목사를 가리킨다. 『효종실록』 등에 따르면 당시 제주목사는 이원진(李元鎭)이었다. 이 책 23쪽 참조.

떤 집에 데려가도록 했는데, 그 집은 국왕의 숙부[16]가 왕위를 찬탈하고 국왕을 외국으로 추방하려다가 종신형을 받고 죽을 때까지 살았다는 집이었습니다.

집 주위에는 병사들의 삼엄한 감시가 펼쳐졌습니다. 우리는 하루에 1인당 4분의 3캐티[17]의 쌀과 같은 분량의 밀가루를 배급받았지만, 부식물은 거의 없이 그나마 나오는 것도 우리가 먹을 수 없는 반찬이었습니다. 그래서 우리는 소금과 물을 타서 밥을 먹을 수밖에 없었습니다.

나중에 알게 된 일이지만, 총독은 선량하고 사리를 잘 판단할 수 있는 사람이었습니다. 그는 70세 전후로 도성(都城)[18] 출신이었고, 조정에서도 상당히 존경받는 분이라 했습니다. 그는 국왕에게 장계를 올려 우리를 어떻게 처리하면 좋은지를 묻고 그 답서를 기다리지 않으면 안 된다고 알려 주었습니다. 수도는 바다로 12~13밀렌, 육로로는 70밀렌 이상 떨어진 거리에 위치해 있기 때문에 국왕의 답서는 빨리 오지 않았습니다. 이렇게 해서 우리들은 마침내 서툴지만 그런대로 의사소통하기 시작했습니다.

우리는 더 이상 쌀과 소금만으로 버틸 수가 없었기 때문에 약간의 고기와 다른 부식들을 얻을 수 없느냐고 총독에게 부탁했습니다. 우리는 바람을 쐬고 몸을 씻거나 몇 가지 안 되는 옷을 빨기 위해 외출을 허가해 달라고 부탁했습니다. 이 청원이 받아들여져서, 우리는 매일 여섯 명씩 교대로 외출할 수 있었습니다. 그리고 총독은 부식을 제공해 주

16 국왕의 숙부는 광해군을 말한다. 인조반정으로 실각한 광해군은 강화 교동을 거쳐 1637년 제주에 옮겨졌으며 1641년에 사망했다.

17 캐티(catty)는 600그램 또는 625그램에 해당하는 한 근(斤)을 말함.

18 서울.

라는 명을 내렸습니다.

그는 때때로 우리를 불러들여 우리 언어로 이것저것 물어보고 무언가를 적어 두기도 했으며, 또 우리의 슬픔을 달래 주기 위해 잔치와 그 밖의 여흥을 베풀어 주었습니다. 날마다 그는 우리에게 용기를 북돋아 주고, 국왕의 답신이 도착하면 우리가 일본에 보내질 것이라고 말했습니다. 그는 또 병자가 치료받을 수 있도록 조처해 주었습니다. 이렇게 해서 우리는 이교도로부터 기독교인이 무색할 정도의 후한 대접을 받게 되었던 것입니다.

2부

10월 29일 오후, 서기와 일등항해사와 하급선의가 총독에게 불려 갔습니다. 관청에 도착한 우리는 길고 빨간 수염이 난 한 남자를 발견했습니다. 총독이 우리에게 "이 사람이 누군지 알겠는가?" 하고 묻기에 우리와 같은 화란인이라고 대답했습니다. 그러자 총독은 웃으면서 "틀렸다, 이 사람은 코레시안(Coresian)[19]이다."라고 했습니다. 여러 가지 말과 몸짓을 서로 주고받은 뒤에, 이제까지 침묵을 지키던 그 사나이가 몹시 서툰 화란어로 우리가 어느 나라 사람이며 어디서 왔느냐고 물었습니다. 우리는 암스테르담에서 온 화란인들이라고 대답했습니다. 그러자 그 사람은 우리가 어디를 출발해서 어디로 가는 길이었는지를 물었습니다. 우리는 대만을 출발해 일본으로 갈 생각이었으나, 전능하신

19 코리언 또는 코레안. 자세한 것은 이 책 39쪽 각주 2를 참조.

하나님이 그걸 막았다고 대답했습니다. 우리는 닷새 동안이나 폭풍우를 겪은 끝에 이 섬에 난파되었으며, 지금은 자비로운 구출과 도움이 있기를 기원하고 있다고 설명했습니다.

우리 동료들은 그에게 이름이 무엇이며, 어느 나라에서 왔으며, 어떻게 이곳에 도착하게 되었는지를 물어보았습니다. 그는 이렇게 대답했습니다.

"나는 (데)레프 출신의 얀 얀스 벨테프레이라고 하는 사람이오. 1626년 홀란디아호를 타고 고국을 떠났더랬소. 1627년 오버커크호를 타고 일본에 가던 중 역풍을 만나 코레아 해안에 표착하게 되었소. 마실 물이 필요해서 보트를 타고 뭍에 올랐다가, 동료 둘과 함께 주민들에게 붙들렸소. 다른 선원들은 보트를 타고 모선으로 되돌아갔소."

지금으로부터 17~18년 전 타르타르인[20]이 이 나라를 쳐들어왔을 때 벨테프레이[21]의 두 동료는 전사했다고 했습니다. 그들은 (데)레프 출신의 데릭 히스버츠와 암스테르담 출신의 얀 피터스 버바스트였습니다. 두 사람 모두 벨테프레이와 함께 동인도제도에 온 사람들이었습니다.

그가 어디에 살며, 생계를 위해 무엇을 하고 있는지, 왜 이 섬에 왔는지를 물어보았더니, 자기는 서울에 살며 국왕으로부터 충분한 식량과 의복을 지급받고 있으나, 우리가 어떤 사람들인지 우리가 어떻게 이곳에 도착하게 되었는지를 알아보러 이곳에 내려왔다고 대답했습니다.

---

20 달단(韃靼). 유럽인은 만주족을 이렇게 불렀다. 이 책에 나오는 타르타르인은 청나라 사람을 의미한다. 타르타르인과의 전쟁은 병자호란.

21 박연. 자세한 것은 이 책 85~101쪽 참조.

그는 또 자기도 여러 번 국왕과 고관들에게 일본에 보내 달라는 탄원을 올렸으나 언제나 거절되었다면서 이렇게 말했습니다.

"당신이 새라면 그곳으로 자유롭게 날아갈 수 있을 거요. 그러나 우리는 외국인을 나라 밖으로 내보내지 않소. 그 대신 당신들을 보살펴 주고 식량과 의복도 지급해 줄 것이니, 이 나라에서 목숨이 다할 때까지 살아야 할 거요."

그는 우리를 많이 위로해 주면서, 우리가 국왕을 만나게 된다 해도 다른 것은 기대하지 않는 게 좋을 거라고 말했습니다. 이렇게 되자 통역을 만난 기쁨이 거의 슬픔으로 바뀌고 말았습니다. 놀랍게도 57~58세가 되어 보이는 이 사람은 자기의 모국어를 거의 다 잊어버리고 있었습니다. 앞서 말씀드린 것처럼 우리는 처음에 그 사람 말을 거의 알아들을 수가 없었으나, 우리와 한 달가량 같이 지내는 동안 그의 화란어가 다시 회복되었습니다.

이상 말씀드린 여러 가지 사실들과 우리 승무원과 우리 배에 일어났던 일들이 문서로 신중히 작성되었고, 얀 얀스의 통역을 통해 우리도 그 내용을 들었습니다. 이렇게 작성된 보고서가 다음 배편을 통해 조정에 보내졌습니다.

총독은 날마다 우리의 사기를 돋워 주며, 국왕의 답서가 오는 데는 시간이 많이 걸리지 않을 것이고, 좋은 소식이 오면 우리를 일본에 보내 주겠다고 했습니다. 우리는 그 말을 듣고 큰 위안을 얻었습니다. 그는 앞서 말씀드린 벨테프레이와 자기 부하 한 사람을 날마다 보내 우리가 어떻게 지내고 있는지를 보고받았습니다.

12월 초에 신임 총독[22]이 도착했습니다. 전임 총독의 3년 임기가 끝났던 것입니다. 우리는 매우 비통한 심정이 되어 새 주인은 새 법을 가지고 올지 모른다고 염려했는데, 그게 사실로 입증되고 말았습니다. 날은 점점 추워지는데, 우리는 변변하게 입을 만한 옷이 별로 없었습니다. 때문에 전임 총독은 떠나면서 우리에게 안감을 댄 긴 코트 한 벌씩을 지어 주고, 가죽으로 만든 긴 양말 한 켤레와 추위를 이길 수 있는 신발 한 켤레씩을 지어 주도록 명했습니다. 그는 또 물에서 건져 낸 우리 책들을 되돌려 주었습니다. 그는 겨울을 지내는 데 쓰라고 커다란 어유(魚油) 한 통을 주었습니다. 그는 작별 잔치에 우리를 초대하여 배불리 먹였습니다. 그는 우리를 일본에 보낼 수 없게 된 것이나 자기와 함께 본토로 데려가지 못하는 것이 매우 유감스럽지만, 자기의 떠남을 슬퍼하지는 말라고 앞서 언급한 벨테프레이를 통해서 당부했습니다. 그는 자기가 조정에 도착하면 백방으로 노력해서 우리를 석방시키든지 아니면 가능한 한 빨리 이 섬에서 서울로 데려가도록 노력하겠다고 말했습니다. 우리는 총독 각하가 베풀어 준 모든 호의에 대해 진심으로 감사를 드렸습니다.

신임 총독은 업무를 인계 맡자 곧 우리에게서 모든 부식을 빼앗아 버렸습니다. 이러니 우리는 쌀밥과 소금, 그리고 마실 물만 가지고 식사를 할 수밖에 없었습니다. 우리는 역풍 때문에 아직 섬을 떠나지 않고 있던 전임 총독에게 이 사실을 호소했습니다. 그는 자기의 임기가 끝났으므로 아무것도 해 줄 수 없지만, 신임 총독에게 편지를 써 보내겠다고 했습니다. 이렇게 하여 전임 총독이 섬에 머무는 동안 신임 총독은 우리의 불평이 다시 불거져 나오지 않도록 부식을 지급해 주었습니다.

22 『제주읍지』에 따르면 신임 제주목사는 소동도(蘇東道)이다

1654년

정월 초 전임 총독이 섬을 떠나자 대우는 형편없이 나빠졌습니다. 우리는 쌀 대신에 보리, 밀가루 대신에 보릿가루를 지급받았으며, 부식 제공은 일절 중단되고 말았습니다. 따라서 부식을 얻으려면 보리쌀을 팔아야 했습니다. 우리는 하루에 4분의 3캐티의 보릿가루로 만족해야 했습니다. 그러나 하루에 여섯 명씩 외출하는 일은 그대로 계속되었습니다. 비참해진 우리는 탈출 방법을 모색했습니다. 봄이 오고 비가 내리는 계절이 왔지만 국왕의 답서는 너무나 더디 왔기 때문에 우리는 이 섬에 갇혀서 일생을 죄수처럼 보내게 되는 게 아닌가 몹시 근심했습니다.

밤 동안 해안에 계류되어 있는 배가 어디 없을까 하고 헤매던 중, 마침 4월 말에 그 기회가 찾아왔습니다. 일행 여섯 명 가운데 일등항해사와 3명의 선원(이들은 훗날 나가사키로 탈출하는 데 성공했습니다.)이 탈출 계획을 세웠습니다. 그런데 그룹 중의 한 사람이 밀물이 들어오는지를 알아보려고 점찍어 둔 배로 가기 위해 담을 넘었고, 그러다 개들이 짖어 대는 통에 감시병의 경비가 삼엄해져 그만 되돌아올 수밖에 없었습니다. 탈출 기도는 실패하고 만 것입니다.

5월 초, 일등항해사와 (앞서 언급한 3명을 포함해서) 선원 5명이 교대로 나다니다가 고을 외곽의 한 작은 마을에서 항해 장비를 그대로 놔둔 배 한 척을 발견했습니다. 주변엔 아무도 없었습니다. 그들은 즉시 동료 한 사람을 수용소로 보내 이런 경우를 위해 준비해 두었던 새끼줄과 일인당 두 덩어리씩의 빵을 가져오게 했습니다. 그가 돌아오자 일행은 물을 마신 다음 모래톱에 올려 있는 배를 밀어 바다에 띄웠습니다. 마을의 구경꾼 몇 사람이 무슨 일이 일어나는지를 알지 못하고 매우 놀란 채 거기 서 있었습니다. 마침내 동네 사람 중 하나가 집에 뛰어 들어가 화승총을 들고 나왔습니다. 그는 배를 탄 선원들을 뒤쫓아 물로 달려들어갔습니다. 그러나 이때쯤 선원들은 넓은 바다로 나아가고 있었습니다. 다만 선원 한 사람이 배 끄는 밧줄을 푸느라고 미처 배를 타지 못하고 있었습니다. 배에 탄 선원들은 돛을 올렸으나, 배의 장비에 익숙지 못했던 탓으로 돛대가 배 밖으로 쓰러지고 말았습니다. 그들은 애써 돛대를 다시 일으켜 세우고 밧줄로 이리저리 붙들어 맨 뒤 다시 한 번 돛을 올렸습니다. 그러자 이번에는 돛대의 버팀목이 부러졌습니다. 마스트와 돛은 다시 배 밖으로 쓰러졌습니다. 돛대를 세울 수 없게 되자 선원들이 탄 배는 해안 쪽으로 떠밀려 왔습니다. 뭍에 있던 사람들은 이걸 보고 선원들을 추격하기 위해서 바다에 다른 배를 띄웠습니다. 추격자들이 탄 배가 옆으로 다가오자 선원들은 그 배로 뛰어 넘어갔습니다. 선원들은 그 배를 탈취할 생각으로 총을 가지고 있던 추격자들을 바닷속으로 집어던지기 시작했습니다. 그러나 그 배는 누수가 심해서 도저히 항해할 수 없다는 것을 깨닫고 선원들은 모두 해안가로 되돌아왔습니다. 거기서 붙들린 그들은 총독 앞으로 연행되었습니다.

선원들에게는 각기 칼이 씌워졌고, 한 손은 칼에 박힌 족쇄에 채워졌으며, 목둘레에 쇠사슬이 묶여졌습니다. 이런 모양으로 구속된 선원들은 총독 앞에 꿇어앉아야 했습니다. 수용소에 남아 있던 선원들도 총독 앞에 끌려와 자기 동료들이 그런 괴로운 꼴을 하고 있는 모습을 보아야 했습니다.

총독은 탈출하려던 선원들이 남아 있던 선원들과 공모했는가 여부를 심문했습니다. 그들은 다른 선원들은 모르는 일이라고 대답했는데,

그건 동료들이 더 이상의 괴로움을 당하지 않고 자기들과 같은 처벌을 당하지 않게 하려는 배려였습니다. 그러자 총독은 왜 탈출하려 했는가를 물었으며, 그들은 이 질문에 대하여 자기들은 일본에 가려 했다고 대답했습니다. 총독은 그런 작은 배로 음료수도 없이 빵 몇 조각만 가지고 항해할 수 있다고 생각했느냐고 물었습니다. 이 질문에 대해 그들은 이런 대우를 받느니 당장 죽는 게 낫다고 대답했습니다. 그러자 총독은 그들의 칼을 풀어 주고 볼기를 까게 하더니, 넓이가 손바닥만 하고 굵기가 손가락만 하며 길이가 1파톰쯤 되는 양옆이 둥그스름한 방망이로 25대씩을 때리게 했습니다. 매를 맞은 뒤 그들은 한 달가량은 자리에 누워 있어야 했습니다. 외출은 금지되었으며, 우리는 밤낮으로 엄중한 감시를 받게 되었습니다.

그들이 제주(Sehesure)라 부르고 우리가 켈파트라 부르는 이 섬은 앞서 언급한 것처럼 북위 33도 32분에 위치해 있으며, 코레아 본토의 남단에서 약 12밀렌 떨어진 거리에 있습니다. 섬의 안쪽 부분, 또는 북쪽 해안에는 배가 들어가고 나올 수 있으며 본토를 오갈 수 있는 만이 하나 있습니다. 해안 사정을 모르는 사람들에게는 눈에 띄지 않는 암초 때문에 섬으로 접근하는 것이 매우 위험합니다. 날씨가 나빠 만을 발견하지 못하면 배는 일본으로 향할 수밖에 없는데, 그 까닭은 이 섬에 그 만을 제하고서는 닻을 내리거나 안전하게 머물 장소가 없기 때문입니다.

섬 주변은 돌아가며 절벽이 있고 보이지 않는 암초가 많습니다. 섬에는 사람이 많이 살고 있으며, 먹을 것을 많이 생산합니다. 말과 소가 풍부하여 매년 국왕에게 공납하고 있습니다. 주민들은 평민들로서 매우 가난하며, 본토인들로부터는 천대를 받고 있습니다. 섬 중앙에는 나무가 울창한 높은 산이 하나 있으며, 그 밖의 산들은 나무가 별로 없지만 계곡이 많아 거기서 벼농사를 짓고 있습니다.

3부

5월 말이 되어서야 오랫동안 기다리던 국왕의 소식이 도착했습니다. 슬프게도 우리는 조정으로 가야 했습니다. 그러나 이 억압적인 감옥으로부터 해방된다는 것이 기뻤습니다. 6, 7일 후 우리는 4척의 배에 분승했으나, 다리 한 짝과 팔 한 짝은 나무 기둥에 묶여야 했습니다. 당국은 우리가 배를 빼앗아 달아날 것을 두려워했던 것입니다. 우리를 감시하던 병사들이 모두 뱃멀미를 했기 때문에, 만일 우리 몸이 자유롭거나 묶여 있지 않았다면 우리는 실제로 그렇게 했을지도 모릅니다. 이런 꼴로 이틀이나 배에 앉아 있었으나, 역풍이 불어 배들은 출항할 수가 없었으므로 우리는 다시 풀려나 그 수용소로 보내졌습니다. 4, 5일 후 순풍이 불자, 우리는 이른 새벽 다시 배로 끌려가 먼젓번처럼 기둥에 묶이고 병사들의 감시를 받았습니다. 닻이 걷히고 돛을 올리자 우리가 탄 배들은 섬을 떠났습니다. 저녁에 본토에 접근하여 거기서 닻을 내렸습니다. 아침에 우리는 배에서 풀려나 병사들의 삼엄한 감시를 받으며 뭍에 올라갔습니다.

이튿날 우리는 말을 제공받아 이걸 타고 해남(Heynam)[23]이라는 마

23 해남(海南) 이하 하멜 일행이 거쳐 간 도시명을 한자로 표기하면 영암(靈岩), 나주(羅州), 장성(長城), 입암산성(笠岩山城), 정읍(井邑), 태인(泰仁), 금구(金溝), 전주(全州), 여산(礪山),

을로 갔습니다. 배들은 각기 다른 장소에 도착했기 때문에, 우리들 36명은 그날 저녁이 될 때까지 한 자리에 모이지 못했습니다.

이튿날 우리는 무언가를 먹은 뒤 다시 말을 탔으며 저녁에 영암(Jeham)이라는 읍에 도착했습니다. 그날 밤 푸르메렌드 출신의 포수 파울루스 얀스 쿨이 죽었습니다. 그는 배가 난파당한 후 계속 건강이 좋지 않았습니다. 그는 읍장의 명으로 우리가 보는 앞에서 매장되었습니다. 묘지 곁에서 다시 말을 타고 출발하여 저녁에는 나주(Naedjoo)라는 고을에 도착했습니다.

이튿날 아침 우리는 다시 출발했으며, 그날 밤은 장성(Sansiangh)이라는 고을에서 보냈습니다. 우리는 아침에 출발하여 그날 낮엔 매우 높은 산을 통과했는데, 그 산 위에는 입암산성(Jipamsansiang)이라는 성채가 있었습니다. 그날 밤은 정읍(Tiongop)에서 보냈습니다. 우리는 아침에 떠나 같은 날 태인(Teyn)이라는 마을에 도착했습니다.

이튿날 아침 다시 말을 탔습니다. 오정 때 금구(Kninge)라는 작은 마을에 도착했습니다. 거기서 점심을 먹은 뒤 다시 떠났으며, 저녁 무렵 전주(Chentio)라 불리는 큰 도시에 도착했습니다. 그곳은 전에 왕궁[24]이 있었다고 하나 지금은 전라도(Thiellado)의 총독이 살고 있습니다. 전국적으로 이 도시는 상업 중심지로 유명합니다. 내륙의 도시이므로 뱃길로는 도착할 수 없습니다.

이튿날 아침 전주를 떠났으며 저녁에 여산(Jehsan)이라는 고을에 도착했는데, 이곳은 전라도의 마지막 고을이었습니다.

은진(恩津), 연산(連山), 공주(公州).

24 후백제의 견훤이 이곳에 도읍을 정했던 일을 말하는 듯하다.

이튿날 아침 우리는 다시 말을 타고 떠났으며, 저녁에 충청도(Tiongsiangdo)의 은진(Gunjin)이라는 작은 마을에 도착했습니다.

이튿날은 연산(Jensan)이라는 고을을 향해 떠났습니다. 거기서 하룻밤을 보낸 뒤 이튿날 아침 다시 말을 탔으며, 저녁에 공주(Congtio)라 불리는 고을에 도착했는데 거기엔 충청도의 총독이 살고 있습니다.

이튿날 우리는 큰 강을 건너 경기도(Senggado)라는 지방에 도착했는데, 이곳에 왕국의 수도가 위치해 있습니다.

여러 개의 마을과 고을에서 밤을 보내며 또다시 며칠인가를 여행한 뒤, 우리는 마침내 도르트레흐트에 있는 마스 강만큼이나 넓은 큰 강을 건넜습니다. 우리는 강을 건너기 위해 배를 탔으며, 말을 타고 1밀렌 정도 가니까 서울(Sior : 시올)이라 부르는 성벽에 둘러싸인 굉장히 큰 도시에 도착했습니다. 여기에 국왕의 저택이 있습니다. (우리는 주로 북쪽으로, 그리고 서쪽으로 약간 기운 방향을 향해 70~75밀렌가량 여행한 것입니다.)

도성에 도착한 뒤 우리는 2, 3일 동안 모두 한 집에 수용되었습니다. 그 후 두서넛씩 분산되어 자기 나라를 도망쳐 나온 중국인 집에 보내졌습니다. 이렇게 거처가 정해지자, 우리는 국왕[25] 앞으로 끌려갔습니다. 국왕은 앞서 언급한 얀 얀스 벨테프레이의 통역을 통해 우리에게 여러 가지를 물어보았습니다. 우리는 최선을 다해 질문에 대답한 뒤, 폭풍우 때문에 배를 잃고 이국땅에 도착해서 부모나 처자식, 친구나 약혼자를 빼앗겼다고 처지를 설명하면서, 국왕 폐하께서 자비를 베푸시어 우리를 일본에 보내 동포를 만나 다시 고국에 돌아갈 수 있도록

25 여기서의 국왕은 효종대왕을 가리킴. 하멜 일행이 끌려간 왕궁은 창덕궁.

해 달라고 간청했습니다.

국왕은 벨테프레이의 통역을 통해 외국인을 국외로 내보내는 것은 이 나라의 법도가 아니기 때문에 우리는 죽을 때까지 그곳에 살아야 하며, 그 대신 우리들의 의식주는 돌보아 주겠노라고 대답했습니다. 그런 뒤 국왕은 우리에게 화란 춤을 추어 보고 노래도 불러 보라 이르고, 또 우리가 배운 모든 것들을 자기 앞에 다 내놓아 보라고 했습니다. 국왕은 그 나라 풍습대로 우리를 환대해 준 뒤, 1인당 포목 2필씩을 하사하며 이 옷감으로 이 나라 옷을 지어 입으라고 말했습니다. 그 뒤 우리는 숙소로 되돌아가 잠을 잤습니다.

이튿날 우리는 모두 훈련대장[26] 앞에 불려 가 정렬했는데, 그 대장은 앞서 자주 언급한 벨테프레이의 통역을 통해 국왕이 우리를 자신의 호위병으로 만들었다고 말했습니다. 이에 따라 우리는 월 70캐티의 쌀을 지급받게 된다는 것이었습니다. 그는 우리에게 나무로 만든 둥근 소패(小牌)[27]를 하나씩 주었는데, 거기에는 우리의 이름과 나이, 출신국, 근무처가 (자기들 글자로) 새겨져 있었으며 국왕과 대장의 낙인이 찍혀 있었습니다. 우리는 각기 화승총 한 자루와 화약, 납(총알)을 지급받았고, 초하루와 보름날에 대장 앞에 나타나 큰절을 드려야 한다는 명령을 받았습니다. 이것은 그 나라의 풍습으로서, 조정 관리들 사이에서도 봉록이 적은 사람은 봉록이 많은 사람에게 그렇게 하며, 조정 대신들 또한 국왕에게 그렇게 합니다.

훈련대장을 포함하여 조정에 근무하는 모든 신하들은 매년 6개월 동

26 훈련도감의 이완(李浣)대장을 가리킴.

27 조선조 시대의 호패(號牌)를 가리킴.

안 조정회의에 참석하며 국왕을 수행합니다. 병사들은 봄 석 달과 가을 석 달 동안 훈련을 받습니다. 사격 훈련을 받고 기타 병법 훈련을 받기 위해 매달 세 번씩 나들이를 갑니다. 그들은 세계의 무게가 자기들 어깨에 얹혀 있기라도 한 것처럼 맹렬히 군사훈련을 합니다. 중국인 호위병 한 사람(호위병으로 근무하는 중국인이 많습니다.)과 여러 번 언급한 벨테프레이가 지휘관이 되어 우리에게 모든 것을 그 나라 식대로 가르치고 감시했습니다. 그들은 우리가 필요한 것들을 마련하고 옷 짓는 수공값을 지불하는 데 쓰라며 작은 포목 조각들을 두 개씩 주었습니다.

우리는 날마다 중요한 사람들의 집에 오라는 명령을 받았는데, 그건 그들은 물론 그들의 아내나 어린이가 우리를 몹시 구경하고 싶어 했기 때문입니다. 섬(제주도)의 평민들은 우리가 사람이기보다는 괴물에 더 가깝다는 소문을 퍼뜨렸습니다. 그들의 말에 따르면 우리는 무얼 마실 때 코를 돌려 귀의 뒤쪽에 갖다 놓는다는 것이며, 머리가 금발이기 때문에 우리가 사람이라기보다는 물속의 괴물에 더 가깝다는 것이었습니다. 그러나 상류계급 사람들을 크게 놀라게 하고, 그들로 하여금 우리가 자기 나라 사람보다 더 잘생겼다고 생각하도록 만든 것은 다름 아닌 우리들의 흰 살결이었습니다. 그들은 흰 살결을 대단히 좋아합니다. 한 마디로 말해서 우리는 처음 한동안 구경꾼 때문에 숙소 부근의 골목길을 거의 나다닐 수가 없었고, 숙소에 있어도 구경꾼들은 우리에게 조금도 쉴 틈을 주지 않으려 했습니다. 마침내 훈련대장은 자기의 허가를 받지 않은 사람이 초청하면 따라가지 말라고 명했습니다. 주인의 지시가 없는데도 하인들까지 거짓말로 우리를 숙소 밖으로 불러내는 일이 왕왕 있었던 것입니다.

8월에는 타르타르인이 정기적인 공물을 받아가려고 이 나라에 도착했습니다. 국왕은 타르타르 사신이 와 있는 동안 우리를 큰 성채로 보내 그곳에 머물게 했습니다. 이 성채는 도성에서 6, 7밀렌 떨어져 있으며, 가파른 오르막길을 2밀렌쯤 올라간 매우 높은 산꼭대기 위에 있습니다. 이곳은 매우 견고하여 전시에는 국왕이 피난을 오는 곳입니다. 거기는 이 나라에서 가장 중요한 중들이 살고 있습니다. 항상 3년 치의 식량이 충분히 저장되어 있어, 수천 명이 그곳에 머물 수가 있습니다. 이 성채는 남한산성(Namhansansiang)이라고 부릅니다. 우리는 타르타르인이 떠난 9월 2, 3일경까지 그곳에 머물러 있었습니다.

11월 말이 되니까 날씨가 매우 추워졌습니다. 도성 밖 1밀렌쯤 떨어진 곳에 위치한 강[28]이 두껍게 얼어붙어 짐을 가득 실은 말이 2, 3백 마리나 줄지어 건너갈 수 있게 되었습니다. 12월 초에 훈련대장은 추위와 배고픔으로 고생하는 우리를 보고 이를 국왕에게 보고했습니다. 국왕은 제주도 해안에서 난파한 우리 배로부터 얻은 녹비의 일부를 돌려주라고 명했습니다. 그 녹비는 말려서 이곳까지 배로 수송되어 온 것들이지만, 대부분은 썩고 좀이 슬어 있었습니다. (동인도회사에서도 녹비는 마멸되는 상품으로 간주하고 있었습니다.) 녹비를 팔아 그 돈으로 추위를 이겨 낼 방한품들을 마련하라는 명을 받았습니다. 우리는 방한 도구를 준비하는 대신 두세 사람씩 살 수 있는 작은 집을 여러 채 사는 것이 좋겠다는 데 합의를 보았습니다. 날마다 땔감을 구해 오라

28 한강을 가리킴.

고 닦달하는 집주인들의 성화에서 벗어나고 싶었던 것입니다. 우리가 처음 겪는 혹독한 추위 속에 3밀렌이나 되는 산까지 왕복해야 하는 일은 고통스럽고 힘들었습니다. 우리는 하나님이 도와주신다면 모를까 그 밖에는 아무런 해결책을 바랄 수 없다는 걸 깨닫고, 이 이교도들에게 밤낮으로 괴로움을 당하느니 차라리 약간의 추위를 감내하기로 했습니다. 우리는 은 3, 4타엘[29]씩을 추렴해서 한 채에 8, 9타엘씩 하는 작은 집을 여러 채 샀습니다. 나머지 돈으로는 옷가지를 장만했으며, 이렇게 하여 우리는 모두 함께 겨울을 지냈습니다.

1655년

3월에, 이미 말씀드린 타르타르인이 다시 찾아왔습니다. 우리는 집 밖으로 나오지 말라는 명령을 받았습니다. 타르타르 사신이 떠나는 날, 암스테르담 출신의 일등항해사 헨드릭 얀스와 할렘 출신의 포수 헨드릭 얀스 보스는 땔감이 필요하다며 숲속으로 들어간 뒤, 타르타르 사신이 지나갈 길목에 숨어 있었습니다. 타르타르 사신이 수백 명의 기병과 보병을 데리고 지나가자, 선원 두 명은 행렬을 헤치고 들어가 가장 서열이 높은 고관이 탄 말의 고삐를 붙들었습니다. 그들은 코레아 옷을 벗어 던지고 화란 옷차림(그들은 코레아 옷 속에 화란 옷을 입고 있었습니다.)으로 타르타르인 앞에 서 있었습니다. 그런 일이 벌어지자 순식간에 큰 소동이 일어났습니다.[30]

---

29 타엘(tael) : 타엘의 어원은 말레시아어 tahil이라 하나, 하멜은 우리나라에서 쓰던 한 냥, 두 냥의 양(兩)을 이렇게 표기한 것이다.

30 이 사건이 일어난 장소는 지금의 서울 홍제동이다. 당시 이곳엔 홍제교(弘濟橋)라는 다리가 있었다. 자세한 것은 이 책 111쪽 각주4를 참조.

타르타르인은 어느 나라 사람이냐고 물었으나 서로 상대방의 말을 알아들을 수가 없었습니다. 그는 자기가 그날 밤 숙박하기로 예정되어 있던 장소로 항해사를 데려오라고 명했습니다. 그는 수행한 사람들에게 항해사의 말을 알아듣는 통역이 없느냐고 물어보았습니다. 여러 번 언급한 바 있는 벨테프레이가 국왕의 명을 받고 즉시 달려왔습니다.

우리도 인근 사람들에게 붙들려 대궐로 연행되었습니다. 우리는 대신들 앞에 끌려가서 이 일을 알고 있었느냐는 심문을 받았고, 우리가 모르는 사이에 이 일이 일어났다고 대답했습니다. 그럼에도 불구하고 그들은 우리가 두 사람의 동료가 사라진 사실을 보고하지 않았다는 죄로 볼기를 50대씩 때리라고 명했습니다. 항상 모든 것을 보고받고 있는 국왕은 우리가 폭풍우 때문에 이 나라에 온 것이지 강도질이나 도둑질을 하러 온 것이 아니라면서 매질에 동의하지 않았습니다. 국왕은 우리를 집으로 돌려보내고 따로 하명이 있을 때까지 집에 가 있으라는 명을 내렸습니다.

항해사는 벨테프레이가 타르타르인이 있는 곳에 도착하자 여러 가지 질문을 받았으며, 이 문제는 국왕과 조정 대신들에 의해 해결되었습니다. 그들은 이 일을 캄[31]에게 알리지 말라고 타르타르 사신에게 상당액의 뇌물을 주었습니다. 그들은 제주도에서 건진 총포와 물건들을 공물로 바치라는 요구가 있을까 봐 두려웠던 것입니다. 두 동료, 즉 일등항해사와 포수는 도성으로 보내져 즉시 감옥에 갇혔고, 얼마 후 그 감옥에서 죽었습니다. 우리는 그들이 병사했는지 또는 참수되었는지

31 캄(Cham) : 이것은 칸(Khan)의 옛 표기법. 중세 유럽인들은 몽고, 만주, 중국의 왕 또는 황제를 '칸'이라 표기했는데, 징기스칸의 '칸'이 바로 이 글자. 여기서는 청나라 황제를 의미함.

분명히 듣지 못했습니다. 왜냐하면 그들을 만나러 갈 수가 없었던 까닭입니다. 면회는 금지되어 있었습니다.

5부

6월에 타르타르 사신이 다시 찾아올 예정이었습니다. 우리 모두 호출을 받고 훈련대장 앞에 나갔더니, 벨테프레이는 국왕의 이름으로 또 다른 배가 켈파트 섬에 난파되었다는 보고가 올라왔다면서 자기는 이제 나이가 들어 그곳에 갈 수가 없다고 말했습니다. 그러니 우리 가운데 코레시안 말을 가장 잘하는 선원 3명이 섬에 내려가 어느 나라 배인지를 알아보는 것이 좋겠다고 했습니다. 2, 3일 후 코레시안 하사관이 급사와 포수와 선원 각각 한 명씩을 데리고 섬으로 내려갔습니다.

8월에 우리는 두 명의 죄수가 죽었다는 소식과 타르타르인이 다시 찾아왔다는 소식을 들었습니다. 다시 삼엄한 경비 아래 가택연금을 당했으며, 타르타르인이 떠난 뒤 2, 3일이 지나기 전까지 외출하면 태형을 가하겠다는 위협을 받았습니다. 타르타르인이 도착하기 직전에 우리는 섬으로 내려간 동료 세 사람으로부터 편지를 받았습니다.

그들은 이 나라의 최남단에 있는 한 성채에서 엄중한 감시를 받고 있으며, 타르타르 황제가 우리의 존재를 발견하고 출두를 요구하는 경우를 상정하여 거기 내려 보내졌다는 사실을 우리에게 알렸습니다. 그럴 경우 총독은 우리 동료들이 제주도로 갔으며 도중에 배가 난파되었고, 따라서 그들의 존재를 숨겨 이 나라에 묶어 둘 생각이었다는 것입니다.

연말이 되자 타르타르인이 조공을 받기 위해 또다시 얼음을 건너이 나라에 찾아왔습니다. 전과 마찬가지로 국왕은 우리를 잘 감시하라고 명했습니다.

1656년

타르타르인은 우리를 언급하는 일 없이 이 나라를 두 번이나 찾아왔기 때문에, 연초가 되자 조정 대신들과 그 밖의 고관들은 우리의 존재에 넌더리가 난 나머지 국왕에게 우리를 제거해 버리라고 촉구했습니다. 당국은 이 안을 놓고 사흘이나 토론했습니다. 국왕과 국왕의 동생과 훈련대장, 그리고 우리에게 동정적인 몇몇 고관들은 모두 이 안에 반대했습니다.

훈련대장은 우리를 그냥 죽이는 것보다는 각자에게 동등한 무기를 주어 코레시안 병사 두 명과 죽을 때까지 싸움을 붙인다면, 국왕이 공공연히 외국인을 죽였다는 비난도 나돌지 않게 될 거라고 제안했습니다. 이런 모든 이야기는 우리에게 호감을 가진 사람들이 은밀히 알려주었습니다. 이런 회의가 계속되는 동안 우리는 집에서 나가지 말라는 명령을 받았습니다.

신상에 어떤 위험이 닥치는가 싶어 벨테프레이에게 물어봤더니, 그는 그냥 "여러분의 목숨이 앞으로 사흘 더 붙어 있게 된다면 그다음부터는 안전하다고 생각해도 좋다."고 간단히 대답했습니다.

국왕의 동생[32]이 회의를 주재했는데, 그는 회의하러 가는 길에 우리 동네를 지나가게 되었습니다. 우리는 이마를 땅에 대고 그에게 절한 뒤 탄원을 올렸습니다. 그는 국왕에게 이 일을 말했습니다. 이렇게 해서 우리의 목숨은 많은 사람들의 선동을 뿌리친 국왕과 그의 동생에 의해 구조되었습니다.

우리에게 호의적이 아닌 사람들은 우리가 다시 타르타르 사신에게 접근할 것이며, 그렇게 되면 일이 난처하게 될 것이라 주장하며 촉구했기 때문에 국왕은 우리를 전라도에 유배하기로 결정했습니다. 우리는 천만다행으로 목숨을 건지게 되었던 것입니다. 국왕은 자신의 수입으로부터 매달 50캐티씩의 쌀을 우리에게 지급하기로 했습니다.

6부

3월 초 우리는 말을 타고 도성을 떠났습니다. 여러 번 언급한 벨테프레이와 그 밖의 지기들이 도성 외곽 1밀렌 지점에 있는 강까지 배웅해 주었습니다. 우리가 거룻배를 타자 벨테프레이는 도성으로 돌아갔습니다. 이것이 우리가 그를 보거나 또는 그에 대해 믿을 만한 소식을 들은 마지막 순간이었습니다.

우리는 상경할 때 지나왔던 똑같은 길을 택해 같은 마을들을 지나갔습니다. 상경할 때도 그랬던 것처럼 고을에서 고을로 여행하는 동안 음식과 말들은 정부 비용으로 처리되었습니다. 마침내 우리는 영암이라는 고을에 도착하였고, 거기서 하룻밤을 보냈습니다.

이튿날 아침 길을 떠나 오후에 대창(Duijtsiang : 大倉) 또는 전라병영(Thella Peing : 全羅兵營)이라 불리는 커다란 고을에 도착했는데, 그곳에

32 인평대군(麟坪大君) 이요(李㴭). 인조의 셋째 아들로 외교 사명을 띠고 청나라에 가서 공을 세웠다. 병자호란의 비분을 읊은 시조가 여러 편 전하며, 글씨와 그림이 모두 뛰어났다.

는 지방군 사령관인 병사(Peingse : 兵使)의 저택이 있습니다. 병사는 총독 다음의 서열입니다. 우리를 호송해 온 하사관은 국왕의 편지와 함께 우리를 사령관[33] 앞에 인도했습니다. 그 하사관은 작년 도성에서 내려온 세 명의 동료를 이곳에 즉시 데려오라는 명령을 받았습니다. 그들은 약 12밀렌 떨어진 성채에 있었는데, 그곳에는 부제독[34]이 살고 있습니다. 우리는 곧 전원이 함께 살 수 있는 커다란 집에 수용되었습니다. 3일 뒤 세 명의 동료가 합류하여 우리 일행은 도합 33명이 되었습니다.

4월에 우리는 약간의 녹비를 받았는데, 이 녹비들은 오랫동안 제주도에 방치되어 도성으로 올려 보낼 만한 가치가 없는 것들이었습니다. 이곳은 그 섬에서 18밀렌밖에 떨어져 있지 않았고, 또 해안에서도 가까우므로 운반해 오기가 쉬웠을 것입니다. 이 녹비들을 팔아 우리는 의복도 장만하고 새로 살 집에 필요한 여러 가지 물건들을 구입할 수 있었습니다. 사령관은 한 달에 두 번씩 관청 앞에 있는 광장 또는 장터의 풀을 뽑아 깨끗이 청소하라고 우리에게 명했습니다.

1657년

연초에 사령관은 정무상 과실을 범했기 때문에 어명을 받고 도성으로 불려 갔습니다. 그는 목숨을 잃을 커다란 위험에 직면해 있었습니다. 그는 평민들로부터 대단히 사랑받고 있었습니다. 고위층의 개입이 있

33 하멜의 기록방식을 따르면 전라도에는 총독(감사 또는 관찰사)이 있고, 그 밑에 사령관(兵使 : 병마절도사)이 있다. 그러나 좌수영으로 옮긴 뒤에는 그곳 수사(水使)도 사령관이라고 부른다. 여기서의 사령관은 전라병사 유정익(柳廷益).

34 전라우수사를 의미한다. 당시 우수영(右水營)은 해남에, 좌수영(左水營)은 내례포(內禮浦), 즉 지금의 여수에 있었다.

었고 또 문벌이 높았기 때문에, 그는 국왕의 특사를 받아 더 중요한 자리로 승진되었습니다. 그는 백성들에게 그랬듯이 우리들에게도 매우 좋은 사령관이었습니다.

2월에 신임 사령관이 부임했습니다. 그는 전임자와 달리 우리에게 일을 자주 시켰습니다. 전 사령관은 땔 장작을 지급해 주었으나, 신임 사령관은 이 특권을 빼앗아 버렸고 우리는 스스로 장작을 마련해야 했습니다. 나무하러 가기 위해 우리는 산속을 3밀렌이나 걸어야 했습니다. 이건 아주 괴로운 일이었습니다. 그러나 9월에 우리는 그 일에서 풀려나게 되었습니다. 그가 심장마비로 죽었던 것입니다. 혹독한 통치자였기에 우리도 주민도 모두 그의 죽음을 기뻐했습니다.

11월에 조정에선 새로운 사령관을 내려 보냈는데, 그는 우리에게 전혀 신경을 쓰지 않았습니다. 우리가 의복이나 기타 필요한 것을 달라고 청하면, 그는 국왕으로부터 쌀을 지급해 주라는 명령밖에 받은 게 없다고 대답했습니다. 그러니까 다른 필수품들은 우리 스스로 구해야 한다는 것이었습니다. 우리는 날마다 나무를 하러 다니기 때문에 옷이 해진 데다 추운 겨울이 닥쳐왔고, 이 나라 사람들은 호기심이 많고 진기한 이야기를 듣고 싶어 할 뿐 아니라 또 여기서는 구걸이 수치스러운 일이 아니기 때문에, 슬픔에 잠긴 우리는 어쩔 수 없이 구걸에 나서게 되었습니다. 우리는 그 직업을 받아들이고 감내했습니다. 구걸로 또 남아 있는 양식과 필수품으로 우리는 겨우살이를 버텨 나갈 수 있었습니다. 밥에 쳐 먹을 소금 한 줌을 얻기 위해서도 반 밀렌이나 걸어야 하는 일이 잦았기 때문에, 우리는 이런 사실을 사령관에게 호소하고 3, 4일 동안 교대로 외출할 수 있게 해 달라고 요청했습니다. 우리가 입고 있는 옷들은 입기도 오래 입었지만 그나마 나무 해다 주민들에게 파느라고 다 해졌고, 또 식사는 쌀과 소금과 물만으로 때워야 하니 너무 괴롭고, 이 모든 것이 무거운 짐이니 농민이나 절간(그곳에 많이 있습니다.)의 중들에게 구걸하여 월동 준비를 하고 싶다고 말했습니다. 그가 간청을 들어 주었으므로 우리는 구걸을 해서 옷가지도 장만하고 그해 겨울을 지낼 수가 있었습니다.

1658년

연초에 사령관이 소환되고 새로운 사람이 그 자리에 부임했습니다. 신임 사령관은 우리의 외출을 금하는 대신 일 년에 포목 세 필을 주겠다고 했습니다. 그걸 얻기 위해 우리는 날마다 일해야 한다는 것이었습니다. 그러나 우리는 옷만 필요한 게 아니고, 부식도 필요하고 장작과 기타 다른 물건도 필요한 처지였습니다. 게다가 그해는 흉년이라 모든 것이 비쌌습니다. 그래서 우리는 사령관의 제안을 정중하게 거절하고, 15일에서 20일간 교대로 외출할 수 있게 해 달라고 요청했습니다. 이 제안을 그는 수락했습니다. 게다가 우리 일행 가운데 열병이 발생했는데, 그들은 열병을 대단히 싫어했기 때문에 사령관은 집에 남아 있는 사람들은 병자를 잘 돌보아야 하며, 외출 나가는 자들은 도성 안으로 들어가거나 도성 근처로 가는 것을 피해야 하며 일본인 거주지[35]로 가는 것도 피해야 한다고 명했습니다. 우리는 또한 광장의 잡초를 뽑는 일과 그 밖의 허드렛일들을 해야 했습니다.

35 왜관.

1659년

4월에 국왕이 붕어하시자, 타르타르인의 동의를 얻어 그의 아들[36]이 왕위에 올랐습니다. 우리는 이제까지 해 오던 대로 일을 계속하고 또 그럭저럭 살아 나갔습니다. 우리는 중들과 아주 가까이 지냈습니다. 그들은 매우 너그러웠으며, 특히 우리나라와 다른 나라의 풍습에 대한 이야기를 들려주는 우리를 아주 좋아했습니다. 그들은 다른 나라의 생활에 대해 매우 듣고 싶어 했습니다. 그들은 늘 밤을 새워 가며 우리 이야기를 들으려고 했습니다.

1660년

(새로 등극한 국왕의) 첫해 초에 사령관이 해임되더니 곧 다른 사람이 그 자리에 부임해 왔습니다. 신임 사령관은 우리에게 매우 동정적이었습니다. 그는 만일 자기 개인의 생각이나 권한으로 일을 처리할 수 있다면 우리를 고국에 돌려보내 부모나 친구를 만나게 해 주고 싶다고 자주 말했습니다. 그는 우리에게 자유를 주고 그의 전임자들이 부과했던 짐들을 제거해 주었습니다.

이해는 대단한 흉년이었습니다.

1661년

비가 오지 않았기 때문에 이해도 대단한 흉년이었습니다.

36 효종은 재위 10년에 승하하고 세자 이연(李棩)이 그해 5월에 즉위하여 현종(顯宗)이 되었다.

1662년

이해는 새 작물이 나올 때까지 상황은 한층 더 악화되었습니다. 수천 명이 굶어 죽었습니다. 강도들이 많았기 때문에 길로 다니는 것이 어려웠습니다. 국왕의 명령에 따라 여행자들을 보호하고, 굶주림으로 길 위에서 죽은 사람들을 묻으며, 또한 매일처럼 발생하는 살인, 강도 행위를 막기 위해, 모든 길목에 강력한 감시병들이 배치되었습니다. 약탈을 당하는 고을과 마을이 많았습니다. 나라의 창고들이 여기저기서 파괴되고 양곡이 약탈되었으나 범인은 잡을 수가 없었는데, 그 이유는 약탈자들이 대부분 고관의 하인들이었기 때문입니다. 목숨을 부지하기 위해 평민들과 가난한 사람들은 도토리, 송피, 잡풀 같은 것을 뜯어 먹었습니다.

여기서 이 나라의 소재와 그 백성들의 풍습에 대해 좀 말하고자 합니다. (『조선왕국기』에 따로 실음—역자)[37]

7부

1663년

흉년이 3년 이상이나 계속되었습니다.[38] 많은 사람들이 죽었습니다.

37 『조선왕국기』가 실린 위치는 판본에 따라 각각 다르다.

38 흉년에 대한 하멜의 기록은 『동국문헌비고(東國文獻備考)』와 일치한다. 이 책 제11권에는 "현종이 즉위한 1659년 7월에 큰 가뭄이 들어, 현종 원년에 기근, 2년에 대기근이 들고, 영호남 지방이 더욱 심했으며, 3년에도 기근이 들었다."[顯宗己亥七月大旱 元年饑 二年大饑 兩南尤甚 三年饑]라는 기록이 나온다.

전에도 언급한 것처럼 평민들은 전혀 수입이 없었습니다. 그러나 어떤 마을은 다른 마을보다 얼마쯤 수확이 더 많은 곳도 있는데, 특히 지대가 낮고 강 부근에 있거나 늪지대의 마을이 그러했습니다. 물이 있는 곳에서는 언제나 벼를 경작할 수 있습니다. 그런 마을이 없었다면 온 나라가 거의 굶어 죽었을 것입니다. 이해 초 사령관[39]은 우리에게 더 이상 쌀을 지급해 줄 수 없다면서 이런 사실을 총독[40]에게 써 보냈습니다. 우리 급료는 국왕의 수입에서 지급되는 것이기 때문에 총독은 국왕에게 보고하지 않고서는 우리를 다른 곳으로 보낼 수 없었습니다.

2월 말에 사령관은 우리를 세 곳에 분산 수용하라는 명령을 받았습니다. 좌수영(Saijsingh)에 12명, 순천(Siunschien)에 5명, 남원(Namman)에 5명이 배정되었습니다. 이 당시 우리 일행의 숫자는 도합 22명이었습니다. 우리는 이렇게 헤어지는 것을 몹시 슬퍼했습니다. 그동안 우리는 이곳에 정착해서 이 나라 방식에 따라 집과 가구, 작은 정원 등을 살 만하게 장만해 왔던 것입니다. 이 모든 것을 장만하느라 힘깨나 들었는데, 이제 다 버리고 떠나야만 했습니다. 새로운 마을에 도착해도 시련을 겪게 될 터이니, 다시 편리한 집과 살림살이를 장만하자면 쉬운 노릇이 아닐 것입니다. 그러나 구출된 사람들(즉, 일본으로 탈출한 사람들)에게는 이 슬픔이 커다란 기쁨으로 변했습니다.

3월 초, 우리는 사령관에게 작별 인사를 하고 그동안 그로부터 받은 친절한 대접과 우정에 감사드린 뒤 각기 배속된 마을로 떠났습니다. 사령관은 병자와 얼마 안 되는 우리들의 짐을 싣기 위해 말을 제공했습니

39 전라병사 구문치(具文治).
40 전라감사 이태연(李泰淵).

다. 건강이 좋은 사람들은 걸어가야 했습니다. 순천과 좌수영으로 가는 사람들은 같은 길로 떠났습니다. 첫날 저녁 우리는 한 마을에 도착하여 거기서 밤을 보냈고, 둘째 날 밤은 또 다른 마을에서, 그리고 셋째 날 낮 순천에 도착했습니다. 우리는 그곳에 머물기로 되어 있는 다섯 명의 동료들을 뒤로하고 이튿날 낮에 떠났습니다. 우리는 국가 소유의 한 창고에서 하룻밤을 지냈습니다. 해 뜰 무렵 출발하여 9시경 좌수영에 도착했습니다. 우리를 따라온 총독의 하인이 그곳에 사는 사령관 또는 전라도 제독[41]에게 우리의 신병을 인계했습니다. 그는 선량하고 온화한 사람으로 보였으나 우리가 도착한 이틀 뒤 그곳을 떠났습니다.

그가 떠난 지 사흘 뒤에 신임 사령관[42]이 부임했는데, 이 사람은 우리를 정말 많이 괴롭힌 사령관이었습니다. 여름에는 뙤약볕 아래서, 겨울에는 비가 오든 싸락눈이 오든 함박눈이 오든 날마다 이른 아침부터 밤늦게까지 마당에 서 있어야 했습니다. 날씨가 좋을 때는 아무것도 하지 않고 화살만 주워야 했습니다. 사령관의 부하나 하인들은 일등 궁수가 되려고 날마다 활 쏘는 연습만 하는 것이었습니다. 사령관은 또 많은 일을 시켜 기독교인을 괴롭혔으므로 전능하신 하나님은 그에게 대가를 치르게 하셨는데, 그에 대해서는 나중에 말씀드리겠습니다. 우리는 커다란 슬픔에 잠겨 하루하루를 힘겹게 살아 나갔습니다. 겨울이 코앞에 닥쳐왔지만, 흉년이 계속되는 바람에 우리에겐 여벌의 옷가지가 전혀 없었습니다. 다른 두 고을에 분산된 동료들은 그곳 작황이 좋았던 탓으로 우리보다 좀 나은 옷가지를 장만할 수 있었습니다. 우

41 전라좌수사 유정(兪碇).
42 이저(李渚).

리는 이런 사정을 사령관에게 말하고, 일행의 반은 남아 주어진 일과를 행하고, 반은 밖에 나가 식량을 구할 수 있게 사흘간씩 외출을 허가해 달라고 요청했습니다. 우리는 이 요구가 관철될지도 모른다고 생각했는데, 결과는 아주 좋게 되었습니다. 중요한 사람들이 우리를 몹시 동정해 주어 우리가 돌아올 날짜를 지키지 않아도 이를 눈감아 주었습니다. 그래서 우리는 보름에서 한 달까지 밖에 나다닐 수 있게 되었습니다. 외출에서 얻어 온 것은 모두 공평하게 나눠 가졌습니다. 우리는 그 사령관이 이임할 때까지 이 일을 계속했습니다.

8부

1664년

이해 초에 사령관의 임기가 만료되었습니다. 국왕은 그를 전라도에서 서열 2위인 전라병사에 임명했습니다. 그에 따라 우리는 신임 사령관[43]을 맞게 되었는데, 이 사람은 부임하자마자 우리들의 모든 짐을 해제해 주면서 다른 고을에 수용된 동료들보다 더 일하지 말라고 명했습니다. 이렇게 되어 우리는 한 달에 두 번 관아에 집결하고 우리가 사는 집을 돌보면 그걸로 족하게 되었습니다. 다만 외출할 때는 허가를 받아야 하고 필요시에 우리를 찾을 수 있도록 서기에게 행선지를 알려야 했습니다.

우리는 그처럼 잔인한 사람이 전출되고 좋은 사람이 부임하게 해

43 전라좌수사 이도빈(李道彬).

주신 좋으신 하나님께 감사를 드렸습니다. 신임 사령관은 우리에게 좋은 것만 해 주었습니다. 그는 우리에게 커다란 우정을 보였습니다. 그는 우리를 자주 불러 먹을 것과 마실 것을 주며 언제나 우리의 처지를 동정해 주었습니다. 때로 그는 왜 해안에 살고 있는데 일본에 가려 하지 않는지를 우리에게 물었습니다. 그 물음에 대하여 우리는 국왕이 허락해 주시지도 않을 뿐 아니라 뱃길도 모르고 또 타고 달아날 배도 없다고 대답했습니다. 그러면 사령관은 바닷가에 배가 많지 않느냐고 물었습니다. 우리는 그에 대하여 배는 많지만 우리 것이 아니라고 대답했습니다. 그리고 만일 실패한다면 국왕은 우리를 탈출죄뿐 아니라 남의 배를 훔친 절도죄로 처벌할 것이라고 대답했습니다. 우리는 그가 의심을 갖지 않게 하기 위해 그렇게 말했습니다. 우리가 그렇게 대답할 때마다 사령관 각하는 큰 소리로 웃었습니다. 이제 좋은 기회가 왔다고 여겨 우리는 배를 구하려고 무진 애를 썼으나 구하지를 못했습니다. 왜냐하면 사람들이 의심해서 늘 배를 살 수 없었던 것입니다.

전임 사령관은 새로운 자리에 부임해 간 지 6개월 되던 달에 가혹한 통치를 했다는 이유로 조정에 소환되었습니다. 그는 사소한 잘못을 저질러도 양반이나 평민이나 예외 없이 곤장을 때려 죽게 했습니다. 이 벌로 그는 조정에서 90대의 태형을 종아리에 맞고 종신 유배당했습니다.

연말에 우리는 꼬리 달린 별을 보게 되었는데, 나중에는 이 꼬리 달린 별이 두 개로 늘어났습니다. 처음 것은 동남쪽에 나타나 두 달가량 볼 수 있었으며, 나중 것은 서남쪽에 나타나 서로의 꼬리로 상대별을 가리켰습니다. 이런 현상은 조정에 큰 소요를 일으켰으므로 국왕은 모든 항구와 전선(戰船)을 정비하고, 모든 성채에 군량과 탄약을 준비하라고 명했습니다.[44] 무슨 일이 일어날지 모른다는 생각에 사로잡혀 기병과 보병들은 날마다 훈련을 받았습니다. 해안 지역에서는 집 안팎을 막론하고 밤에 불을 켜는 일이 금지되었습니다. 보통 사람들은 다음 추수 때까지 버틸 만한 양식을 남기고는 갖고 있는 것을 모두 먹어 치웠습니다. 타르타르인이 국토를 점령했을 때와 마찬가지로 일본이 이 나라를 쳐들어왔을 때도[45] 이와 유사한 징조가 하늘에 나타났었기 때문에 사람들은 아직도 그때 일을 두려워하고 있었습니다. 신분이 높건 낮건 사람들은 이러한 징조가 보일 때 화란 사람들은 어떻게 생각하느냐고 우리에게 끊임없이 물어보았습니다. 이에 대해 우리는 이것은 천벌이 내리든가 일반적으로 전쟁이 일어나든가 아니면 흉년이 들든가 또는 나쁜 병이 돌 징조라 생각한다고 대답해 주었습니다. 그러면 그들은 우리 말에 동의를 표시하는 것이었습니다.

9부

1665년

이해에도 우리는 간신히 연명했습니다. 배를 얻으려고 백방으로 노력했지만 언제나 실패했습니다. 우리는 작은 배를 갖고 있었으며, 이 배

---

44 『현종개수실록』에 의하면 현종 5년 10월 9일 밤에 백색의 혜성이 진성(軫星) 동쪽에 나타나자, 현종은 자신을 책망하고 말씀을 구하는 책기구언(責己求言)의 서(書)를 내렸다. 정2품 이상의 여러 신하를 인견하고, 정사의 득실 여부를 논하였고, 현종 6년 2월 20일에 혜성이 다시 나타나자 현종은 말씀을 구하고 신하들은 여러 가지 언론을 주진하였다.

45 타르타르인의 국토 점령 : 병자호란. 일본의 침입 : 임진왜란.

를 타고 부식을 구해 오기도 하고, 전능하신 하나님께서 언젠가는 구원해 주실 것이라 믿으며 가능성을 찾기 위해 이리저리 섬들을 돌아다녔습니다.

다른 고을에 분산된 우리 동료들은 그들의 사령관이 이임하고 부임함에 따라, 생활이 편할 때도 있고 괴로울 때도 있었습니다. 왜냐하면 그들의 사령관 또한 우리처럼 어떤 사람은 좋고 어떤 사람은 화를 잘 내는 사령관이었던 것입니다. 그러나 우리는 자신들이 이교도의 나라에 갇힌 가련한 포로라는 사실을 깨닫고, 굶어 죽지 않게 식량을 얻는 것만도 고마운 일이라고 하나님께 감사를 드리면서 사령관의 변덕을 참아 내야 했습니다.

1666년

이해 초에 우리는 다시 좋은 친구를 잃었습니다. 임기가 끝난 그에게 국왕은 더 높은 자리를 주었던 것입니다. 지난 2년 동안 그는 우리에게 많은 우정을 보여 주었습니다. 그는 선량했기 때문에 고을 사람들과 농부들로부터 많은 사랑을 받았습니다. 국왕과 고관들은 그의 선정과 학식을 높이 평가했습니다. 그가 이곳에 있는 동안 고을의 집들은 물론 해안 거리와 전선(戰船)들도 많이 개량되었습니다. 조정에서는 이 모든 점을 높이 평가하였고, 국왕은 그에게 좋은 자리를 주었던 것입니다.

해안 지역에선 사령관이 공석이어선 안 되기 때문에 전임 사령관은 후임자가 도착하기 전에 임지를 떠날 수 없으나, 신임 사령관[46]은 사흘 뒤에야 도착했습니다. 점쟁이 말에 따르면 그날이 길일이라는 것이었

46 전라좌수사 이민발(李敏發).

습니다. 신임 사령관은 앞서 언급한 유배당한 사령관이 그러했던 것처럼 우리에게 교훈을 주고 싶어 했습니다. 그러나 그의 통치는 오래가지 않았습니다. 그는 날마다 벼를 찧으라고 했습니다. 이에 대해 우리는 전임 사령관은 이런 유의 일을 전혀 시키지 않았다고 말했습니다. 우리는 급료가 충분하지는 않지만 구걸로 옷가지나 기타 필요한 것들을 충분히 구할 수 있으며, 국왕은 우리를 일하라고 여기 내려보낸 것은 아니라는 것과 만일 급료를 타기 위해 일해야 한다면 우리는 차라리 급료를 받지 않고 자유롭게 외출하여 필요한 식량과 옷을 구하든지 아니면 일본이나 조국으로 가야 한다고 말했습니다. 우리는 그 밖에도 이와 유사한 주장을 폈지만, 그는 자기가 할 일이 많아 바쁘니 군소리 말고 집에 돌아가 있으라면서 우리더러 정해진 규칙이나 잘 지키라고 명했습니다.

그러나 일은 너무도 빨리 다르게 진행되었습니다. 그 직후 수군 훈련이 행해질 예정이었습니다. 책임자의 태만으로 항상 돛대 앞에 간수해야 하는 화약 상자에 불이 붙어, 전선의 앞부분이 날아가고 5명이 사망하는 사건이 일어났습니다. 사령관은 이 사건을 총독에게 숨길 생각이었으나, 결과는 다르게 나타났습니다. 국왕에게는 전국 각처를 순시하는 암행어사들이 있습니다. 이곳저곳을 항상 순시하는 그들은 화약 사건을 총독에게 알려 주었고, 총독은 조정에 장계를 올렸습니다. 사령관은 어명을 받고 소환되었습니다. 그는 무엇보다도 상관에게 알리지 않고 사건을 혼자 은폐하려 했다는 죄로 종아리에 90대의 태형을 맞고 종신 유배당했습니다.

7월에 다른 사령관[47]이 도착했습니다. 그는 전임자와 마찬가지로 우리에게 힘든 일을 시키고 싶어 했습니다. 우리 한 사람 한 사람에게 날마다 백 발의 새끼줄을 꼬라는 것이었습니다. 우리는 이것이 불가능하다면서 전임자에게 했던 것처럼 우리의 제안을 내놓았습니다. 그러나 그는 우리가 그 일을 할 수 없다면 다른 종류의 일을 시키겠다고 위협했습니다. 전임 사령관도 파면되지 않았다면 분명 우리에게 힘든 일을 시켰을 것입니다. 만일 그가 시키는 대로 새끼줄을 꼬면 그의 후임자들은 계속해서 우리에게 그 일을 시킬 것이고, 결국 우리는 영영 노예 생활에서 벗어나지 못하리라는 것을 분명히 깨닫게 되었습니다. 어떤 사령관이 하나의 일을 시키면 그 일은 폐지되는 일이 별로 없었습니다. 우리는 병영에서부터 고역과 잡초 뽑는 일이 계속되고 있다는 사실을 잘 알고 있었습니다. 예외적인 사령관을 만났을 때 두 배 세 배의 값을 치르더라도 배를 살 수 있도록 우리는 있는 힘을 다해 돈을 저축하고 있었습니다. 우리로선 제값만 주고 배를 구하기가 어려웠던 것입니다.

10부

이렇게 해서 우리는 배를 구하는 데 온갖 노력을 기울였습니다. 날마다 짓궂은 사람들로 인해 서러움과 슬픔을 겪으며 끊임없이 살아가느니 차라리 모험을 한번 해 보기로 작정했습니다.

우리는 마침내 이웃에 사는 친한 코레시안 친구에게 이 일을 부탁해 보기로 합의했습니다. 그는 날마다 우리 집에 놀러 와서 술과 음식

47 전라좌수사 정영(鄭韺).

을 얻어먹고 가는 사람이었습니다. 우리는 이 섬 저 섬 다니며 솜을 구하는 데 쓸 배 한 척을 달라고 부탁하면서, 솜을 구해 돌아오면 이익금을 나누어 주겠다고 약속했습니다. 우리는 그의 구미가 당기도록 배를 사면 톡톡히 사례하겠다고도 귀띔했습니다. 그는 곧 이것저것 물어보더니, 어부에게 배 한 척을 샀습니다. 우리는 그에게 배값을 주었고 그는 우리에게 배를 인도했습니다. 배를 판 사람은 배를 산 사람이 우리라는 걸 알게 되자 도로 물러 달라고 했습니다. 그는 자기가 배를 판 사람은 다른 사람이었으며, 우리가 도망이라도 가는 날엔 자기가 사형에 처해질 것이라고 말했습니다. 그의 말은 틀림없는 사실이었습니다. 우리는 배값을 갑절로 쳐주겠다며 그를 달랬습니다. 앞날의 위험보다는 우선 눈앞의 돈에 끌린 그와 기회를 놓치고 싶지 않은 우리의 이해관계가 맞아떨어져 서로 합의를 보게 되었습니다.

곧 우리는 배에 필요한 돛과 닻, 밧줄과 노, 그리고 기타 모든 장구들을 준비하고 초승달이 시작되는 음력 초순께 달아나기로 했습니다. 계절이 바뀌는 이때가 가장 좋은 시기였습니다. 우리는 전능하신 하나님께 길을 인도해 달라고 기도했습니다.

각처에 분산 수용된 우리는 서로를 방문하곤 했습니다만, 때마침 일행 가운데 하급선의 마테우스 에보켄과 코넬리스 데릭스가 순천에서 찾아왔기에 거사 계획을 털어놓았더니 곧 우리와 행동을 같이 하기로 했습니다. 얀 피터슨은 경험이 많은 항해사였습니다. 그는 순천에 살고 있었기 때문에 모든 준비가 다 완료되었다는 것을 알리러 사람을 보냈습니다. 우리가 보낸 사람이 순천에 도착했을 때, 피터슨은 15밀렌 떨어진 남원이라는 고을에 수용된 동료들을 만나러 갔습니다. 그래서 그는 곧 남원까지 피터슨을 데리러 갔습니다. 4일 후 그는 피터슨과 함께 돌아왔습니다. 그러느라고 그가 걸은 길은 왕복 50밀렌 이나 되었습니다.

그 후 우리는 계획을 면밀히 세웠으며, 9월 4일에는 불 피울 장작을 포함하여 모든 것을 다 준비했습니다. 달이 지고 썰물이 시작되면 닻을 올리고 떠날 예정이었습니다. 이미 이웃들이 수군거리고 있었기 때문에 우리는 하나님의 이름으로 탈출을 그대로 감행할 생각이었습니다.

이웃들이 눈치 채지 못하도록 우리는 그날 밤 함께 모여 웃고 떠들며 시간을 보냈습니다. 그러는 한편 일부는 쌀과 물과 요리 그릇과 항해에 필요한 물건들을 배에 나르기 위해 마을의 성벽을 넘었습니다. 달이 지자 성벽을 넘어 배 있는 곳으로 갔습니다. 우리는 배를 타고 식수를 더 얻기 위해 좌수영에서 대포 사정거리에 있는 한 섬으로 갔습니다. 식수를 구하자 우리는 마을의 민간 배들과 전선(戰船)들 사이를 곧장 빠져나가야 했습니다. 이것들을 통과하자 순풍을 만났으며, 또 썰물도 도움이 되었습니다. 그러자 우리는 돛을 올리고 만을 빠져나갔습니다. 동이 틀 무렵 우리를 부르는 배 한 척이 지나갔습니다만, 우리는 그 배가 감시선일까 봐 아무 대꾸도 하지 않았습니다.

이튿날 9월 5일, 일출 무렵에 바람이 멎었습니다. 우리는 그들이 뒤쫓아 올까 봐, 또 행여 돛이 방향을 잘못 잡을까 두려워 돛을 내리고 노를 젓기 시작했습니다. 정오경 서쪽에서 서늘한 바람이 조금 불어 왔습니다. 우리는 다시 돛을 올리고 눈짐작으로 동남 방향으로 진로를 잡았습니다. 저녁에 같은 방향에서 꽤 서늘한 바람이 불었습니다. 코레아의 마지막 지점이 이제는 우리 뒤에 있었고, 우리는 더 이상 붙들릴 염려가 없게 되었습니다.

9월 6일 아침, 일본 섬들 가운데 하나가 처음으로 나타났습니다. 바람이 같아서 속도도 같도록 유지했습니다. 나중에 일본인들의 설명을 듣고 알게 된 것이지만 저녁 무렵 우리는 히라도[平戶]라는 섬에 접근했습니다. 우리 가운데 일본에 가 본 사람은 아무도 없었기 때문에, 해안은 우리에게 낯설기만 했습니다. 코레시안이 가르쳐 준 정보는 정확하지 않았습니다. 그들은 나가사키에 도착하기 위해서는 우현 쪽에 섬이 없어야 한다고 했습니다. 그래서 우리는 섬을 한 바퀴 빙 돌았습니다. 처음에 그 섬은 매우 작게 보였습니다. 그날 밤 우리는 섬의 서쪽 해안에 머물렀습니다.

9월 7일, 날씨는 더 서늘해졌고 바람이 이리저리 불어 우리는 섬들을 따라 항해했는데, 많은 섬들이 서로 이어져 있다는 것을 알았습니다. 우리는 이 섬들로부터 벗어나려고 했습니다. 저녁에 바람이 많이 불어서 우리는 노를 저어 한 섬에 닻을 내리고 하룻밤을 보내려고 했습니다. 그러나 섬들에 하도 많은 횃불들이 보여서 우리는 항해를 계속하는 것이 낫겠다고 생각했습니다. 뒤에서 서늘한 바람이 불어 왔기 때문에 우리는 그날 밤새도록 항해를 계속했습니다.

9월 8일, 우리는 어제 저녁과 같은 장소에 와 있는 것을 발견했습니다. 해류 때문에 이런 일이 일어난 것이 틀림없었습니다. 우리는 이 섬들로부터 벗어나기 위해 다시 바다로 나갔습니다. 2밀렌쯤 나아가니까 찬바람이 다시 우리 쪽으로 불어 왔습니다. 바람이 점점 더 강하게 불어 왔기 때문에 우리는 그 작고 단순한 배로 최선을 다해 해안에 도착하고 만을 찾으려 했습니다. 한낮에 만에 도착하여 닻을 내렸습니다.

거기서 우리는 이 섬들이 어떤 곳인지도 모른 채 음식을 요리해 먹었습니다. 때때로 사람들이 배를 타고 옆으로 지나갔는데, 그들은 우리에게 아무 관심도 보이지 않았습니다.

저녁에 날씨가 평온해졌습니다. 양 옆구리에 칼을 찬 6명이 승선한 배 한 척이 노를 저어 우리 가까이 다가왔습니다. 그들은 만을 가로질러 한 사람을 해변에 내려놓았습니다. 이것을 본 우리는 얼른 닻을 거두고 돛을 올린 다음 노를 저어 다시 바다로 나가려 했습니다. 그러나 그 배의 추격을 받아 우리는 붙들리고 말았습니다. 역풍이 아니고 다른 배들이 달려와 돕지 않았다면, 우리는 장대와 죽창으로 그들을 쫓아 버릴 수 있었을 것입니다. 그러나 그들의 생김새나 말소리가 일본인 같아 보였습니다. 그들이 우리를 데려가려는 장소를 손으로 가리키자, 우리는 일본 땅에 상륙하게 되면 쓰려고 준비해 두었던 오란여(Orange) 왕가의 작은 깃발을 올리고, "홀란도! 나가사키!" 하고 소리쳤습니다.

그들이 돛을 내리고 노를 저으라는 신호를 보내 와서, 우리는 나포라도 된 것처럼 곧 그렇게 했습니다. 그들은 배에 승선하더니 키를 잡고 있던 동료를 자기들 배로 데려갔고, 잠시 뒤 우리 배를 마을 앞으로 끌고 갔습니다. 거기서 그들은 커다란 닻과 굵은 밧줄을 사용하여 우리 배를 잘 정박시킨 다음, 감시선으로 우리를 지켰습니다. 그들은 키잡이 외에 다른 한 사람을 데리고 가 심문했습니다. 그러나 서로 간에 말이 통하지 않았습니다. 해변가에서는 큰 소요가 일어났습니다. 옆구리에 칼 한두 자루를 차지 않은 사람은 없는 것처럼 보였습니다. 우리는 슬픈 눈빛으로 서로 마주 쳐다보며 "이제는 끝장이구나." 하고 생각했습니다. 그들은 손으로 나가사키 쪽을 가리키며 우리나라 배들과 사람들이 그곳에 있다는 뜻을 알렸습니다. 이로써 어느 정도 안심은 되었지만, 우리가 함정에 빠진 것은 아닌지, 도망가지 못하도록 마음의 위안을 주려는 것은 아닌지 하고 의심을 완전히 풀지는 못했습니다.

밤에 커다란 범선이 노를 저어 만으로 들어왔습니다. 우리는 그 배로 끌려가 이 열도에서 서열 3위의 관리를 만났습니다.(이 사실은 우리가 나가사키에 들어간 뒤 알게 된 것입니다.) 그는 우리가 화란인이라는 것을 안다고 말했습니다. 그는 나가사키에는 화란 배가 다섯 척이 있다는 것을 손짓 발짓으로 알리고 4, 5일 후 우리를 그곳에 데려다주겠다고 했습니다. 이 말을 듣고 우리는 마음을 놓았습니다. 그는 이 섬들이 고토[五島]열도이며 주민들은 천황의 지배를 받는 일본인이라고 했습니다. 어디서 오는 길이냐고 물어서, 우리는 코레아에서 오는 길인데 13년 전 그곳의 한 섬에서 배를 잃었으며 이제 우리 동포들에게 돌아가기 위해 나가사키로 가는 중이었다고 손짓 발짓 다해 성심껏 대답했습니다. 그러자 우리의 기분은 조금 밝아졌습니다만, 그러나 일본 열도에 오는 외국인은 모두 때려죽인다는 코레시안들의 말이 생각나서 두려움이 채 가시지는 않았습니다. 우리는 단순하고 작고 낡은 배로 알지도 못하는 뱃길을 40밀렌이나 항해해 왔던 것입니다.

9월 9일, 10일, 11일에 우리 배는 계속 닻을 내린 상태였고, 우리는 배에 있을 때나 육지에 있을 때나 삼엄한 감시를 받았습니다. 그들은 우리에게 먹을 것과 물, 장작 그리고 기타 필요품을 제공했습니다. 비가 계속 내렸기 때문에 그들은 우리가 비를 맞지 않도록 짚으로 짠 가마니로 지붕을 만들어 주었습니다.

9월 12일, 그들은 우리에게 나가사키로 항해하는 데 필요한 모든 것을 공급해 주었습니다. 오후에 우리는 닻을 올렸으며, 저녁에 섬의 다른 쪽에 있는 마을 앞에 정박하고 거기서 하룻밤을 보냈습니다.

9월 13일, 해 뜰 무렵 그 관리는 천황의 조정에 보낼 편지와 물건을 싣고 자기 배에 올랐습니다. 우리는 닻을 올리고 큰 배 두 척, 작은 배 두 척의 호위를 받으며 떠났습니다. 육지에 끌려갔던 동료 두 사람은 큰 배에 태워졌습니다. 그들은 나가사키에 도착해서 우리와 합칠 예정이었습니다.

저녁에 우리는 만 앞에 도착했으며 한밤중에 나가사키 항에 닻을 내렸습니다. 우리는 거기서 전에 들은 바 있는 다섯 척의 화란 배를 보았습니다. 고토의 주민들과 관원들은 우리에게 아무것도 요구하는 것 없이 좋은 일만 해 주었습니다. 우리는 사례할 만한 것이 없어서 약간의 쌀을 선물했으나, 그들은 받지 않았습니다.

9월 14일 아침, 우리는 전원 상륙했으며 회사 통역으로부터 환영받았습니다. 통역은 우리에게 자세히 물어보았습니다. 심문 내용이 모두 글로 쓰이자, 이 문서는 나가사키 총독[48]에게 전달되었습니다.

정오경 우리는 총독 앞에 끌려가 질문을 받고 대답했는데, 그 내용은 아래와 같습니다. 총독은 자유를 찾기 위해 그렇게 작고 낡고 단순한 배로 넓은 바다를 위험을 무릅쓰고 건너와 성공한 데 대해 우리를 매우 칭찬했습니다. 그는 통역들에게 우리를 데지마 섬 상관장(商館長)[49] 앞으로 데려가라고 명했습니다. 그곳에 도착하자 상관장인 빌렘 볼허 각하와 부관장 니콜라스 데 로이 각하 및 기타 직원들이 우리를

48 나가사키 부교[奉行 : 大守]. 이름은 진자부로[甚三郞].

49 데지마(또는 나가사키) 상관장 : 빌렘 볼허. 상관장은 화란어로 Opperhoofd라고 한다. 화란 동인도회사는 오늘날 같은 민간기업이 아니라 화란의 국가기관이었다. 따라서 상관장도 관리였다.

환영해 주며 화란 옷을 제공해 주었습니다.

이 모든 것이 전능하신 하나님께서 우리를 축복해 주시고 건강을 주셨기 때문이니 감사하지 않을 수 없었습니다. 우리는 13년 28일 동안 수많은 슬픔과 위험 속에 살아야 했던 감옥 생활로부터 우리를 해방시켜 준 좋으신 하나님께 아무리 감사드려도 충분치 못하다는 것을 압니다. 전능하신 하나님께서 아직 그곳에 남아 있는 8명의 동료들에게도 해방의 은총을 주시어 그들을 도와주시기를 간구합니다.

10월 1일 볼허 각하는 섬을 떠나, 10월 23일에는 만에서 7척의 배를 거느리고 떠났습니다. 각하와 함께 바타비아로 항해할 수 있으리라 기대하던 우리는 눈에 슬픔을 품고 그 배들이 사라지는 것을 보았습니다. 나가사키 총독은 우리를 일 년 더 붙들어 둘 생각이었습니다.

10월 25일, 섬으로부터 통역이 와서 우리를 총독 앞으로 데려갔는데, 총독은 앞서 언급한 질문을 개별적으로 우리 한 사람 한 사람에게 물어보았습니다. 그런 뒤 우리는 통역들을 따라 섬으로 되돌아갔습니다.[50]

50 일본 관리들이 하멜 일행에게 두 번 같은 내용을 심문한 것은 통역 문제 때문이었다. 당시 일본은 화란과의 접촉 기간이 짧아 아직 화란어를 능통하게 구사할 수 있는 통역이 많지 않았다고 한다. 그러나 포르투갈어를 할 수 있는 통역들은 많았다. 따라서 나가사키 부교가 하멜 일행을 심문함에 있어서는 포르투갈어를 아는 화란인 통역과 포르투갈어를 아는 일본인 통역이 이중 통역을 했다.

12부

우리가 처음 도착했을 때 나가사키 총독이 던진 질문과 아래에 그 이름을 적은 우리들이 답변한 내용.

1. 너희는 어느 나라 사람이며, 어디서 오는 길인가?

: 우리는 화란인이며, 코레아에서 오는 길입니다.

2. 너희는 그곳에 어떻게 가게 되었으며, 어떤 배로 갔는가?

: 1653년 8월 16일 우리는 닷새 동안이나 계속된 폭풍우 때문에 우리가 타고 간 스페르베르호를 잃게 되었습니다.

3. 배가 난파한 곳은 어디이며, 승무원은 몇 명이었고, 대포는 몇 문이나 있었는가?

: 난파한 장소는 우리가 퀠파트라 부르고 코레시안들이 제주라 부르는 섬입니다. 승무원은 64명이었으며, 대포는 30문이었습니다.

4. 퀠파트 섬은 본토에서 얼마나 멀리 떨어져 있으며, 그곳 사정은 어떠한가?

: 그 섬은 본토로부터 10~12밀렌 남쪽에 위치해 있습니다. 인구가 많고 땅이 비옥하며 섬 주변 길이는 15밀렌가량 됩니다.

5. 너희가 배를 타고 떠난 곳은 어디며, 중간에 정박했던 곳은 어디인가?

: 우리는 베르버그 총독의 후임자로 부임하는 케자르 신임 총독과 함께 대만을 향해 6월 18일 바타비아를 출항했습니다.

6. 배에 실린 짐은 무엇이었으며, 어디로 가는 길이었는가, 또 그때 이곳의 상관장은 누구였는가?

: 우리는 대만에서 출항하여 일본으로 가는 길이었습니다. 배에 실린 것

은 녹비, 설탕, 용뇌 및 기타 물건들이었습니다. 그때 데지마 상관장은 코이엣 각하였습니다.

7. 구조된 승무원과 화물, 대포는 어느 정도였는가?

: 28명의 승무원이 죽었습니다. 물품과 대포는 소실되었습니다. 뒤에 하찮은 물건들을 약간 건졌지만, 이 물품들이 어떻게 처리되었는지 우리는 모릅니다.

8. 배를 잃은 후 그들은 너희를 어떻게 대했는가?

: 그들은 우리를 일단 감옥에 집어넣었지만, 친절히 대해 주었으며 먹을 것과 마실 것을 주었습니다.

9. 너희는 중국 배나 기타 배를 나포하거나 중국 해안을 약탈하라는 명령을 받았는가?

: 우리는 일본으로 직행하라는 명령밖에 받지 못했습니다. 우리가 코레아 해안에 표류한 것은 폭풍우 때문이었습니다.

10. 너희는 기독교인이나 화란인이 아닌 다른 나라 사람을 태웠는가?

: 회사 종업원들밖에 아무도 없었습니다.

11. 너희는 그 섬에 얼마나 체류했으며, 그곳에서 어디로 끌려갔는가?

: 섬에 표류한 지 10개월이 지나 우리는 국왕의 소환을 받고 서울이라는 도성의 대궐로 불려 갔습니다.

12. 서울이라는 도성은 제주도로부터 얼마나 멀리 떨어져 있으며, 육로로는 얼마나 걸렸는가?

: 앞서 말씀드린 것처럼 제주도는 본토로부터 10~12밀렌 되는 곳에 있습니다. 거기서부터 우리는 말을 타고 14일간 여행했습니다. 육로와 수로를 합한 총 거리는 90밀렌쯤 됩니다.

13. 너희는 도성에서 얼마나 살았으며, 거기서 무엇을 했는가? 국왕은 너희

에게 생활하라고 무엇을 주던가?

: 우리는 그들의 풍습에 따라 3년간 살았으며, 훈련대장의 호위병으로 일했습니다. 우리는 급료로 달마다 70캐티(근)의 쌀과 약간의 의복을 지급받았습니다.

14. 무슨 이유로 국왕은 너희를 도성에서 내보냈으며, 어디로 내보냈는가?

: 성공하지는 못했지만 일행 중 일등항해사와 다른 선원 하나가 중국을 경유해 고국에 돌아가려고 타르타르 사신에게로 달아났기 때문입니다. 국왕은 우리를 전라도로 추방했습니다.

15. 타르타르 사신에게 달아났던 선원들은 어찌 되었는가?

: 그들은 즉시 투옥되었습니다. 우리는 그들이 처형당했는지, 아니면 자연사했는지 확실히 모릅니다. 확실한 정보를 들을 수가 없었습니다.

16. 너희는 코레아라는 나라가 얼마나 큰지 아는가?

: 추측해 보건대 코레아는 남북의 길이가 140~150밀렌 정도이고, 동서의 폭은 70~80밀렌 정도입니다. 그 나라는 8도로 나뉘어져 있으며, 360개의 마을과 크고 작은 섬들이 많습니다.

17. 너희는 그곳에서 기독교인이나 기타 다른 외국인을 본 일이 있는가?

: 얀 얀스라는 화란인 말고는 아무도 보지 못했습니다. 그 사람은 1627년 배를 타고 대만을 떠났으나 폭풍우를 만나 그 나라 해안에 표류하게 되었습니다. 물을 구하러 3명이 보트를 타고 해안에 상륙했다가 붙들렸다고 합니다. 그의 두 동료는 타르타르인이 그 나라를 쳐들어왔을 때 전투에 참가하여 전사했습니다. 그 나라엔 전쟁 때문에 자기 나라에서 도망나온 중국인들이 약간 있습니다.

18. 너희가 말하는 얀 얀스는 아직도 살아 있는가, 또 어디에 살고 있는가?

: 10년 동안 보지 못했기 때문에 아직도 살아 있는지 확실히는 모르나,

그는 대궐에서 살았습니다. 아직 살아 있다는 소문도 있고 죽었다는 소문도 있습니다.

19. 그들의 무기와 군사 장비는 어떠하던가?

: 그들의 무기는 화승총, 활, 화살 등입니다. 그들은 또 작은 창을 갖고 있습니다.

20. 코레아에는 성이나 성채가 있는가?

: 마을마다 가벼운 축성은 쌓여져 있습니다. 전시에 피신할 요새들이 약간 있습니다. 산 높은 곳에 설치된 이 요새들은 3년간 먹을 군량미가 항상 비축되어 있습니다.

21. 그들이 바다에 띄우는 전선(戰船)은 어떤 종류인가?

: 각 고을엔 바다에 띄우는 전선을 한 척씩 갖고 있어야만 합니다. 전선의 크기는 노 젓는 사람과 병사를 합해 약 2, 3백 명 탈 수 있는 크기입니다. 이 배엔 작은 대포들이 실려 있습니다.

22. 그들은 전쟁을 수행하고 있는가, 또는 다른 나라에 공물을 바치고 있는가?

: 그들은 전쟁을 수행하고 있지 않습니다. 타르타르 사신이 공물을 걷기 위해 일 년에 두세 번씩 찾아옵니다. 얼마만큼인지는 모르지만 그들은 또한 일본에도 공물을 보냅니다.

23. 그들은 어떤 종류의 신앙을 갖고 있으며 너희에게 개종을 시도한 적이 있는가?

: 우리가 아는 한 그들은 중국인과 같은 신앙을 갖고 있습니다. 그들의 풍습은 남에게 자기 신앙을 강요하지 않으며 각자의 생각에 맡깁니다.

24. 절과 부처상이 많이 있던가? 그것들은 어떻게 관리되고 있던가?

: 산속에는 절과 수도원이 많으며 그곳에 부처상이 많았습니다. 우리가

생각하기에 그것들을 중국식으로 섬기고 있습니다.

25. 중들은 많이 있는가, 그들은 어떻게 머리를 삭발하며 어떤 옷을 입는가?

: 중들은 아주 많습니다. 그들은 일하고 구걸해서 생계를 유지합니다. 그들은 일본 중과 마찬가지로 옷을 입고 머리를 깎습니다.

26. 양반과 평민의 옷차림은 어떠한가?

: 대부분은 중국식으로 옷을 입습니다. 그들은 말총이나 소털로 만든 모자와 대나무로 만든 모자도 씁니다. 그들은 버선과 신을 신습니다.

27. 쌀과 다른 곡물들은 많이 생산되는가?

: 그들의 작황은 주로 강우량에 달려 있기 때문에 비가 많이 오는 해는 남부 지방에서 쌀과 기타 곡물이 풍성하게 경작됩니다. 날이 가문 해는 대기근이 듭니다. 1660년, 1661년, 1662년의 가뭄에는 수천 명이 기근으로 죽었습니다. 또한 목화가 많이 경작됩니다. 그러나 북부지방에서는 날씨가 추워 벼가 자라지 않기 때문에 사람들은 보리밥이나 조밥을 먹을 수밖에 없습니다.

28. 소와 말은 많이 있는가?

: 말은 풍부합니다. 소는 지금도 계속되고 있는 전염병 때문에 최근 2, 3년 동안에 그 수가 크게 줄어들었습니다.

29. 무역을 하기 위해 코레아에 오는 외국인이 있는가, 또는 다른 어떤 곳에서 교역을 하는 코레시안이 있는가?

: 그곳에 상관(商館)을 갖고 있는 이 나라 사람(일본) 외에는 교역하는 사람이 없습니다. 코레시안들은 중국 북부지방과 북경과 교역을 하고 있습니다.

30. 너희는 일본의 상관에 간 적이 있는가?

: 그런 일은 우리에게 엄격히 금지되어 있었습니다.

31. 그들은 자기들끼리는 어떻게 교역을 하는가?

: 도성에서 상류계급은 은을 가지고 상거래를 합니다. 평민들과 시골 사람들은 그 가치에 따라 포목을 가지고 상거래를 하며, 또 쌀이나 기타 곡물을 가지고 상거래를 합니다.

32. 그들은 중국과 무슨 교역을 하는가?

: 그들은 인삼, 은, 기타 물건을 그곳에 가지고 가며, 거기서는 우리가 일본에 가져온 것 같은 물건들과 비단 같은 것을 사 가지고 옵니다.

33. 은광이나 기타 광산이 있는가?

: 오래 전부터 약간의 은광이 개발되어 있으며, 국왕이 그중 4분의 1을 취합니다. 다른 광산에 관해서는 들어 본 일이 없습니다.

34. 그들은 어떻게 인삼 뿌리를 찾아내며, 그걸로 무엇을 하고 어디로 수출하는가?

: 인삼은 북부지역에서 발견되며 약으로 쓰입니다. 매년 인삼은 타르타르에 공물로 보내며, 상인들은 인삼을 중국과 일본으로 수출합니다.

35. 너희는 중국과 코레아가 육지로 서로 붙어 있다는 이야기를 들은 일이 있는가?

: 우리가 듣기로 두 나라는 높은 산맥으로 연결되어 있습니다. 겨울에는 추위 때문에, 여름에는 야수 때문에 여행하는 것이 위험합니다. 따라서 사람들은 주로 바닷길로 가며 겨울에는 보다 확실한 얼음을 넘어갑니다.

36. 코레아에서 총독들은 어떻게 임명되는가?

: 각 도의 총독(감사)들은 1년에 한 번, 보통 마을 원님들은 3년에 한 번 갈립니다.

37. 너희는 전라도에서 몇 년을 살았으며, 어디서 먹을 것과 입을 것을 얻

었는가, 그곳에서 너희 중 몇 명이 죽었는가?

: 우리는 병영이라는 고을에서 7년가량 살았습니다. 그들은 우리에게 매달 50캐티의 쌀을 주었습니다. 우리는 입을 것과 부식을 너그러운 사람들에게 얻어 썼습니다. 그동안 11명이 죽었습니다.

38. 너희는 왜 다른 고장으로 보내졌는가, 그리고 그 고장들의 이름은 무엇인가?

: 1660년, 1661년, 1662년에 비가 내리지 않아서 한 고을만으로는 우리가 먹는 식량을 댈 수가 없었습니다. 국왕은 작년에 우리를 3개의 다른 고장으로 분산 배치했습니다. 좌수영에 12명, 순천에 5명, 남원에 5명을 배치했는데, 이 고을들은 모두 전라도에 있습니다.

39. 전라도는 얼마나 크며 어디에 위치해 있는가?

: 그건 남부에 있는 도로서 전부 52개의 고을이 있습니다. 이 도는 전국에서 가장 인구가 많은 도이며, 식량도 가장 많이 생산해냅니다.

40. 국왕이 내보냈는가, 아니면 너희가 달아난 것인가?

: 우리는 국왕이 내보내지 않으리란 것을 잘 알고 있었습니다. 이교도의 땅에서 늘 시름 속에 사느니 죽는 게 낫다고 생각했기 때문에 우리 8명은 달아날 기회를 엿보다가 결심을 단행하게 된 것입니다.

41. 너희는 그때 모두 몇 명이 살아 있었는가, 다른 사람에게 이 일을 알리고 달아났는가 아니면 안 알리고 달아났는가?

: 그때 살아 있었던 사람은 모두 16명입니다. 그중 우리 8명은 나머지 동료들에게 알리지 않고 탈출을 결심했습니다.

42. 왜 알리지 않았는가?

: 모두 함께 달아날 수는 없었기 때문입니다. 매달 초하루와 보름날에는 우리들의 일부가 소속 고을의 원님 앞에 출두해야 하며, 또 외출하려면

교대로 허가를 얻어야 했습니다.

43. 어떻게 하면 그들을 이곳에 데려올 수 있으리라 생각하는가?

: 다른 사람이 아닌 카이저[51]가 국왕에게 서한을 보낸다면 올 수 있을 거라 생각합니다. 카이저는 난파된 코레시안을 매년 돌려보내기 때문에 국왕은 그러한 요청을 거절하지 못할 것입니다.

44. 너희는 전에도 탈주한 적이 있는가, 왜 두 번이나 탈주에 실패했는가?

: 이번이 세 번째 시도였습니다. 처음 두 번은 실패했습니다. 맨 처음은 퀠파트 섬에서였는데, 우리는 그들의 배 구조를 알지 못했고 돛대가 두 번이나 부러지는 바람에 실패했습니다. 두 번째 시도는 도성에서 타르타르 사신에게 호소하여 탈주하려는 것이었으나, 사신이 국왕에게 매수되는 바람에 실패했습니다.

45. 너희는 국왕에게 내보내 달라고 요청한 적이 있는가, 국왕은 왜 그 요청을 거절했는가?

: 국왕과 조정 대신들에게 여러 번 요청했으나, 그들은 자기 나라 사정을 다른 나라에 알리고 싶지 않기 때문에 외국인을 나라 밖으로 내보내지 않는다고 늘 대답했습니다.

46. 너희는 어떻게 배를 구했는가?

: 우리는 배를 사기 위해 많은 것을 얻어 저축했습니다.

47. 너희는 타고 온 배 외에도 다른 배를 가진 적이 있는가?

: 이번에 타고 온 배가 세 번째 배입니다. 그러나 먼저 가졌던 배들은 너무 작아서 일본으로 탈출하는 데 쓸 수는 없었습니다.

48. 너희가 달아난 곳은 어디이며, 그곳에서 산 적이 있는가?

---

51 카이저(Keiser) : 왕이라는 뜻. 여기서는 일본 천황을 가리킨다.

: 그곳은 좌수영으로 우리 가운데 다섯 명이 그곳에서 살았고, 세 명은 순천에서 살았습니다.

49. 그곳은 여기서 얼마나 멀리 떨어져 있으며, 이곳에 오는 데는 얼마나 걸렸는가?

: 추측해 보건대 좌수영은 나가사키에서 50밀렌 떨어진 곳에 있습니다. 고토[五島]에 도착하는 데 사흘이 걸렸습니다. 우리는 고토에서 나흘을 묵었으며 고토에서 여기까지 오는 데 이틀이 걸렸습니다.

50. 너희는 왜 고토에 왔으며, 고토 주민들이 접근했을 때 왜 달아나려 했는가?

: 우리는 폭풍우를 만나 어쩔 수 없이 그곳에 피신했습니다. 날씨가 좋아져서 나가사키로 항해를 계속하기 위해 달아났습니다.

51. 고토 주민들은 어떻게 행동했으며, 너희를 어떻게 대접하던가, 그들이 너희에게 무엇을 요구하던가 아니면 무엇을 받았는가?

: 그들은 우리 일행 중 두 사람을 섬에 상륙시켰습니다. 그들은 우리에게 좋은 일만 해 주었습니다. 우리에게 무엇을 요구하거나 받은 일은 없습니다.

52. 너희 가운데 일본에 와 본 사람이 있는가, 어떻게 뱃길을 알았는가?

: 와 본 사람은 없습니다. 나가사키를 다녀온 코레시안들이 방향을 가르쳐 주었습니다, 그리고 우리는 항해 장교로부터 항로에 대해 주워들은 말이 있는데 그 말들이 기억에 남아 있었습니다.

53. 그곳에 남아 있는 사람들의 이름, 나이, 항해할 당시의 직책, 현재 그들이 살고 있는 장소명은 무엇인가?

〈남원에 남아 있는 사람들의 명단〉

-요하니스 람펜 (Johannis Lampen), 36세, 조수(암스테르담 출신)

-헨드릭 코넬리슨(Hendrick Cornelissen), 37세, 하급수부장(플리란드 출신)

-얀 클라슨(Jan Claeszen), 49세, 요리사(도르트레흐트 출신)

〈순천에 남아 있는 사람들의 명단〉

-야콥 얀스(Jacob Janse), 47세, 조타수(플레케렌 출신)

-안토니 울데릭(Anthonij Uldrick), 32세, 포수(흐리에튼 출신)

-클라스 아렌센(Claes Arentszen), 27세, 급사(오스트포렌 출신)

〈좌수영에 남아 있는 사람들의 명단〉

-산더 바스켓(Sander Boesquet), 41세, 포수(리스 출신)

-얀 얀스 스펠트(Jan Janse Spelt,) 35세, 하급수부장(우트레흐트 출신)

54. 너희들의 이름, 나이, 항해할 당시의 직책은 무엇이었는가?

-헨드릭 하멜(Hendrick Hamel), 36세, 서기(호르쿰 출신)

-호버트 데니슨(Govert Denijszen), 47세, 조타수(로테르담 출신)

-마테우스 에보켄(Mattheus Eibocken), 32세, 하급선의(엔퀴슨 출신)

-얀 피터슨(Jan Pieterszen), 36세, 포수(히렌빈 출신)

-헤릿 얀슨(Gerrit Janszen), 32세, 포수(로테르담 출신)

-코넬리스 데릭스(Cornelis Dirckse), 31세, 하급수부장(암스테르담 출신)

-베네딕투스 클레르크(Benedictus Clercq), 27세, 급사(로테르담 출신)[52]

---

52 난파선에서 표류한 생존자 36명 중 이름이 밝혀진 선원은 위에 적힌 16명 외에도 3명이 더 있다. 그들은 상경 길에 영암에서 죽은 쿨과 청나라 사신에게 탄원하다 옥사한 선원 2명인데, 참고로 그들의 원명을 적어 두면 다음과 같다.
헨드릭 얀스(Hendrick Janse) 암스테르담 출신........................일등항해사
헨드릭 얀스 보스(Hendrick Janse Bos) 할렘 출신..................포수
파울루스 얀스 쿨(Paulus Janse Cool) 푸르메렌드 출신..........포수
이 밖에 하멜일지에는 난파선의 선장과 벨테프레이와 함께 표류했다가 병자호란 때 전사했던 두 화란인의 이름이 더 나온다. 이들의 인적 사항을 참고로 적어 두면 다음과 같다.
레이니어 에흐버츠(Reijnier Egberts) 암스테르담 출신..........선장

-데니스 호버첸(Denijs Govertszen), 25세, 급사(로테르담 출신)

1666년 9월 14일 우리는 이상과 같은 질문을 받았고, 이상과 같은 대답을 했습니다.

데릭 히스버츠(Dirck Gijsbertsz) (데)레프 출신……………………………박연 동료
얀 피터스 버바스트(Jan Pieterse Verbaest) 암스테르담 출신………박연 동료

『조선왕국기』 완역본

헨드릭 하멜 저 / 강준식 역

지리적 위치

우리가 코레아라 부르고 주민들이 됴션국(Tyocen-Koeck)[1]이라 부르는 이 나라는 북위 34도 반에서 44도 사이에 위치해 있고, 남북의 길이는 140~150밀렌, 동서의 폭은 약 70~75밀렌입니다. 따라서 코레시안들은 여러 군데 바다로 튀어나온 곳이 있기는 하지만, 자기 나라를 표시할 때는 트럼프 카드처럼 직사각형으로 그립니다.[2]

이 나라는 8도로 나뉘어져 있고, 8도에는 모두 360개의 도읍과 그 밖에 산이나 해안에 위치한 성채와 요새가 많이 있습니다. 이 나라 해안에는 안전한 항해를 방해하는 암초와 갯벌이 많아, 물길을 잘 모르는 사람은 배로 접근하는 것이 매우 위험합니다.

인구가 많지만 이 나라 남반부에서는 쌀과 잡곡과 목화가 풍부하게 재배되고 있어 풍년에는 충분히 자급자족할 수가 있습니다. 이 나라의

---

1 됴센국 : 됴션국→조선국(朝鮮國). 구한말까지도 한글로는 조선을 됴션이라고 표기했다.

2 「대동여지도」 전에 나온 조선 지도들을 보면 정말 직사각형에 가깝게 그려져 있음을 알 수 있다.

조선 후기에 제작된 조선팔도고금총람도. 보물 제 1602호인 이 지도를 보면 한반도를 직사각형에 가깝게 그렸음을 알 수 있다.

동남쪽은 일본에 아주 가깝습니다. 부산(Pousaen)과 오사카(Osacco)[3]의 거리는 25~26밀렌밖에 되지 않습니다. 그 사이에 있는 해협에는 코레시안들이 대마도(Taymatto)라 부르는 쓰시마(Suissima) 섬이 있습니다. 코레시안에 따르면 이 섬은 원래 코레아 땅이었으나, 일본과 전쟁에서 조약을 맺고 퀠파트(Quelpaert : 제주도) 섬과 교환했다고 합니다.

서쪽으로는 남경만[4]이 왕국과 중국을 갈라놓고 있습니다. 이 나라는 북쪽으로 중국의 최북단 지방과 아주 높은 산으로 연결되어 있어 완전히 섬은 아닙니다.

어업

동북쪽으로는 넓은 바다가 자리 잡고 있습니다. 그곳에서 매년 화란이나 기타 다른 나라의 작살이 박힌 고래가 꽤 발견됩니다. 12월, 1월, 2월, 3월에는 청어가 많이 잡힙니다. 12월과 1월에 잡히는 청어는 우리가 북해에서 잡는 것과 같은 종류이며, 2월과 3월에 잡히는 청어는 화란에서 튀겨 먹는 청어처럼 크기가 작은 종류입니다. 따라서 바이가트 해협[5]에서 코레아와 일본으로 통하는 수로가 반드시 있을 것입니다. 우리는 코레시안 뱃사람들에게 동북해를 항해하면 그곳에 어떤 육지가 있는지를 가끔 물어보곤 했습니다. 이 질문에 대해 그들은 그 방향으로는 아무것도 없고 양양한 바다만 있다고 대답했습니다.[6]

3 거리로 보아 하카다[博多]일 듯.
4 남경만(南京灣) : 황해를 가리킨다.
5 바이가트(Waeijgat) 해협 : 시베리아 북안에 있는 작은 섬.
6 이 기록을 보면 하멜 일행은 동해안 쪽으로 가 본 일이 없음을 알 수 있다.

기후와 농업

코레아에서 중국으로 가는 사람들은 만[7]의 가장 좁은 지점에서 배를 탑니다. 육로는 곤란한 것이 겨울에는 혹독한 추위 때문에, 여름에는 맹수들 때문에 산맥을 통과하는 데 위험이 따릅니다. 강물이 꽁꽁 얼어붙는 겨울도 있습니다.[8] 그러면 사람들은 얼음을 딛고 쉽게 여행할 수가 있습니다. 이곳의 추위는 굉장하여 1662년 우리가 산간에 있는 사찰에 갔을 때는, 어찌나 눈이 많이 왔던지 집과 나무가 다 파묻혀 사람들이 눈 속에 터널을 뚫고 이 집에서 저 집으로 다니는 것을 본 일이 있습니다. 밖에 나다닐 때는 나무판자를 발밑에 붙들어 매는데, 그렇게 하면 눈에 빠지지 않고 산을 오르내리는 데 아무 지장이 없다는 걸 그들은 알고 있습니다.

북쪽 주민들은 보리밥과 조밥을 먹고 삽니다. 거기는 벼가 자라질 않기 때문입니다. 목화도 자라지 않기 때문에 남쪽에서 가져가야만 합니다. 이 지역 평민들의 음식은 매우 초라하며, 대부분 대마나 광목이나 동물 가죽을 입고 비참하게 지냅니다. 그러나 이 지역에서는 인삼(Nisy)을 재배합니다. 이 작물의 뿌리는 타르타르에 공물로 바치기도 하고, 중국과 일본에 수출하기도 합니다.

군주

타르타르에 예속되어 있다고 하지만, 코레아에 있어서 국왕의 권위는 절대적입니다. 국왕은 조정의 의견에 따르지 않고 자기 마음대로 나라

7 만 : 남경만으로 결국 황해를 가리킨다.

8 강 : 압록강을 말한다.

를 통치할 수 있습니다. 이 나라에는 고을이나 마을, 섬을 소유하는 영주가 없습니다. 중요한 사람들은 토지 재산과 노예에 의해서 수입을 얻습니다. 개중에는 2, 3천 명의 노예를 소유한 사람도 있습니다. 또한 국왕으로부터 섬이나 영지를 받은 사람이 있지만, 그들이 죽으면 국왕에게 도로 반납해야 합니다.

군대

나라를 지키기 위하여 도성에는 기병과 보병이 수천 명 있습니다. 그들은 국왕에 의해 유지됩니다. 그들의 임무는 대궐을 경비하고 국왕이 행차할 때 호위하는 일입니다.

각 도에서는 7년에 한 번 왕궁을 경비할 자유민을 도성에 올려 보낼 의무가 있는데, 기간은 일 년입니다. 각 도에는 장군[9]이 한 사람씩 있고, 그 밑에 서너 명의 대령들이 있습니다. 각 대령 밑에는 고을을 지휘하는 대위가 많이 있습니다.

시의 각 지역에는 상사가 있으며, 각 동네엔 하사관과 10명의 부하를 거느리는 십장(什長)이 있습니다. 모든 장교와 하사관들은 자기 관할 내의 부하들을 기록하여 그 명단을 상관에게 제출해야 합니다. 이런 방식으로 국왕은 늘 자기가 얼마나 많은 병사를 동원할 수 있는지를 정확히 알게 되는 것입니다.

기병은 갑옷과 투구를 씁니다. 그들이 갖고 다니는 무기로는 칼과 활, 그리고 일종의 도리깨가 있는데, 이 도리깨는 알곡을 타작할 때 쓰

9 장군 : 병사(兵使)를 가리킨다.

는 우리나라 도리깨와 같으나 짧은 철 조각이 달려 있습니다.[10] 보병 가운데는 철편과 뿔로 만든 갑옷과 투구를 쓴 사람이 있습니다. 그들은 화승총과 칼, 창으로 무장합니다. 장교는 활과 화살로 무장합니다. 보병은 자기 부담으로 50발의 총알과 거기에 쓸 화약을 소지해야만 합니다. (우리가 서울에서 복무할 때 화약을 충분히 소지하고 있지 않다는 이유로 볼기를 5대씩 맞은 일이 있습니다.)[11]

각 마을은 산속에 있는 요새나 성채를 유지하기 위해 주변 산에 있는 많은 중들을 임명하여 그들로 하여금 비용을 대게 합니다. 유사시에 이 중들은 승병으로 활약하기 때문에 칼과 활로 무장하고 있습니다. 그들은 이 나라에서 가장 우수한 병사로 간주되며, 승려들 사이에서 선출한 승병장의 진두지휘를 받게 됩니다. 승병들도 명단에 기록되기 때문에 국왕은 그것이 병사든 장교든, 노무자든 중이든, 얼마나 많은 자유민이 병역에 동원될 수 있는지를 언제나 알 수 있는 것입니다. 60세가 넘으면 군복무가 면제되지만 아들이 그 자리를 대신해야 합니다.

군복무를 하지 않거나 면제된 귀족은 그 종들과 함께 세금을 내면 됩니다. 종은 인구의 반이 더 됩니다. 왜냐하면 자유민이 여종과 아이를 낳거나 남종이 자유민과 아이를 낳으면, 그 자식은 어느 경우에나 종이 되기 때문입니다. 종 사이에 태어난 아이는 여종의 소유가 됩니다.

---

10 도리깨 : 조선시대에는 도리깨처럼 생긴 무기가 있어서, 이름을 편곤(鞭棍)이라 했다. 말 위에서 쓰는 마상편곤이 있었고, 여자 포교가 쓰던 쇠도리깨도 있었다.

11 다른 판본에는 없고 스티히터 판본에 이런 구절이 나온다.

수군(水軍)

'거의 바다에 둘러싸여 있는 코레아의'[12] 각 고을은 전선(戰船) 한 척과 수병, 탄약, 기타 장비를 준비해 두어야 합니다. 이 전선은 갑판이 2개이며 노가 20~24개 달려 있습니다. 노 하나에 5, 6명의 노수(櫓手)가 배치됩니다. 총 승무원은 수병과 노수를 합해 2, 3백 명으로 구성됩니다. 이 전선에는 약간의 대포와 많은 발포 무기들이 실립니다.

각 도에는 전선의 수병을 훈련시키고 감독하는 제독[수사(水使)]이 있습니다. 그는 자기가 발견한 것들을 총제독[삼도통제사(三道統禦使)]에게 보고하는데, 총제독이 수군 훈련을 친히 검열할 때도 있습니다. 만일 제독이나 선장이 직무상 어떤 과실을 범했다는 것이 확인되면, 그 범죄자는 1666년 우리들의 제독이 그랬던 것처럼 유배, 추방 또는 사형을 당하게 됩니다.

정부

높고 낮은 관리들로 구성된 조정은 국왕에게 자문을 주는 기관입니다. 그들은 날마다 대궐에 등청하여 모든 사건을 국왕에게 보고합니다. 그들은 국왕에게 무엇을 하라고 강요할 수는 없지만, 언행으로 그를 보좌할 수가 있습니다. 그들은 나라에서 국왕 다음으로 존경받는 사람들이며, 비행을 저지르지 않는다면 나이 80세까지도 조정 신하의 일원으로 남아 있을 수가 있습니다. 파직되지만 않는다면 이 관행은 대궐에서 일하는 모든 관리에게 적용됩니다.

사또의 임기는 1년입니다. 그 밖에 직급이 높고 낮은 관리들의 임기

12 처칠 영역본에 이런 구절이 나온다.

는 3년이지만, 과실을 저지르기 때문에 임기를 채우지 못하고 파면되는 관리가 많습니다. 국왕은 국정에 관한 좋은 정보를 얻기 위하여 항상 정탐꾼을 풀어놓고 있습니다. 사형을 받거나 종신 유배당하는 관리들이 많습니다.

국왕의 수입과 지방세

'궁전과 군대를 유지하기 위한'[13] 국왕의 수입은 농산물과 수산물에 부과된 세금에서 나옵니다. 국왕은 각 고을과 마을에 곡물 또는 '십일조'[14]를 저장하는 창고를 갖고 있습니다. 그는 백성들에게 1할 이자를 붙여 곡물을 대여해 주며, 추수 때는 십일조를 징수합니다.

지주들은 자기 수입으로 생활하며 국왕을 위해 일하는 사람들은 그로부터 받는 봉록으로 생활합니다. 당국은 도회지나 촌락이나 집이 세워진 땅에 대해 토지세를 부과합니다. 부과금의 수준은 지대에 따라 다릅니다. 이 토지세로 각 고을의 사또들과 국왕의 신하들에게 줄 봉급 및 지방 관청의 경비가 충당됩니다.

병역을 이행하지 않는 사람은 대신 해마다 석 달씩 부역을 나가야 합니다. 이렇게 불려 나간 이들은 토지 관리에 필요한 각종 사역을 해야 합니다.

각 고을과 마을의 기병이나 보병은 고용된 기병과 보병의 비용을 충당하기 위해 포목 3필[15] 또는 그에 상당한 은(銀)을 내야 합니다. 이

13 이 구절은 처칠 영역본에 들어 있다.

14 십일조(Tythe) : 10프로의 이자를 붙여 징수한다는 뜻.

15 3필의 포목 : 군포(軍布)를 의미한다.

나라에 그 밖의 세금과 의무는 없습니다.

형벌

국왕이나 국가에 배반하고 기타 중죄를 범한 자는 매우 혹독한 처벌을 받습니다. 범죄자의 전 가족이 몰살되고, 살던 가옥이 즉각 헐리며 그 터 위에 다시는 집을 지을 수 없게 됩니다. 그의 재산과 종들은 전부 국가 재산으로 몰수되든지 아니면 다른 사람에게로 넘어갑니다.

국왕이 내린 칙령을 왈가왈부하는 사람은 누구나 사형에 처해지는데, 우리가 있을 때도 그런 일이 일어났습니다. 국왕은 자기 형수가 바느질 솜씨가 좋은 것을 알고 옷을 지어 달라고 했습니다. 그녀는 국왕을 미워하고 있었기 때문에 옷 속에 부적을 집어넣었습니다. 국왕은 그 옷을 입을 때마다 왠지 평안을 찾을 수가 없어 옷을 뜯어 조사해 보게 했더니, 그 속에서 부적이 나왔습니다. 국왕은 형수를 동판을 깐 방에 가두고 불을 때서 죽게 했습니다.[16] 이 부인의 친척으로 그때 어느 도의 총독이요, 문벌과 인품이 뛰어나 조정에서도 높이 평가받는 어떤 사람[17]이 항의했습니다. 그는 현숙한 부인, 그것도 뛰어난 지위에 있던 분의 부인을 다른 방식으로 처벌할 수도 있지 않았겠느냐고 국왕에게 상소문을 올렸습니다. 국왕은 그 고관을 소환했으며, 그는 어느 날 정

16 이 이야기는 효종의 형수인 소현세자빈(昭顯世子嬪) 강씨(姜氏)에 대한 것으로, 실제로 강빈옥사(姜嬪獄事)는 하멜이 표류하기 7년 전인 1646년에 일어났다. 청나라에 볼모로 잡혀갔던 소현세자가 1645년 귀국하자마자 병사했는데, 항간에서는 소현세자가 독살되었다는 소문이 있었다. 세자빈 강씨는 이 일로 효종을 미워했다고 한다.

17 어떤 사람 : 황해감사 김홍욱(金弘郁). 소현세자빈의 억울한 죄를 벗겨 주려고 상소했다가 효종의 분노를 샀다. 이 김홍욱 상소사건은 효종 5년, 즉 하멜 일행이 입경하던 해에 일어났다.

강이를 120대나 맞고 참수당했습니다. 그의 모든 재산과 종들은 몰수되었습니다. 다른 죄에 대해서는 나중에 언급하겠습니다만, 그런 죄는 범죄자 개인에게만 국한되며 역모죄처럼 가족까지 처벌받지는 않습니다.

남편을 죽인 여인은 사람들이 지나다니는 한길 가에다 어깨까지 파묻습니다. 그 여자 옆에는 나무톱을 놓아두는데, 이곳을 지나가는 사람은 귀족을 제외하고는 누구나, 그 톱으로 한 번씩 그녀가 죽을 때까지 목을 켜야 합니다. 살인사건이 일어난 고을은 몇 년 동안 원님을 가질 권리를 상실하며, 그 기간 동안에는 인근 고을 원님이나 귀족의 통치를 받아야 합니다.[18] 자기 원님에 대해 불평하는 사람에게도 이와 같은 형벌이 적용되며 법원도 그가 잘못이라는 판단을 내립니다. 자기 아내를 죽인 남자는 간통이라든가 또는 그와 유사한 어떤 이유를 증명할 수 있을 때는 무죄 석방됩니다. 여종을 죽인 남자는 그 여종의 주인에게 3배의 몸값을 물어내야 합니다. 주인을 죽인 종은 고문해서 죽입니다. 이에 반해 주인은 사소한 구실로도 자기 종을 죽일 수가 있습니다. 살인자는 자기가 사람을 죽인 것과 똑같은 방식으로 처형됩니다만, 먼저 발바닥에 매를 맞아야만 합니다. 살인죄가 있는 사람은 다음과 같은 처벌을 받습니다. 피살자의 시체를 구석구석 닦아 낸 식초와 더럽고 구역질나는 물을 잘 섞은 다음, 이 혼합 액체를 범죄자의 입에 물린 깔때기를 통해 배가 찰 때까지 들이붓습니다. 그리고 그 부어오른 배를 터질 때까지 매질하는 것입니다.

18 어떤 고을에서 인륜에 어긋나는 사건이 생기면 고을의 등급이 격하되어 인근 고을의 지배를 받는데, 그 기간은 10년이었다. (『추서지(秋書誌)』)

절도범과 강도는 엄중한 처벌을 받지만 도둑질은 여전히 성행합니다. 도둑들은 일반적으로 발바닥을 때려서 서서히 죽게 만듭니다. 유부녀와 간통을 했거나 달아난 사람은 그 여인과 함께 마을로 끌고 와 옷을 발가벗기거나 또는 얇은 속옷만 입힌 채, 얼굴에다 석회를 칠하고, 두 사람의 귀를 화살로 뚫어 엮습니다. 그리고 법의 집행자가 그들의 등에 붙들어 맨 작은북을 두드리며, "간통한 연놈들이오!" 하고 큰 소리로 외치며 온 마을로 끌고 돌아다닌 뒤에[19] 볼기를 50~60대 때립니다.

(남자들은 여자를 아주 좋아하며, 질투심이 너무 많아 절친한 친구에게도 좀처럼 아내를 보여 주려 하지 않습니다. 결혼한 남자가 다른 남자의 아내를 데리고 자면 주로 지체가 높은 사람들 사이에서는 사형에 처해지는데, 형의 집행자는 살아 있다면 범죄자의 아버지나 또는 그의 가까운 혈족이 되게 마련입니다. 이때 범죄자는 자기가 죽는 방법을 선택할 수 있습니다. 남자들은 보통 뒤에서 찔려 죽기를 원하며 여자들은 자기 목을 찔러 죽는 방법을 택합니다.)[20]

국왕에게 세금을 제때 내지 못한 사람은 밀린 세금을 다 낼 때까지 아니면 죽을 때까지 한 달에 두세 차례씩 정강이뼈를 맞습니다. 그가 죽으면 그의 일가친척이 밀린 세금을 내야 하기 때문에 국왕은 결코 자기 수입을 못 받는 법이 없습니다. 보통 죄는 볼기나 종아리를 때리는데, 가볍게 말 한 번 잘못해도 그런 벌을 받기 때문에 그들은 매 맞는 걸 별로 창피하게 생각하지 않습니다.

19 이렇게 하는 것을 '조리돌린다'고 한다.

20 이 구절은 바이스 영역본에는 없다.

보통 사또는 지방 총독(감사(監司))의 동의를 얻지 않고서는 사형을 집행할 수 없습니다. 국사범(國事犯)은 국왕에게 보고하지 않고서는 처벌할 수 없습니다.

정강이는 다음과 같이 때립니다.[21] 죄인을 작은 의자에 앉히고 두 다리를 함께 묶습니다. 정강이는 두 군데를 줄로 묶는데, 한 군데는 발목 바로 위, 다른 한 군데는 무릎 밑입니다. 그 사이를 참나무나 버드나무 막대기로 때리는데, 막대기 길이는 사람 팔만 하고 앞면은 손가락 두 개의 넓이이고, 둥그스름한 뒷면의 굵기는 말 머리에 사용하는 가죽끈 두께만 합니다. 한 번에 30대 이상은 때리지 않고, 서너 시간 쉬게 한 뒤에 다시 법이 정한 나머지 매를 때립니다. 살인죄를 저지른 범인은 길이가 서너 자 되는 팔뚝만큼 굵은 몽둥이로 때리며, 매질은 무릎 밑에 직접 가해집니다.

발바닥은 다음과 같이 때립니다. 먼저 죄인을 땅에 앉힌 다음 두 엄지발가락을 함께 묶고 가랑이에 나뭇조각을 끼웁니다. 그런 다음 팔뚝 굵기의 둥근 막대기로 판관이 그만두라고 할 때까지 때립니다. 이것은 또한 모든 범죄자들이 고문받는 방법이기도 합니다.

볼기는 다음과 같이 때립니다. 죄인은 반드시 바지를 벗고 땅바닥에 엎드리든가, 아니면 때로 엎드린 채 묶입니다. 여자는 도덕적인 배려에서 속옷을 입고 매를 맞을 수 있지만, 매질이 잘 되도록 물로 속옷을 적셔야 합니다. 위가 둥그스름하고 넓이가 손바닥만 하며 굵기가 손가락 정도 되는 길이 네댓 자의 넓적한 방망이로 매를 때립니다. 곤장 1백

21 정강이 : 종아리였을 듯하나, 하멜은 정강이(scheen), 정강이뼈(scheenbeen)에 대한 매질과 종아리(kalveren) 매질을 구분해서 기록하고 있기 때문에 원문에 따랐다.

대면 사람이 죽습니다. 매질은 또한 길이가 두세 자, 굵기가 손가락 두 개만 한 버드나무 가지를 한 묶음 갖다 놓고 작은 걸상 위에 올라선 남자나 여자에게 가해질 수도 있습니다. 이때 아파 울부짖는 소리가 하도 처절하기 때문에 옆에서 구경하던 사람이 매 맞는 사람보다 더 고통받기도 합니다. 아이들은 가는 회초리로 종아리를 맞습니다. 그 밖에 다른 처벌 방법들이 있지만, 너무 장황하므로 이 정도 해 두겠습니다.

종교

그들의 종교, 사찰, 승려 및 종교적 집단에 대해서 말씀드리자면, 백성들은 우상[22] 앞에서 일종의 미신적인 의식을 행하기는 하지만, 사실은 그런 신들보다도 공공 권위에 더 많은 경의를 표합니다. 고관이나 귀족들은 우상에 대해 경의를 표하지 않습니다. 자기들이 우상보다 더 높다고 생각하기 때문입니다.

사람이 죽으면 그 지위가 높든 낮든 중들이 염불을 해 주기 위해 찾아오며, 가족과 친구들이 참석한 가운데 죽은 사람을 위해 봉물을 드립니다. 지위가 높은 사람이 죽으면 친척이나 친구들이 장례식에 참석하기 위해 때로는 30~40밀렌 밖에서 찾아오기도 합니다.

모든 명절날에는 일반 백성이나 농민들이 우상 앞에 찾아와 절을 합니다. 그들은 불상 앞에 놓인 작은 단지 위에 달콤한 냄새가 나는 향을 피웁니다. 그리고 경배하는 일이 끝나면 그곳을 다시 떠납니다. 그저 그것뿐입니다. 그들은 선을 행한 사람은 나중에 보상을 받고, 악을

22 우상 : 문맥상 불상(佛像)을 뜻하나, 하멜은 우상(idolen)과 상(standbeelden)을 구분해서 사용하기 때문에 원문에 따라 우상과 (불)상으로 구분해서 번역했다.

행한 사람은 벌을 받는다고 주장합니다.

설교나 교리문답 같은 것은 알지 못하며, 신앙에 대해 서로 가르쳐 주거나 하는 일도 없습니다. 어떤 신앙이 있다 하더라도 그들은 종교에 대해서 논쟁을 하는 법이 절대 없습니다. 이 나라 어디를 가 보아도 우상을 섬기는 방식은 다 이와 동일합니다.

중은 하루에 두 번 불상 앞에 공양을 바치고 기도합니다. 명절날에는 많은 사람들이 절간에 찾아오며, 이때 모든 중들은 징을 울리고 북을 두드리고 기타 악기를 연주하면서 흥겨운 분위기를 만듭니다.

이 나라에는 사원과 사찰이 굉장히 많은데, 모두 경치 좋은 산속에 있습니다. 절 하나하나는 해당 고을의 관할을 받습니다. 어떤 사원엔 5, 6백 명이나 되는 많은 중들이 살고 있으며, 어떤 곳은 그 관할 하에 들어가 있는 중이 자그마치 3, 4천 명 되는 고을도 있습니다. 그들은 10명, 20명 또는 30명씩 무리를 지어 한 집에 사는데, 그 수는 이보다 더 많을 수도 있고 적을 수도 있습니다. 이들이 사는 집에서는 각기 나이 든 중이 지도자가 됩니다. 지도자는 어떤 중이 행실을 잘못했을 때 볼기를 20~30대 때릴 수도 있습니다. 그러나 큰 죄를 저질렀을 때는 인근 고을의 원님에게 그 중을 넘깁니다. 교리만 좋다면 중들이 모자랄 염려는 없습니다. 누구든지 중이 되고 싶은 사람은 중이 되고, 싫으면 언제든지 그만둘 수 있습니다. 그러나 이 나라의 중들은 대우를 받지 못합니다. 나라에 바쳐야 할 공물이 많고 중으로서 해야 되는 기본 노동이라는 것이 있기 때문에 머슴보다 별로 나을 게 없습니다.

그러나 지위가 높은 중들은 존경을 받는데, 그것은 주로 그들의 학식 때문입니다. 그들은 이 나라의 학자급에 속하는 것으로 간주됩니다. 그들은 국왕의 승려[23]라 불립니다. 그들은 나라의 인장을 가지고 다니며, 사원을 방문할 때는 원님의 권한을 행사하기도 합니다. 그들은 또 말을 타고 여행하며, 굉장한 의식 절차로 환영을 받습니다.

중들은 동물의 고기나 살아 있는 생물로 만든 음식은 아무것도 먹어선 안 됩니다. 달걀도 먹지 않습니다. 머리와 수염은 깨끗이 깎아 내야 합니다. 여자와 관계를 맺어도 안 됩니다. 이런 계율을 범하는 사람은 볼기를 70~80대 맞으며, 사원에서 쫓겨납니다. 사원에 들어가려면 삭발을 하고, 젊은 중들은 자기들이 중이었다는 사실을 나중에라도 알아볼 수 있도록 한쪽 팔에 먹물을 들입니다. 보통 승려들은 노동, 교역, 구걸을 통해 얻은 음식으로 근근이 살아 나갑니다.

각 사원에 가 보면 중들이 많은 사내아이들을 모아 놓고 열심히 글 가르치는 모습을 발견할 수 있습니다. 이 사내아이들이 머리를 깎기 시작하면 글을 가르친 스승의 종자가 됩니다. 아이들이 얻어 온 물건은 모두 스승이 차지하는데, 이 일은 그가 아이들을 놓아줄 때까지 계속됩니다. 또한 스승이 죽으면 제자들이 상속자가 되어 상복을 입습니다. 이미 스승 곁을 떠났던 자들도 친자식처럼 자기들을 키워 주고 가르쳐 준 스승에 대한 고마움에서 상을 치릅니다.

우상을 숭배하고 육식을 금하는 것을 좋아하는 다른 부류의 사람들도 있는데, 그들은 머리를 깎지 않으며 결혼을 합니다.[24]

사원이나 사찰은 일반 백성이나 부유한 귀족, 자기 능력에 따라 시주하는 모든 사람에게서 거둔 기부금으로 건축됩니다. 중들은 일하며

23 왕사(王師) 또는 국사(國師)를 가리키는 것 같다.

24 김창수 역본은 이것을 대처승(帶妻僧)의 일로 보았고, 바이스 영역본은 J.로스의 설을 따라 도교의 도사(道士)로 풀이했다.

그 대가로 음식과 주지승이 주는 약간의 급여를 받는데, 보통 주지승은 사원에 대한 관할권을 갖고 있는 고을 원님에 의해 임명됩니다.

오래 전 모든 인류에겐 한 가지 언어밖에 없었으나, 하늘에 올라가기 위해 탑을 쌓으려던 계획이 언어의 혼란을 가져오게 되었다고 믿는 중들이 많습니다.[25]

귀족들은 기생이나 다른 동반자를 데리고 절에 자주 놀러 옵니다. 사원은 숲이 우거진 산속에 위치해 있어 경치가 매우 아름답고, 또 절간 건물은 그 나라에서 가장 잘 지은 건물로 간주되기 때문입니다. 그러나 절이라기보다는 갈보집이나 선술집같이 보입니다. 보통 사원에서 중들은 아주 술 마시기를 좋아한다는 사실을 알아 두어야 합니다.

우리가 도성에 있을 때 집 근처에는 여사원(女寺院)[26]이 두 군데 있었는데, 하나는 귀부인을 위한 것이고 다른 하나는 평민 아녀자를 위한 것이었습니다. 여승도 머리를 삭발하며 남승(男僧)과 같은 방식으로 먹고 불상을 모십니다. 여승들은 국왕과 귀족들이 주는 급여로 살아갑니다. 두 개의 여사원은 4, 5년 전 현 국왕[27]에 의해 폐쇄되었으며, 여승들이 결혼을 해도 좋다는 허가를 내렸습니다.

가옥과 가구

행정과 종교 문제 등을 언급했으니 이제는 개인에 관한 문제를 말씀드

25 이것은 원래 성경에 나오는 바벨탑의 이야기인데, 어떻게 조선조의 중들이 이런 이야기를 알고 있었는지 궁금하다. 하멜일지의 여러 판본들을 다 대조해 봤는데, 모두 이 이야기가 들어 있다

26 여사원 : 자수(慈壽), 인수(仁壽)의 양니원(兩尼院)은 현종 2년에 폐지되었다.

27 현종.

리겠습니다.[28]

잘사는 사람의 집은 아름답지만, 일반 백성들의 집은 보잘것없습니다. 그들은 자기 마음대로 집을 고칠 수 없으며 원님의 동의 없이는 기와도 올릴 수 없습니다. 대부분의 집은 갈대나 짚으로 지붕을 잇습니다. 집과 집 사이에 있는 마당은 담이나 울타리로 구분되어 있습니다. 집은 나무 기둥 위에 세웁니다. 집 벽의 아랫부분은 돌을 쌓고, 윗부분은 작은 목재를 가로세로 엮어 묶고 그 안팎에 진흙을 발라 편편하게 합니다. 벽 안쪽에는 백지를 바릅니다. 겨울에는 날마다 방바닥 밑에 불을 때기 때문에 방이 언제나 따듯합니다. 방이라기보다 화덕 같습니다. 방바닥에는 기름 먹인 종이(장판)를 깝니다. 집들은 단층밖에 없지만, 작은 다락이 있어 그 속에다 자질구레한 물건들을 집어넣을 수 있습니다.

귀족들은 항상 본채 앞에, 제대로 말하자면 독립된 집(사랑채)을 따로 한 채 지어 집에 찾아오는 친척이나 친구를 대접하고 잠을 재워 줍니다. 그들은 사랑채를 쉬고 노는 숙소로 이용합니다. 일반적으로 집의 대지는 넓은 편이며, 넓은 안뜰에는 많은 꽃들과 진기한 식물, 나무, 정원석 등으로 장식한 연못과 꽃밭이 있습니다. 여자들은 안채에 살기 때문에 지나가는 사람들의 눈에 띄지 않게 되어 있습니다.

상인이나 저명한 사람은 자기 집 옆에 가게를 갖고 있어 거기다 상품을 두고 일을 보는데, 손님을 맞을 때는 흔히 술과 담배를 내놓습니다. 결혼한 여인들은 외부 사람을 자유롭게 만날 수 있으나, 잔칫집에서는 남편과 반대편 자리에 서로 모여 앉습니다. 일반적으로 집에 가

28 바이스 영역본에는 없다.

구는 많이 두지 않고, 그저 생활하는 데 필요한 일용품을 둘 뿐입니다. 술집과 놀이집이 많은데, 남자들은 그곳에 가서 기생들이 노래하고 춤추며 악기를 연주하는 것을 보고 즐깁니다. 여름이 되면 코레시안들은 산으로 놀러 갑니다.

여행과 접대

나그네들이 하룻밤을 묵어갈 수 있는 여관 같은 것은 없습니다. 길을 따라 여행하다 날이 저물게 되면, 양반집 이외에는 아무 집이나 안마당으로 들어가서 자기가 먹을 만큼의 쌀을 내놓습니다. 그러면 곧 집주인이 이 쌀로 밥을 지어 반찬과 함께 나그네를 대접합니다. 집집마다 순번을 정해 나그네를 대접하는 마을이 많은데, 이에 대해 어느 집도 군소리를 하지 않습니다.

서울(Sior)로 가는 큰길에는 관리나 평민이나 함께 묵어갈 수 있는 주막집들이 있습니다. 귀족이나 공무로 여행하는 사람은 지방 원님 댁에 묵어갈 수도 있는데, 이때는 물론 식사도 대접받습니다.

혼인

사촌 이내의 친척들은 서로 혼인하는 것이 허락되지 않습니다. 아이들이 겨우 여덟 살, 열 살 또는 열두 살이 되었을 때 부모들이 혼처를 정해 버리기 때문에 연애란 존재하지를 않습니다. 일반적으로 (결혼한) 계집아이들은 자기 부모가 데릴사위를 보지 않는 한, (자기가 결혼한) 사내아이의 부모 집에 살러 갑니다. 계집아이들은 어떻게 살림살이를 꾸려 나가는지를 다 배울 때까지 시집에 남습니다. 혼례를 올리기 전에 계집아이는 자기 부모 집에 돌아갑니다. 그러면 신랑은 친척과 친구들에 둘러싸여 마을을 한 바퀴 돕니다. 신부는 친정 부모와 가족에 둘러싸여 신랑의 새 집까지 갑니다. 거기서 결혼식이 거행되며, 더 이상의 의식은 없습니다.

남자는 이미 아이를 몇 낳은 아내라도 내보내고 다른 여자를 아내로 취할 수가 있습니다. 그러나 여자에게는 판관이 주지 않는 한 그런 특권이 없습니다. 남자는 자기가 먹여 살릴 수만 있으면 처첩을 몇이라도 거느릴 수 있습니다. 가고 싶으면 기생집도 마음대로 가는데, 그렇다고 남에게 흠 잡히지도 않습니다. 본가에서는 본부인이 살림을 맡아 합니다. 나머지 첩들은 어딘가 다른 곳에다 집을 얻어 주어 살게 합니다. 양반들은 대개 자기 집에 두세 명의 처첩을 데리고 사는데, 그중 본부인이 살림살이를 맡아 합니다. 첩들에게는 각기 자기 집이 있어, 집주인이 기분 내킬 때마다 그곳에 들릅니다.

이 나라 사람들은 자기 여인을 여종보다 별로 나을 게 없이 취급합니다. 사소한 일을 트집 잡아 아내를 내보낼 수도 있습니다. 남자가 아이를 원하지 않으면 쫓겨난 여자는 그 애들을 데리고 나가야 합니다. 이 나라에 인구가 그토록 많은 것도 그리 놀랄 일이 아닙니다.

교육

양반이나 잘사는 사람은 자식들의 교육에 신경을 많이 쓰며, 아주 어릴 때부터 선생을 두어 글공부를 시키는데, 이건 이 민족이 아주 중시하는 일입니다. 그들은 아이들을 가르칠 때 점잖고 부드러운 태도를 취합니다. 아이들은 옛 성현들이 어떻게 하여 지위와 명예를 얻게 되었는지, 그에 대한 이야기를 끊임없이 듣고 자랍니다. 그들은 하루 종일 엉덩이를 붙이고 앉아 글을 읽습니다. 이 어린 소년들이 배움의 기초가 되는 교재를 이해하고 설명하는 것을 보면 정말 놀랄 만합니다.

각 마을에는 조국을 위해 목숨을 바친 사람들을 해마다 추모하는 건물이 하나 있습니다. 이런 곳에는 보존할 가치가 있는 옛글들이 보관되어 있습니다. 양반들은 거기서 소리 내어 책을 읽는 연습을 합니다.

각 도에서는 매년 두세 고을에서 시험을 치르게 합니다. 시험관이 방문하여 군대나 경찰에 취직하고 싶어 하는 사람들의 지식을 시험해 봅니다. 뛰어난 인재가 발견되면 그 이름을 국왕에게 보고합니다. 조정에서도 일 년에 한 번 과거를 치르게 하는데, 이때 응시자들은 전국에서 모여듭니다. 이 시험에는 이 나라에서 중요한 사람들, 과거 관직에 있었던 사람이나 현직에 있는 사람, 향시(鄕試)에 합격한 사람들이 모두 모이며, 경찰이나 군대에서 승진을 바라는 사람도 모여듭니다.

시험을 통과한 사람은 국왕으로부터 합격 증서를 받습니다. 이 증서는 뭇사람들이 부러워하는 증서입니다. 이 자격증 때문에 젊은 양반이 늙은 거지가 되어 버리는 수도 많은데, 그 이유는 내야 할 기부금과 베풀어야 할 잔치 비용이 많이 들어가서 (대개는 얼마 안 되는) 재산을 홀랑 날려 버리기 때문입니다. 부모들은 자식을 공부시키는 데 많은 돈을 투자합니다. 그들의 목표인 관직을 얻지 못하는 경우도 적지 않으나, 부모들은 자기 아들이 과거시험에 합격했다는 사실 하나만으로도 만족하며 자기들이 희생한 보람을 느낍니다.

부모는 자식을 소중히 여기며, 자식도 부모를 공경합니다. 그들은 서로의 행동에 대해 서로가 책임을 지며, 그래서 부모, 자식 중의 한쪽이 죄를 짓고 도망하면 남아 있는 쪽이 그 대가를 치러야만 합니다. 종들은 이와 달리 자기 자식들을 거의 돌보지 않는데, 그 이유는 자식이 일할 만한 나이가 되면 주인이 데려가 버린다는 사실을 잘 알고 있기

때문입니다.[29]

장례

모든 자식은 아버지가 죽었을 때는 3년, 어머니가 죽었을 때는 2년 상을 입어야 합니다. 그 기간 동안 자식들은 중과 같은 음식을 먹어야 하며, 어떤 관직에 오르는 것도 허용되지 않습니다. 현재 크고 작은 관직에 있는 사람이 부모를 잃었을 경우에는 즉시 사직해야 합니다. 상중에는 자기 아내와 성관계를 갖는 것도 금지됩니다. 그 기간 동안 잉태된 아이는 사생아로 간주됩니다. 상중에는 언쟁을 하거나 싸움을 해서는 안 되며, 술에 빠져서도 안 됩니다.

그들은 밑에 단이 달리지 않은 긴 베옷을 입고 모자는 쓰지 않습니다. 또 배에서 쓰는 밧줄 또는 어른의 팔뚝만큼 굵은 베띠를 허리에 두릅니다. 머리에 가는 끈이 달린 두건을 쓰고, 손에는 아버지 상을 입었는지 어머니 상을 입었는지 남이 알 수 있도록 굵은 나무 지팡이나 대나무 지팡이를 듭니다. 대나무 지팡이는 아버지가 죽었다는 것을 뜻하고, 나무 지팡이는 어머니가 죽었다는 것을 뜻합니다. 상을 입은 사람들은 세수도 잘 하지 않고 몸도 거의 씻지 않기 때문에 사람이라기보다는 허수아비처럼 보입니다.

사람이 죽으면 그 친척들은 미친 것처럼 행동합니다. 그들은 머리를 풀고 길을 따라 가며 곡을 하고 다닙니다.

매장에는 특별한 관심을 기울입니다. 지관(地官)들은 매장하기에 적당한 장소를 찾아내는데, 그곳은 대개 물이 들지 않는 산속이 됩니니

29 처칠 영역본에 있다.

다. 시신은 손가락 두세 개의 두께를 가진 이중 관 속에 넣습니다. 죽은 사람의 재산 정도에 따라서 새 옷과 기타 물품들이 관 속에 넣어집니다. 매장은 보통 봄철이나 추수가 끝난 가을에 행해집니다. 여름에 죽은 사람은 막대기를 받쳐 세운 작은 초막(草幕) 안에 임시로 넣어 두었다가, 장례식 때 그 관을 집으로 가져와서, 위에 언급한 새 옷과 물품을 그 안에 집어넣습니다. 그들은 발인하기 전날 밤은 밤새도록 즐겁게 보낸 후 이른 아침에 관을 운구합니다. 상여꾼들이 노래하며 보조를 맞춰 행진하는 동안 상여를 따르는 친척들은 울며 곡을 합니다. 사흘째 되는 날 가족과 친구들은 무덤에 다시 돌아와서 제사를 드린 뒤, 거기서 회식하며 즐겁게 놉니다.

일반적으로 무덤은 흙을 4~6피트 높이로 쌓아올리며 매우 깔끔하게 단장합니다. 모모한 사람들의 무덤에는 비석과 석상들이 세워지는데, 비석에는 죽은 사람의 이름과 집안 내력, 그리고 경력 등을 새깁니다. 8월 보름(추석)에는 무덤에 난 풀을 베며(벌초(伐草)), 햅쌀로 제사를 드립니다. 이날은 일 년 가운데 설날 다음으로 중시되는 명절입니다. 그들의 달력은 달의 운행에 기초를 두고 있기 때문에 12달씩 3년을 보낸 뒤에는 (윤달이 들어) 1년에 13개월이 됩니다.

지관과 풍수쟁이들이 있습니다. 그들은 누구에게 해를 끼치지는 않으며, 다만 죽은 사람이 저승에 편안히 갔는지 아니면 가지 못하고 떠돌고 있는지, 또는 올바른 장소에 묻혔는지 어떤지를 확인해 주는 사람들입니다. 만일 그들이 좋지 않다고 말하면 사람들은 시신을 다시 파내서 다른 곳에 묻습니다. 경우에 따라서는 무덤을 세 번 이상 옮기는 일도 일어납니다.

부모에 대한 장례식이 끝나면 맏아들이 집과 거기 딸린 모든 것을 물려받아 차지하게 됩니다. 토지나 물건 등 다른 재산은 다른 아들들과 나누어 가집니다. 우리는 (아들이 있는데) 딸이나 아내가 유산을 물려받았다는 이야기는 들어 본 일이 없습니다. 그들은 자기 옷과 자기가 쓰던 물건 그리고 시집올 때 가져온 물건만 가질 수 있습니다.

부모는 나이가 80세에 이르면 더 이상 아무것도 관리할 능력이 없다고 간주되기 때문에 맏아들에게 전 재산을 넘겨줍니다. 그러나 그들은 여전히 자식들로부터 공경을 받게 됩니다. 아들은 부모가 물려준 토지 안에 부모가 살 집을 따로 지어 주며 또 뒤를 돌봐 드립니다.

민족성

성실성과 용기에 대해 말씀드리겠습니다. 코레시안은 훔치고 거짓말하며 속이는 경향이 아주 강합니다. 그렇게 믿을 만한 사람들은 되지 못합니다. 남을 속여 넘기면 그걸 부끄럽게 생각하는 게 아니라 아주 잘한 일로 생각합니다. 말이나 소를 살 때 누가 장사꾼에게 사기를 당하면 서너 달이 지난 뒤에라도 이를 도로 무를 수가 있습니다. 땅이나 부동산 거래는 돈을 지불하지 않았으면 계약을 취소할 수 있습니다.

한편 그들은 착하고 남의 말을 곧이듣기 잘합니다. 그래서 마음만 먹으면 얼마든지 그들에게 우리 말을 믿게 할 수 있었습니다. 그들은 낯모르는 사람 특히 중들을 좋아합니다.

그들은 여자같이 나약한 백성입니다. 믿을 만한 사람들이 우리에게 이런 얘기를 해 주었습니다. 자기들의 국왕이 일본인에게 살해되었는데도 그들은 마을과 고을을 불태우고 파괴했다는 것입니다. 화란인 얀 얀스 벨테프레이는 타르타르인이 얼음을 건너와 이 나라를 점령했을 때, 적과 싸워 죽은 것보다 산으로 도망해서 목매달아 죽은 병사가 더 많았다고 들려주었습니다. 그들은 자살을 수치스럽게 생각하지 않고, 어쩔 수 없어 그랬다는 식으로 그런 (비겁한) 병사들을 오히려 동정해 줍니다.

일본으로 가던 화란, 영국 또는 포르투갈의 배가 코레아 해안에 표류하면 코레시안 전선이 그 배를 나포하려고 시도합니다. 그때 전선에 탔던 수병들은 적을 나포하기는커녕 오히려 상대방에게 격퇴당해 돌아오기가 일쑤입니다.

그들은 피를 싫어합니다. 누군가가 전투에서 쓰러지면 곧 달아나고 맙니다. 그들은 병에 대해 커다란 혐오감을 갖고 있고, 특히 전염병에 대해 그렇습니다. 전염병이 걸린 경우 그들은 곧 환자를 집에서 운반해 그가 살고 있는 마을이나 고을 밖으로 실어 내며, 들판에 그런 목적을 위해 만든 조그만 초가집으로 데려갑니다. 그를 돌보는 사람 외에는 아무도 접근하거나 말을 걸지 않습니다. 지나가는 사람은 환자 쪽을 향해 땅에 침을 뱉고 지나갑니다. 도와줄 친구가 없는 사람은 아무도 돌보지 않아 그대로 죽어 버리고 맙니다.

전염병의 경우에는 소나무 가지로 울타리를 만들어 집이나 마을로 접근하는 것을 금하며, 누구나 알 수 있도록 전염병이 걸린 집의 지붕 위에 가시나무를 덮어 놓습니다.

교역

외국과의 교역 및 그들간의 상거래에 대해 말씀드리겠습니다. 이곳에서 영업을 하는 유일한 외국인은 대마도에서 온 일본인들인데, 그들은 부산 동남쪽에 대마도주에게 속한 상관(商館)을 갖고 있습니다.

일본인은 화란인과 중국인에게서 수입한 후추, 소목(蘇木), 백반, 소뿔, 사슴가죽, 상어가죽 및 그 밖의 물품들을 수출하고 그 대신 일본에서 팔 코레시안 물품들을 사 가지고 갑니다. 북경과 중국 북부지역에서 약간의 교역이 이루어지고 있습니다. 그러나 코레시안 상인들이 중국까지 가려면 말을 타고 육로로 가야 하기 때문에 여행 비용이 많이 듭니다. 따라서 이러한 상거래는 부유한 상인들만 할 수 있습니다. 서울에서 북경까지 갔다 오려면 적어도 3개월이 걸립니다.

국내 상거래는 대부분 포목을 교환 수단으로 사용하고 있습니다. 중요한 사업가나 상인들은 은을 사용하지만, 농민이나 보통 사람들은 쌀이나 기타 곡식을 사용합니다.

이 나라는 타르타르인에게 정복되기 전까지는 상당히 풍요롭고 사치 향락에 빠져 있었습니다. 사람들은 먹고 마시고 희희낙락했습니다. 그러나 지금은 타르타르인과 일본 사람들로부터 하도 고통을 많이 받아 흉년이 들면 살아 나가기가 빠듯하게 되었습니다. 주로 타르타르에 바쳐야 할 공물이 너무 무겁기 때문인데, 타르타르인은 일 년에 세 번이나 공물을 징수하러 옵니다.

주변 세계

코레시안은 전 세계에 12개의 왕국밖에 없다고 생각합니다. 이 나라들은 한때 모두 중국 천자의 지배를 받았으며 그에게 공물을 바쳐야 했다고 말합니다. 그러나 타르타르인이 중국을 소유한 뒤로는 다른 나라들을 정복할 수 없었기 때문에 결국 모든 나라들은 스스로 해방되었다고 생각하게 되었다는 것입니다. 그들은 타르타르인을 뙤국사람[30]과

30 뙤국사람(Tieckse) : 원문의 발음은 티엑스이나 뒤에 나오는 오랑캐로 보아 뙤국사람이 틀

오랑캐(Oranckay)라 부릅니다. 그들은 우리나라를 남반국[31] 이라 부르는데, 이것은 일본인이 포르투갈을 부를 때 사용하던 이름입니다. 그들은 우리들에 대해서 또는 화란에 대해서 아무것도 모릅니다. 남반국이란 이름도 일본인에게서 배운 것으로, 이것은 담배 때문에 그들 사이에 널리 알려지게 된 말입니다. 50~60년 전까지 그들은 담배에 대해서는 아무것도 몰랐습니다. 그 무렵 일본인이 그들에게 담배 재배법과 사용법을 가르쳤습니다. 담배 씨는 일본인들에 따르면 남반국에서 온 것이며, 그래서 지금도 담배는 남반코이[32]라 자주 불립니다. 지금 담배는 널리 사용되어 남자뿐만 아니라 여자도 피우고 심지어는 네댓 살 먹은 아이들도 피웁니다. 담배를 전혀 피우지 않는 사람은 발견하기 어려울 정도입니다. 담배가 처음 소개되었을 때 그들은 담배 무게만큼 은을 주고 샀고, 그런 이유로 그들은 남반국을 세계에서 가장 좋은 나라의 하나로 우러러보게 되었습니다.

그들의 옛 기록에는 8만 4천 개의 나라가 이 세상에 있다고 쓰여 있으나, 섬이나 절벽, 바위까지 모두 계산에 넣는다면 모를까 태양이 한나절 동안 그렇게 많은 나라를 다 비출 수는 없는 노릇이기 때문에, 이

림없다. 되국사람은 일반적으로 되국이나 때국을 강하게 발음하다 보면 사람 부분이 약하게 발음된다. 하멜은 들어서 표기한 것이므로 이렇게 되었다. 되국의 어원은 물론 대국(大國)에서 왔으나, 속어로는 되놈이라고도 했다.

31 남반국(Nampan-Koeck) : 이것은 일본어 난반→남반[南蠻]과 우리말 국(國)이 합성된 말이다. 우리말이라면 남만국이라야 옳으며 일본어라면 남반고쿠라야 옳다. 포르투갈인을 지칭하는 남반 또는 남반진[南蠻人]이란 일본에서 건너온 말이었기 때문에 시정에서는 남만을 일본인들이 부르던 그대로 남반이라 했던 모양이다.

32 남반코이(Nampancoy) : 포르투갈을 뜻하는 일본어 난반→남반[南蠻]과 다바코(タバコ)의 '코'가 합성된 말인 듯. 일본어의 다바코는 포르투갈어 타바코(tabaco)를 옮긴 것이다.

것은 필시 지어낸 이야기일 거라고 그들은 생각합니다. 우리가 많은 나라가 있다며 이름을 말해 주어도 그들은 우리를 비웃으며 그건 필시 고을이나 마을 이름일 거라고 반박합니다.

해안에 대한 그들의 지식은 샴(태국) 이상 멀리 나아가지를 못합니다. 그들보다 더 멀리서 온 외국인과 교류해 본 경험이 거의 없기 때문입니다.[33]

농업과 광산

이 나라는 백성들이 필요로 하는 것들을 자급자족할 수 있습니다. 쌀이나 기타 곡식은 풍부합니다. 그들은 무명과 베를 짭니다. 누에도 상당히 많이 치지만, 비단실을 뽑아내는 기술이 부족하기 때문에 양질의 비단을 짜내지 못합니다.

은, 철, 납을 캐내는 채광이 있고, 호피와 인삼과 기타 물품들을 팝니다. 그들은 많은 한약재를 재배하지만, 보통 사람들은 의원을 부를 여유가 없기 때문에 한약재도 그리 필요로 하지 않습니다. 의원은 모두 돈 많은 양반들만 상대합니다. 코레아는 본래 매우 건강한 나라입니다.

평민들은 장님 점쟁이나 무당들을 의원으로 활용합니다. 그들은 장님이나 무당이 하는 말을 믿고 산이나 가까운 강이나 절벽, 또는 바위에 가서 고사를 지냅니다. 그렇지 않으면 우상을 모신 절로 들어가서 악마의 도움을 청하는데, 이것은 1662년 국왕의 명령으로 폐지되고 파괴되었기 때문에 이제는 더 이상 행해지지 않습니다.[34]

33 바이스 영역본엔 없다.

34 현종 3년 5월에 전라감사 이태연(李泰淵)이 "도내 여러 절간의 불상들이 땀을 흘린다."[道內

도량형에 대하여

국가와 상인들에 관한 한 도량형(度量衡)은 전국적으로 통일되어 있습니다. 그러나 일반인들이나 도붓장수들 가운데는 속임수가 아주 많습니다. 사는 사람은 무게나 계산이 모자라는 경우를 많이 당하고, 파는 사람은 눈금이 많고 무거운 것처럼 속이는 경우가 많습니다.

각 도의 총독들은 이런 일을 엄격히 감독하지만, 사람마다 제각기 다른 자와 저울을 갖고 있기 때문에 그런 행위를 근절시킬 수가 없습니다.

그들은 중국과의 국경 지대에서만 통용되는 '카시'[35] 이외의 돈은 모릅니다. 물건을 사고파는 데는 일본에서 사용하는 은화처럼 무게에 따라 크고 작은 것으로 조각낸 은덩어리를 사용합니다.

동물과 새

이 나라에는 다음과 같은 동물과 새가 있습니다. 말과 암소와 황소가 많은데, 황소는 거세되는 일이 거의 없습니다. 농부들은 땅을 갈 때 암소나 황소를 부리고, 여행자나 상인들은 물건을 실어 나르기 위해 말을 부립니다. 호랑이도 아주 많습니다. 호피는 중국과 일본에 수출됩니다. 그 밖에 곰, 노루, 멧돼지, 여우나 집에서 기르는 돼지, 개, 고양이 같

諸寺佛像出汗]는 계를 올리자, 대사간(大司諫)은 이는 습기 때문인데 이태연이 혹세무민하는 무리의 말을 들었으니 소위 땀 흘린다는 불상을 모조리 파쇄해야 한다고 주청하여 윤허를 얻었다. 하멜은 이 사실을 기록한 것이다.

35 카시(Casis) : 어원은 인도 남부 타밀어의 카수(kasu)에서 온 것으로, 포르투갈어로는 까이사(caixa), 영어로는 캐쉬(cash). 가운데 구멍이 뚫린 중국 엽전을 유럽인들은 이렇게 불렀다.

은 것들이 있습니다. 뱀과 독 있는 동물들이 많습니다.

백조, 거위, 오리, 닭, 황새, 백로, 학, 독수리, 매, 솔개, 까마귀, 뻐꾸기, 비둘기, 도요새, 꿩, 종달새, 참새, 지빠귀와 그 밖에도 많은 종류의 새가 있는데, 모두 그 수 또한 굉장히 많습니다.

언어와 문자

언어와 문자와 계산에 대해 말씀드리겠습니다. 코레아 말은 다른 모든 언어와 다릅니다. 같은 사물을 표현하는 데 있어서도 여러 가지 이름으로 부르기 때문에 배우기가 매우 어렵습니다. 대개의 사람들은 말을 매우 빨리 하지만, 양반이나 학자들은 천천히 말합니다.

그들은 세 가지 방식으로 글자를 씁니다. 첫 번째 방식은 중심이 되는 글자[한문(漢文)]로 중국이나 일본에서 사용하는 것과 같습니다. 그들의 책은 모두 이런 방식의 글자로 인쇄되어 있으며 정부에 관한 공적인 국가문서도 이 문자로 쓰입니다. 두 번째 방식은 굉장히 빨리 쓰는 글자로서 마치 화란의 필기체와 비슷합니다. 이 글자[초서(草書)]는 지체 높은 사람이나 총독들이 판결문을 쓰거나 요청에 대한 추천서를 덧붙일 때, 그리고 서로 편지를 쓸 때 사용됩니다. 일반 백성들은 이런 쪽지는 잘 읽을 수도 없습니다. 세 번째 방식은 여자와 평민들이 사용하는 글자입니다. 이 글자(언문)는 배우기가 쉬우며, 모든 것을 다 쓸 수가 있습니다. 전에 한 번도 들어 본 일이 없는 이름을 다른 글자보다 쉽고 더 정확히 적을 수 있는 글자입니다. 이 모든 것이 붓으로 매우 능숙하게 그리고 빨리 쓰입니다.

그들은 예부터 내려오는 필사본이나 인쇄된 책을 많이 갖고 있습니다. 국왕의 동생 또는 왕국의 왕자가 항상 이런 책의 관리자로 임명되는 사실에서도 볼 수 있듯 그들은 이 책들을 매우 소중히 생각합니다.

사본이나 목판은 많은 도시에 안전하게 보관되어 화재나 그 밖의 일이 일어났을 경우 지식을 잃지 않도록 되어 있습니다. 코레아에서 만들어 낼 만한 지식이 없기 때문에 달력[36]이나 그런 종류는 중국에서 인쇄되고 있습니다. 그들은 목판으로 인쇄를 하는데, 책을 인쇄하는 목판은 면마다 다 다릅니다.

산수와 부기

그들은 우리 고국에 있는 계수기처럼 긴 막대기(산가지)를 가지고 계산을 합니다. 그들은 상업부기에 대한 지식이 없습니다. 그래서 무언가 물건을 사면 그 매입가격을 적고, 그다음에 다시 매출가격을 적습니다. 이렇게 해서 그 두 가격의 차액을 가지고 이익이 났는지 손해가 났는지를 압니다.

국왕의 행차

국왕이 대궐 밖으로 행차를 할 때는 모든 조정 대신들이 그를 수행합니다. 그들은 가슴과 등에 무기나 그 밖의 다른 상징을 수놓은 검은 비단옷을 입고, 그 위에다 아주 넓은 띠를 맵니다. 국왕의 월급을 받는 기병과 보병이 맨 앞줄에서 행진하는데, 그들은 가장 좋은 옷을 차려입고 수많은 깃발을 들며, 또 여러 가지 악기를 연주합니다. 그들 뒤에는 도성에서 가장 지체 높은 사람들로 구성된 국왕의 수행원들이 따라갑

36 달력 : 청나라의 시헌력(時憲曆). 태음력에 서양의 태양력 원리를 결합시킨 새 달력으로 우리나라에서는 효종 때부터 쓰이기 시작했다.

니다. 국왕은 그들 가운데서 금박을 아름답게 입힌 작은 집 모양의 연(輦 : palanquin)을 타고 갑니다.

그 행렬은 너무나 조용히 나아가기 때문에 사람이나 말의 숨소리가 들릴 정도입니다. 국왕 바로 앞에는 말을 탄 승지나 시종 가운데 한 사람이 닫힌 작은 상자 하나를 들고 행진합니다. 정부나 또는 다른 사람으로부터 부당한 대접을 받았다든지, 판사의 판결을 얻을 수 없었다든지, 부모나 친구가 부당한 처벌을 받았다든지, 그 밖에 다른 종류의 상소를 할 것이 있는 백성들은 그 상자 속에 탄원서를 집어넣을 수 있습니다. 이러한 탄원서들은 장대 끝에 붙들어 매든지 담벼락에 매달든지 아니면 울타리 뒤에서 앞으로 내밀든지 하면, 행진하던 시종이 받아서 그 상자 속에 넣습니다. 환궁 후 그 상자는 국왕에게 전달되며, 모든 탄원서는 국왕의 재량으로 처리됩니다. 그런 다음 국왕은 자신의 최종 판결을 발표하는데, 이 판결은 아무도 반대하지 못하며 또 발표와 함께 즉시 집행됩니다.

국왕이 지나가는 모든 도로의 양 연도가 봉쇄됩니다. 누구도 길에 면한 문이나 창문을 열 수 없고. 또 열어 놓은 채 내버려 둘 수도 없습니다. 담벼락이나 울타리 위로 넘겨다볼 수 없는 것은 말할 것도 없습니다. 국왕이 옆으로 지나갈 때 양반이나 병사는 등을 돌려야 하며, 뒤를 돌아다보거나 기침해서는 안 됩니다. 그러므로 대부분의 병사들은 소리를 내지 않으려고 마치 말이 재갈을 물듯 작은 나뭇가지를 입에 뭅니다.

타르타르 사신의 방문

타르타르 사신이 도착하면, 국왕은 친히 대신들을 데리고 도성 밖까지

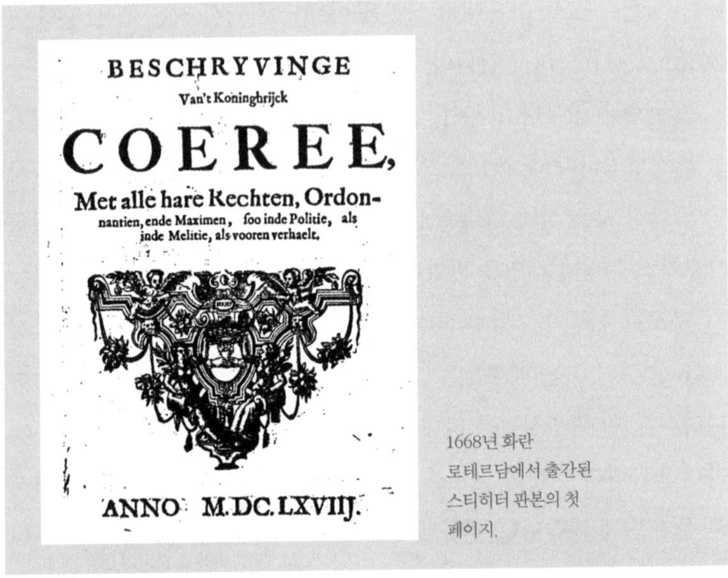
BESCHRYVINGE
Van't Koninghrijck
COEREE,
Met alle hare Rechten, Ordonnantien, ende Maximen, soo inde Politie, als inde Melitie, als vooren verhaelt.
ANNO M.DC.LXVIIJ.

1668년 화란 로테르담에서 출간된 스티히터 판본의 첫 페이지.

그를 영접하러 나가며 경의를 표하기 위해 깊은 절을 해야 합니다. 그런 다음에 사신을 숙소로 모십니다. 사절이 도착하고 출발할 때는 국왕에게 행해지는 것보다 더 경의를 표해야 합니다. 사절의 행렬 앞에는 악사와 무희, 곡예사들이 온갖 재간을 보이며 행진합니다. 또 코레아에서 만든 많은 보물들이 사신 앞에 실려 갑니다.

타르타르 사신이 도성에 머무는 동안 숙소에서 대궐에 이르는 길에는 10~20피트 간격으로 병사들이 늘어섭니다. 또 사신이 무엇을 하고 있는지 국왕이 매순간 알 수 있도록 타르타르인의 숙소에서 대궐까지 쪽지 전달하는 일만 담당하는 배달꾼이 두세 명 배치됩니다. 사실 그들은 사신을 보낸 황제에 대한 존경심에서, 그리고 사신의 입에서 불평이 나오지 않도록 하기 위해서, 모든 방법을 다 동원하여 사신에게 경의를 표하고 환대해 줍니다.

결어

코레아 왕국을 방문하기 위해서는 서해안 쪽에서 접근해야 하는데, 서해안은 남경만 안에 있고 북위 40도 부근에 위치해 있습니다. 거기에 바다로 흘러드는 커다란 강이 하나 있습니다. 이 강은 서울(Sior)이라는 도성에서 1밀렌쯤 떨어진 곳을 흘러 지나갑니다. 이곳에 쌀과 국왕을 위한 모든 세물(稅物)들이 커다란 배에 실려 도착합니다. 창고들은 강에서 8밀렌 떨어진 곳에 위치해 있습니다.

국왕은 서울이라는 도성에 궁전을 갖고 있습니다. 대부분의 귀족들은 거기 머물며 중국, 일본과 교역하는 가장 저명한 상인들도 그렇습니다. 상품들은 먼저 서울에 반입되었다가 다시 전국으로 퍼져 나갑니다. 역시 은은 대부분 모모한 사람들 손에 있기 때문에 이곳에서는 은에 의한 상거래가 많이 이루어집니다. 그러나 지방 도시나 시골에서는 포목과 곡식으로 상거래를 합니다.

코레아의 서해안으로 접근해야 하는 이유는, 만 한가운데 또는 만 앞에 있는 남해안이나 동해안에는 눈에 보이거나 보이지 않는 절벽과 암초가 많기 때문입니다. 코레아의 뱃사람들은 서해안이 가장 좋다고 우리에게 말해 주었습니다.

하멜일지의 원본

하멜일지가 출간되던 17세기의 유럽 책들은 매우 긴 제목들을 달고 있었다. 따라서 아래에 소개하는 원고 및 초판본에 해당하는 책들도 제목이 너무 길어 정신이 없을 정도이지만, 학술적인 연구자를 위해 원문과 함께 그대로 소개하기로 한다.

〈화란어판〉

① 하멜의 육필 원고 제목 : 『스페르베르호가 퀠파트 섬(조선국왕 소유)에서 실종된 1653년 8월 16일부터 이 배의 승무원 8명이 일본 나가사키로 탈출한 1666년 9월 14일까지 이 배의 생존자인 장교 및 선원들이 겪었던 일과 조선왕국에서 겪었던 일, 그리고 그 나라 민족의 풍습과 그 나라에 대한 일지(*Journael van't geene de overgebleven officieren ende Matroosen van't Jacht de Sperwer 'tzedert den l6en Augustij A° 1653 dat tselve Jacht aan' t Quelpaerts eijland (staende onder den Coninck van Coree) hebben verlooren, tot den 14en September A° 1666 dat met haer 8en ontvlught ende tot Nagasackij in Japan aangecomen zijn, int selve Kijck van Coree is wedervaren, mitsgaders den ommeganck van die natie ende gelegentheijt van't land)*』(그라벤하지의 알흐멘 렉싸르히프 식민지시대 기록보관소에 소장되어 있음.)

② Jacob van Velsen판 제목 : *Jounael, van de ongelukighe Voyagie van't Jacht de Sprewer van Batavia ghedestineert na Tayowan in't Jaer 1653, en van daer op Japan; hoe't selve Jacht door storm op het Quelpaerts Eylandt is gestrant ende van*

64. personen maer 36. behouden aen het voornemde Eylant by de Wilden zijn gelant :Hoe de selve Maets door de Wilden daer van daen naer het Coninckrijck Coree zijn vervoert by haer genaemt Tyocen-koeck; Alwaer sy 13. Jaren en 28 dagen in slavernye onder de Wilden hebben gezworven zijnde in die tijt tot op 16. na aldaer gestorven waer van 8. Personen in't Jaer 1666. met een kleyn Vaertuych zijn ontkomen latende daer noch 8. Maets sitten ende zijn in't Jaer 1668. in het Vaderlandt gearriveert, 암스테르담, 1668.

③ Johannes Stichter판 제목 : *Journael, Van de Ongeluckige van't Jacht de Sperwer van Batavia gedestineert na Tayowan in't Jaer 1653. en van daar op Japan; hoe't selve Jacht door storm op't Quelpaerts Eylant is ghestrant ende van 64. personen maar 36. behoulden aan't voornoemde Eylant by de Wilden zijn gelant; Hoe de selve Maats door de Wilden daar van daan naar't Coninckrijck Coree sijn vervoert by haar ghenaamt Tyocen-koek; Alwaer zy 13. Jaar en 28 daghen in slavernije onder de Wilden hebben gesworven zijnde in die tijt tot op 16. na aldaar gestorven waer van 8. Persoonen in't Jaar 1666. met een kleen Vaartuych zijn ontkomen latende daar noch acht Maats sitten ende zijn in't Jaer 1668. in't Vaderlandt gearriveert. Als mede een pertinente Beschrijvinge der Landen Provintien Steden ende Forten leggende in't Coninghrijck Coree : HareRechten Justitien Ordonnantien ende Koninglijcke Regeeringe*, 로테르담, 1668.

④ Gillis Joostea Saagman판 제목 : *'t Oprechte Journael, Van de ongeluckige Reyse van't Jacht de Sperwer, Varende van Batavia na Tayowan en Formosa in' t Jaer 1653. en van daer na Japan daer Schipper op was Reynier Egbertsz. van Amsterdam. Beschrijvende hoe het Jacht door storm en onweer op Quelpaerts Eylant vergaen is op hebbende 64. Man daer van 36. aen Lant zijn gevangen genomen van de Gouverneur van't Eylant die haer als Slaven na den Coninck van Coree dede voeren alwaer sy 13. Jaren en 28. dagen hebben in Slaverny moeten blijven in die tijt tot op 16. nae gestorven; Daer van acht persoonen in't Jaer 1666. met een kleyn Vaertuygh zijn't ontkomen achterlatende noch acht van haer Maets :En hoe sy Vaderlandt zijn aen gekomen Anno 1668. in de Maent July*, 암스테르담, 1669.

⑤ Gillis Joosten Saagman판의 다른 제목 : *Journael, Van de ongeluckige Reyse van' t Jacht de Sperwer, Varende van Batavia na Tayowan en Formosa in't Jaer 1653. en van daer na Japan daer Schipper op was Reynier Egbertsz. van Amsterdam. Beschrijven de hoe het Jacht door storm en onweer vergaen is veele Menschen verdroncken en gevangen sijn :Mitsgaders wat haer in 16. Jaren tijdt werdervaren is en eyndelijck hoe noch eenighe van haer in't Vaderland zijn gekomen Anno 1668. in de Maendt July*, 암스테르담, 1669.

⑥ B. Hoetink판 제목 : *Verhaal van het Vergaan va het jacht de Sperwer en van het wedervaren der schipbreukelinen op het eiland Quelpaert en het vasteland van Korea (1653~1666), met eene beschrijving van dat rijk*, 그라벤하지, 1920. (하멜의 원고를 가장 충실하게 편집했으며, 여러 가지 문헌적인 자료들을 참조하여 주석을 덧붙였기 때문에 학술적으로도 매우 중요하게 간주되는 대본임.)

하멜일지의 번역본

〈불어판〉

① Monsieur Minutoli의 불역판 제목 : 『퀠파트 섬 해안에 난파한 화란 선박의 여행기; 조선왕국기 첨부*(Relation du noufrage d'un vaisseau holandois. Sur la côte de l'île de Quelpaerts :Avec la description du Royaume de Corée)*』, 파리, 토마스 졸리사, 1670. (이 불역판은 화란의 Stichter판과 Saagman판을 대본으로 하여 번역한 것임.)

② Jean Frédérick Bernard의 불역판 제목 : 『퀠파트 섬 해안에 난파한 화란 선박의 여행기; 조선왕국기 첨부*(Relation du naufrage d'un vaisseau holandois. Sur la côte de l'île de Quelpaerts :Avec la description du Royaume de Corée)*』, 암스테르담, 1715. (이 불역판은 베르나르가 암스테르담에서 펴낸 『북양항해담집(Recueil de voyages au nord)』에 실린 것인데, 1732년에 신판이 다시 출간됨. 이병도의 『하멜표류기』 안에 전재되어 있음.)

③ Prévost 신부의 불역판 제목 : 『화란인들의 조선기행; 그 나라와 그들이 퀠파트 섬에 난파했던 이야기*(Voyage quelques Hollandois dans la Corée, avec une relation du Pays et de leur naufrage dans l'île Quelpaert)*』, 파리, 1746. (이 불역판은 『항해담 총서, 또는 지금까지 출판된 항해담 가운데서 새로 수집된 것』 안에 실려 있음.)

〈영어판〉

① John Churchill의 영역판 제목 : 『켈파트 섬 해안에 난파한 화란 선박의 이야기; 조선왕국기 첨부(*An Account of the shipwreck of a Dutch vessel on the coast of the isle of Quelpaert, together with the description of the Kingdom of Corea)*』, 런던, 1704. (『항해담과 여행담총서』 제4권에 수록됨. 이것은 미뉘톨리 신부의 불역판을 다시 영어로 중역한 것임.)

② John Pinkerten의 영역판 제목 : 『화란인들의 조선기행; 그 나라와 그들이 켈파트 섬에 난파했던 이야기(*Travels of some Dutchmen on Korea; with an account of the country, and their shipwreck on the Island of Quelpaert)*』, 런던, 1808. (『가장 뛰어나고 재미있는 세계 항해담과 여행담 총서』 제17권 속에 수록되어 있는데, 이것은 프레보스트 신부의 불역판을 다시 중역한 것임.)

③ James Burney의 영역판 제목 : 『스페르베르호의 불행한 항해일지(*Journal of the unfortunate voyage of the Yacht Sparwer)*』, 런던, 1813. (이것은 Stichter판을 기초로 하여 처칠의 영역판을 참조해서 번역한 것인데, 내용을 축약시킨 부분이 많아 대본으로는 별로 좋지 않음. 이병도 역본에 전재되어 있는 영어 대본이 바로 이 버니 판임.)

④ William E. Griffis의 영역판 제목 : 『헨드릭 하멜이 조선에서 붙들리고 여행한 이야기(*Hendrik Hamel's Narrative of Captivity and Travels in Corea)*』, 필라델피아, 1884. (이것은 그리피스의 『조선의 내막(*Corea, without and within)*』이라는 책 속에 실려 있음.)

⑤ Royal Asiatic Society의 영역판 제목 : 『켈파트 섬 해안에 난파한 화란 선박의 이야기; 조선왕국기 첨부(*An Account of the shipwreck of a Dutch vessel on the coast of the isle of Quelpaert, together with the description of the Kingdom of Corea)*』, 서울, 1918. (영국왕립아시아학회 조선지부가 동 학회의 회보 제9호에 실은 이 항해일지는 처칠의 영역판을 그대로 전재한 것임.)

⑥ Gari Ledyard의 책에 실린 영역판 제목 : 『켈파트 섬 해안에 난파한 화란 선박의 이야기; 조선왕국기 첨부(*An Account of the shipwreck of a Dutch vessel on the coast of the isle of Quelpaert, together with the description of the Kingdom of Corea)*』, 서울, 1971. (영국왕립아시아학회 한국지부가 출간한 레드야드의 연구서 『화란인 코리아에 오다』에 실려 있는데, 이 또한 처칠의 영역판을 전재한 것임.)

⑦ Jean Paul Buys의 영역판 제목 : 『하멜일지와 조선왕국기, 1653~1666(*Hamel's Journal and a description of the Kingdom of Korea, 1653~1666)*』, 서울, 1994. (이것은 영국왕립아시아학회 한국지부의 후원을 얻은 바이스 수사가 후틴크 판을 중심으로 새롭게 영역한 것임. 원문

에 가장 충실한 영역본이나, 하멜이 당초 표기한 조선지명이나 17세기 중엽의 조선말을 현대적 표기로 고쳐 놓은 점과 인용 문구들의 정확한 출전이 표기되지 않은 게 단점임.)

〈독일어판〉

① 뉘렌베르크 총서에 수록된 제목 : *Journal, oder Tagregister Darinnen Alles dasjenige was sich mit einem Hollandschen Schiff das von Batavia aus nach Tayowan, und von dannen ferner nach Japan reisfertig durch Sturm im 1653. Jahre gestrandet, und mit dem Volk darauf so in das Konigeich Corea, gebracht wor dem nach und nach begehn ordentlich beschreiben und erzelot wird : von Heinrich Hamel von Gorkum damaligem Buchhalter auf dem jenigen Schiff Sperber genant. Aus dem Niederlandischen Verdeutschet*, 뉘렌베르크, 1671.

② 라이프치히 총서에 수록된 제목 : *Reisen einiger Hollander nach Korea, nebst einer Nachricht von dem Lande und von ihrem Schiffbruche an der Insel Quelpaert. Aus dem Französischen übersetzt*, 뉘렌베르크, 1748.

〈일본어판〉

① 이쿠다 시게루[生田滋], 『조선유수기(朝鮮幽囚記)』(일역판은 단행본으로 나온 것이 없으며, 『조선학보(朝鮮學報)』에 3회에 걸쳐 연재되었음. 제1회분은 1961년 4월에 나온 『조선학보』 19호, 제2회분은 23호, 제3회분은 35호에 실려 있음. 이 번역은 화란의 후틴크 판을 대본으로 하였음.)

〈한국어판〉

①『태평양』지 (무슨 제목으로 번역되었는지 알 수 없으나, 이병도의 회고에 따르면 하멜일지를 우리말로 제일 먼저 번역한 것은 미국에 살던 한 교포였다고 함. 번역자의 이름은 미상. '태평양'이라는 이름의 잡지는 미국의 이승만 계열에서 발행하던 잡지임. 『태평양』에 하멜일지가 초역된 것은 1917년 이전임.)

② 『청춘』지 (국학자인 최남선은 1917년 6월 자신이 주간으로 있던 『청춘』이라는 잡지에 하멜일지를 연재했는데, 이것은 미국에서 발행되던 교포잡지 『태평양』에서 전재한 것이라고 함. 이병도의 회고에 따르면 교포가 번역한 이 하멜일지는 오역이 많은 데다 의역이 심해 본뜻을 해친 곳이 많았다고 함. 부록인 『조선왕국기』는 이때 번역되지 않았다고 함.)

③ 이병도, 『하멜표류기』, 일조각, 서울, 1954. (이병도는 같은 제목의 하멜표류기를 『진단학보』 제 1~3권에 걸쳐 연재했으며, 이를 모아 1939년 박문문고에서 단행본으로 펴낸 바 있음. 이병도 역본은 미뉘톨리 신부의 불역판과 버니 영역본을 참조해서 번역했다고 그 자신이 서문에서 밝히고 있음. 한국과 일본의 참고문헌들을 섭렵하여 처음으로 학술적인 주석을 단 책. 그러나 대본으로 한 불역판이나 영역판 자체가 축약된 곳이 많아 역본으로서는 충실하지 못하고 오역도 있음.)

④ 김창수, 『하멜표류기』, 을유문화사, 서울, 1971.(문맥으로 미루어 후틴크 판을 대본으로 한 것이 분명함. 그 때문에 충실한 역본이 되기는 했으나, 오역이 많음.)

1) 조선측 자료

① 효종실록(孝宗實錄)

② 현종실록(顯宗實錄)

③ 현종개수실록(顯宗改修實錄)

④ 인조실록(仁祖實錄)

⑤ 비변사등록(備邊司謄錄)

⑥ 신증동국여지승람(新增東國輿地勝覽)

⑦ 승정원일기(承政院日記)

⑧ 동래부접왜장계등록가고사목록초(東萊府接倭狀啓謄錄可考事目錄鈔)

⑨ 동문관지(同文館志)

⑩ 연경재전집(研經齋全集)

⑪ 한거만록(閑居漫錄)

⑫ 석재고(碩齋稿)

⑬ 아정유고(雅亭遺稿)

⑭ 화영편(晝永編)

⑮ 접대왜인사례(接待倭人事例), 부산시사 제2권, 부산, 1963.

⑯ 만기요람(萬機要覽)

⑰ 동국문헌비고(東國文獻備考)

⑱ 추서지(秋書誌)

2) 일본측 자료

① 통항일람(通航一覽)

② 조선사료집진(朝鮮史料集眞)

3) 화란측 자료

①『데지마 상관일지』(후틴크 판에 수록되어 있음.)

② 비츤(Nicolaes Witsen), 『북과 동만주(*Noord en Oost Tartarye, ofte bondig ontwerp van eenige dier landen en volken*)』 제2판 제1부, 암스테르담, 1705.

③ 위트센(김창수 역), 『조선왕국견문기, 북과 동 타르타리아지에서』, 을유문화사, 서울, 1971. (위 ②번의 번역본인데, 원문이 아니라 영역본 또는 일역본을 중역한 것 같음.)

4) 기타 자료

① 나카무라 히데다카[中村榮孝], 「난선의 조선표류자와 일선의 교섭(蘭船の朝鮮漂者と日鮮の交涉)」, 『청구학총』 제23호, 1936.

② 이인영(李仁榮), 「남만인박연고(南蠻人朴淵攷)」, 『경성제국대학 사학회보』 제7호, 경성, 1935.

③ 레드야드(Gari Ledyard), 『화란인 코리아에 오다(*The Dutch Come to Korea*)』, 영국왕립아시아학회 한국지부, 서울, 1971.

④ 그리피스(William E. Griffis), 『조선의 내막(*Corea, without and within*)』, 필라델피아, 1874.